第二十五集

人民检察院
民事行政检察案例选

Renmin Jianchayuan Minshixingzheng Jiancha Anlixuan

最高人民检察院民事行政检察厅 ◎ 编

民行

中国检察出版社

图书在版编目（CIP）数据

人民检察院民事行政检察案例选. 第二十五集/最高人民检察院民事行政检察厅编. —北京：中国检察出版社，2018.3
ISBN 978–7–5102–2069–2

Ⅰ.①人… Ⅱ.①最… Ⅲ.①民事诉讼–检察–案例–中国
②行政诉讼–检察–案例–中国 Ⅳ.①D926.305

中国版本图书馆 CIP 数据核字（2018）第 042017 号

人民检察院民事行政检察案例选　第二十五集
最高人民检察院民事行政检察厅　编

出版发行：	中国检察出版社
社　　址：	北京市石景山区香山南路 109 号（100144）
网　　址：	中国检察出版社（www.zgjccbs.com）
编辑电话：	（010）86423704
发行电话：	（010）86423726　86423727　86423728
经　　销：	新华书店
印　　刷：	保定市中画美凯印刷有限公司
开　　本：	710 mm×960 mm　16 开
印　　张：	17.75
字　　数：	321 千字
版　　次：	2018 年 3 月第一版　2018 年 3 月第一次印刷
书　　号：	ISBN 978–7–5102–2069–2
定　　价：	48.00 元

检察版图书，版权所有，侵权必究
如遇图书印装质量问题本社负责调换

《人民检察院民事行政检察案例选》
《民事行政检察指导与研究》
编辑委员会

主　编： 胡卫列

副主编： 贾小刚　吕洪涛

委　员

高兰圣	于　静	何艳敏	曹桂芬	朱　刚	白振平
王稼瑶	王彦春	张俊芳	邬义海	徐　娴	李　勇
吕玖昌	朱长春	陆　军	糜方强	王敬安	曾传红
吴世东	周有智	宋燕敏	周锦燕	牛晓丽	周清华
申鸿雁	陈　忠	陈秋华	朱沛东	庞　昭	刘本荣
刘　勃	徐丽萍	张　迅	史亚凤	万　玮	邹湘江
邢志坚	张宏德	陈冰如	樊　伟	宋兆录	马秀宁
马士军	赵　毅	王桂平			

审　稿

王　莉　李　萍　周永刚　刘玉强　孙加瑞　易志斌
赵多丽娜　姜　昕

校　对： 邱景辉　颜良伟

《人民检察院民事行政检察案例选》
《民事行政检察指导与研究》
通讯编辑名单

北京市人民检察院	齐伯霖 张昊天	湖北省人民检察院	毛婵婵 刘　洋
上海市人民检察院	李瑞青		汪佳妮
天津市人民检察院	肖晓峰	湖南省人民检察院	伍松林
重庆市人民检察院	徐　燕 陈　里	广东省人民检察院 广西壮族自治区人民	万绍文
河北省人民检察院	燕　鹏	检察院	刘　薇
山西省人民检察院	史永升	海南省人民检察院	曾　民
内蒙古自治区人民检察院	乌　兰	四川省人民检察院	覃　攀
辽宁省人民检察院	王晓东 付忠英 邹德芳	贵州省人民检察院 云南省人民检察院	吴俊伽 谭　赟 周雪萍 钱永国
吉林省人民检察院	孙思嘉 李　颖	西藏自治区人民检察院 陕西省人民检察院	徐流超 刘　杰
黑龙江省人民检察院	李环宇		刘艳容
江苏省人民检察院	胡晨光	甘肃省人民检察院	王克权
浙江省人民检察院	张剑锋		何君姬
安徽省人民检察院	刘小勤	青海省人民检察院	拉毛扬措
福建省人民检察院	杨福珍 罗志丰	宁夏回族自治区人民 　检察院	刘晓晔
江西省人民检察院	谢玉美	新疆维吾尔自治区人民	
山东省人民检察院	高　峰 邱永会 王　燕	检察院 新疆生产建设兵团人民 　检察院	石　钰 张　轶
河南省人民检察院	巴　金	解放军军事检察院	田　毅

目 录

民事·合同

1. 定金罚则与损害赔偿能否并用
   ——潍坊金泰房地产有限公司与潍坊市潍城区西关街道办事处于家社区居民委员会合资、合作开发房地产合同纠纷抗诉案……………………………………颜良伟（3）
2. 能否以装修设计方案不符合国家规范为由认定租赁物不符合约定用途
   ——张丽蓉与冯星梅房屋租赁合同纠纷抗诉案
   ………………………………………周永刚　袁远（23）
3. 合同违约方是否有权行使法定解除权
   ——向玉琼与重庆万华房地产开发有限公司商品房预售合同纠纷抗诉案……………………杨友学　易亚东（40）
4. 未披露涉外股权转让协议主体资料的违约责任认定
   ——颜海雯与贝迅·米克、莫培刚涉外及涉台股权转让纠纷抗诉案……………………………………李靖（57）
5. 主合同与担保协议均解除的情况下担保方责任如何认定
   ——李明礼与重庆市北碚区小湾园区土地整治有限公司、杨大光、重庆市北碚区富盛织布厂借款合同纠纷抗诉案
   ………………………………………崔天明　田翠兰（73）
6. 如何理解民事诉讼证据规则中"生效民事裁判"所确认事实的范围与标准
   ——北京中航勘地基基础工程有限公司与北京安瑞房地产开发有限公司建设工程施工合同纠纷抗诉案………蒋颖（81）
7. 在缺乏书面约定的情况下如何正确界定医方的合同义务
   ——杜某与锦州医学院附属第一医院医疗服务合同纠纷抗诉案……………………………………………………潘松（94）

8. 如何运用诚实信用原则解释合同条款
　　——重庆市江津区宝元通百货商行与重庆力铎农业发展
　　有限公司土地承包经营权转包合同纠纷抗诉案
　　　　…………………………………………… 何　超　毛耀波（102）
9. 工程造价管理部门发布的定额勘误是否影响工程结算
　　——磐石市利通机械工程有限公司与吉林吉恩镍业股份
　　有限公司建设工程施工合同纠纷抗诉案………… 冯文娟（107）
10. 如何认定承包人放弃优先受偿承诺的效力
　　——重庆市潼南第四建筑工程有限公司与重庆银顺
　　房地产开发有限公司、重庆农村商业银行股份有限
　　公司潼南支行建设工程施工合同纠纷抗诉案
　　　　…………………………………………… 蔡良毅　黎小锋（116）
11. 劳动者非因本人原因被安排到新用人单位工作的工龄
　　计算法律问题
　　　　——刘静与辉门（大连）有限公司劳动合同纠纷抗诉案
　　　　……………………………………………………… 徐　阳（125）
12. 串通骗取担保情形应如何认定
　　——林荣孙与林杰、张金标民间借贷纠纷抗诉案 …… 范志鸿（133）
13. 接受了与约定不符的实际履行后又反悔的是否应予以支持
　　——宁波盈德工程机械有限公司与中国民生银行股份
　　有限公司宁波分行借款合同担保纠纷抗诉案
　　　　…………………………………………… 赵　勇　向凯雄（140）
14. 如何认定案件双方当事人恶意串通进行虚假诉讼
　　——大连保税区再生资源加工中心有限公司与王洪波、
　　郝秀丽借款纠纷虚假诉讼监督案……… 姚晓君　王明莎（146）
15. 构建刑事、民事、行政三位一体多元化虚假诉讼监督模式
　　——雷刚与巢晓平、雷彩萍民间借贷纠纷虚假诉讼监督案
　　　　……………………………………………………… 苏丽芬（156）

民事·其他

16. 婚后父母部分出资为子女购房的所有权归属
　　——褚涛、宋玉芬、褚旸晔与杨建设、崔素平、杨彬
　　一般所有权纠纷抗诉案 …………………………… 范晓蓉（165）

17. 清算组清算过程中存在明显过错时清算报告能否作为裁判依据
　　——蚌埠市和平乳业有限责任公司与孟琦、孟慧清算
　　　责任纠纷抗诉案 ………………………………… 刘小勤（173）
18. "城乡交界地带"人员死亡赔偿金标准如何确定
　　——冉瑞华、杨道琼与陈家富、杨勇、阳光财产保险
　　　股份有限公司重庆市万州中心支公司等机动车交通
　　　事故责任纠纷抗诉案 ……………………… 易亚东　潘　霞（182）
19. 农村承包土地互换合同的效力如何认定
　　——姜德成与孙洪荣农村土地承包合同经营权纠纷
　　　抗诉案 ………………………………………… 石　宏（190）
20. 按照合同约定金额申请财产保全能否认定为超额保全
　　——曹阳与中太建设集团股份有限公司诉中财产保全
　　　纠纷抗诉案 ……………………………… 刘昌强　蒋　娟（198）
21. 如何确认已登记不动产的实际所有权人
　　——陶承金、帅泽玲与黄兴顺、姚淑芬共有权确认纠纷
　　　抗诉案 ………………………………………… 侯俊霞（208）
22. 村集体组织收益分配发生争议时是否具有可诉性
　　——旦成林等26人与普布扎西等28人用益物权纠纷
　　　抗诉案 ………………………………………… 王水明（215）
23. 超过退休年龄人员误工费损失如何认定
　　——赵加桃与王得春、扬州卓然电力设备工程有限公司、
　　　中国人民财产保险股份有限公司仪征支公司机动车
　　　交通事故责任纠纷抗诉案 ……………… 杨湘君　王　静（223）
24. 因接种单位过错给受种者造成损害发生争议时是否具有可诉性
　　——毛洪洋与唐山市丰润区丰润镇中心卫生院预防接种
　　　异常反应纠纷抗诉案 ………………………… 闫园园（231）
25. 如何把握医疗机构的过错推定责任问题
　　——王九兴、吴选荣诉郑州大学第一附属医院医疗损害
　　　责任纠纷抗诉案 ………………………… 周清水　谢　琨（236）

检察建议及其他

26. 检察机关如何对财产保全程序中"审、执"违法行为进行监督
　　——国骅融资租赁有限公司与宁波市科技园区华通网络
　　　技术有限公司等借贷纠纷检察建议案 ………… 汪培伟（245）

27. 执行部门对执行依据判项不明确的不宜径行解释
　　——刘天增与河南国基建设集团辽宁有限公司、河南
　　　国基建设集团有限公司、李逢生、刘亚楠建设工程
　　　施工合同纠纷执行检察建议案………… 郑　宏　温　婧（251）
28. 能否将被执行人享有到期债权的第三人的开办单位追加
　　为被执行主体
　　——钱满、胡向红与曹雨和、北京大龙建设集团有限
　　　公司、北京恒乾房地产开发有限公司买卖合同纠纷
　　　执行检察建议案………………………………… 张德伟（256）
29. 如何把握支持起诉公益性
　　——长沙市人民检察院支持迅达科技集团股份有限公司
　　　提起民事诉讼案………………………… 李　琼　黄　舟（263）

民事·合同

定金罚则与损害赔偿能否并用

——潍坊金泰房地产有限公司与潍坊市潍城区西关街道办事处于家社区居民委员会合资、合作开发房地产合同纠纷抗诉案

颜良伟[*]

【抗诉机关和受诉法院】

抗诉机关：最高人民检察院

受诉法院：最高人民法院

【基本案情】

申请人（一审原告、反诉被告、二审上诉人、再审申请人）：潍坊金泰房地产有限公司。住所地：山东省潍坊市高新开发区金马路以西卧龙街以南工业园内。

法定代表人：李乃学，公司董事长。

其他当事人（一审被告、反诉原告、二审被上诉人、再审被申请人）：潍坊市潍城区西关街道办事处于家社区居民委员会。住所地：山东省潍坊市潍城区胜利西街于家新村。

法定代表人：杨金波，居委会主任。

2009年12月1日，潍坊金泰房地产有限公司（以下简称金泰公司）以潍坊市潍城区西关街道办事处于家社区居民委员会（以下简称于家居委会）为被告诉至潍坊市中级人民法院，诉称2008年1月26日和4月4日，金泰公司与于家居委会分别签订《潍城区西关街办于家村城中村改造合同书》和《潍城区西关街办于家村城中村改造补充协议》，约定双方采取共同投资、联合开发的方式对于家居委会进行旧村改造，建成后按建筑面积比例分成，双方共合

---

[*] 作者单位：最高人民检察院民事行政检察厅。

作开发三个小区。合同约定金泰公司借给于家居委会750万元拆迁补偿款，于家居委会用于补偿被拆迁的居民，该借款在利益分配时从于家居委会应分利益中扣除。合同签订后，金泰公司向于家居委会支付拆迁补偿款592万元，并支付办理城中村改造相关手续费75万元。因金泰公司在办理"城中村"改造手续过程中发现三个小区的建设用地均存在法律禁止的情形，其中合同中所列第三区土地系基本农田，不允许作为建设用地使用，而签订合同时于家居委会并未将上述情况告知金泰公司，且未依约将合作开发的土地性质转化为建设用地。因金泰公司参与共同开发应获得的利益主要来源于第三区建成后所分得的楼房建筑面积，故于家居委会隐瞒第三区土地性质的行为直接导致金泰公司无法从开发中获得利益，致使合同目的无法实现。鉴于以上事实，金泰公司根据《中华人民共和国合同法》第92条和第94条的规定，于2008年11月2日向于家居委会发出了《关于解除合同及补充协议的通知》，通知与于家居委会解除上述合同及补充协议。因上述合同及补充协议解除后，双方之间已无权利义务关系，于家居委会应当返还金泰公司的借款，同时因于家居委会的过错行为导致合同无法履行，于家居委会还应返还金泰公司因办理相关手续垫付的费用。综上，请求判令于家居委会返还金泰公司借款592万元及利息，支付办理旧村改造建设项目手续所垫付的费用519062.28元，并承担诉讼费用。

2010年1月5日，于家居委会提出反诉，诉称2008年1月26日、1月28日和4月14日，于家居委会与金泰公司分别签订《潍城区西关街办于家村城中村改造合同书》及补充协议后，于家居委会依照上述合同约定将205户、720户的老村（包括三幢村民住宅楼共计8000平方米）全部拆除，在金泰公司办理完毕一区建设手续后，双方于2008年9月17日举行了"和谐丽园"小区的奠基仪式。在双方开展合作后，金泰公司却提出修改房屋分配比例，经多次商谈未果后，金泰公司于2008年10月30日和11月2日，两次通知于家居委会解除双方签订的"城中村"改造合同及其补充协议，金泰公司提出解除合同不符合《中华人民共和国合同法》第94条的规定，系为拒绝履行合同找借口，其实质构成了根本违约。因金泰公司的违约行为造成于家居委会的村民在拆除房屋20多个月后仍不能回迁，给于家居委会造成了重大经济损失。请求判令：金泰公司赔偿于家居委会各项损失16156740元，并承担实际损失30%的违约金。

山东省潍坊市中级人民法院于2013年3月18日作出（2009）潍民初字第92号民事判决。该院一审查明，2007年9月30日，潍坊市人民政府作出潍政复字（2007）208号《关于对潍城区西关街办于家村城中村改造综合方案的批复》，同意潍坊市潍城区人民政府呈报的西关街道办事处于家社区居民委员会

"城中村"改造综合方案。2008年4月21日,潍坊市规划局作出潍规复字(2008)8号《关于对潍城区西关街办于家村(和谐丽园小区)城中村改造规划方案的批复》,对于家居委会呈报的城中村改造规划方案予以批复同意,批复内容为:居民安置用地(一)位于潍坊市胜利西街以南、潍坊第三监狱西侧。规划总用地面积3.65公顷,其中可建设用地面积3.32公顷,城市道路用地面积0.33公顷。总建筑面积8.01万平方米,其中规划住宅建筑面积7.61万平方米,公建建筑面积0.40万平方米;居民安置用地(二)位于潍坊市胜利西街以北,友爱路以西,钢厂宿舍以东。规划总用地面积6.75公顷,其中可建设用地面积5.62公顷,城市道路及绿化用地面积1.13公顷。总建筑面积10.89万平方米,其中住宅建筑面积9.22万平方米(多层住宅建筑面积2.46万平方米,高层住宅建筑面积6.76万平方米),公建建筑面积1.66万平方米;生活保障用地位于潍坊市胜利西街以南,清平路两侧。规划总用地面积8.46公顷,其中可建设用地面积6.19公顷,城市道路及绿化用地面积2.27公顷。总建筑面积10.38万平方米,其中规划住宅建筑面积7.66万平方米,公建建筑面积2.72万平方米。2008年9月12日,潍坊市国土资源局潍城分局与于家居委会签订《城中村改造土地资产处置协议书》,双方就位于潍城区胜利西街以南、潍坊监狱以西的33502平方米国有土地资产处置达成如下协议:该地块原为于家居委会代管的国有土地,属该居委会安置用地范围。为实施城中村改造,由潍坊市国土资源局潍城分局对该宗土地使用权以招拍挂方式进行出让;由于家居委会负责拆迁,并于拍卖成交后30日内提供土地。2008年9月23日,于家居委会向潍坊市潍城区国土资源局提交《关于城中村改造居民安置用地挂牌的申请》,于家居委会在该申请中认可安置用地地块(一)(2008-W70)和地块(二)(2008-W71)的改造条件已经成熟,其中地块(一)现已拆迁清理完毕,地块(二)待地块(一)竣工后拆迁(由于家居委会负责)。潍坊市潍城区人民政府西关街道办事处在该申请书上加盖了公章。2008年9月24日,于家居委会向潍坊市国土资源局提交《关于办理挂牌出让用地手续的申请》,申请对该居委会列入"城中村"改造的33502平方米土地以招拍挂方式办理土地出让手续。2009年5月27日,于家居委会在《潍坊日报》刊登《遗失声明》,内容为于家居委会丢失的以下土地代管证:潍国用(2008)第126号(面积33502平方米)、潍国用(2008)第127号(面积52517平方米)、潍国用(2008)第128号(面积6123平方米)、潍国用(2008)第129号(面积1343平方米)、潍国用(2008)第130号(面积1345平方米)、潍国用(2008)第131号(面积793平方米)予以作废。

2008年1月26日,金泰公司与于家居委会签订《潍城区西关街道于家村城中村改造合同书》，合同约定：双方合作开发于家村小区；合作方式为双方投资、联合开发，两块安置用地按照建筑面积比例分成，生活保障用地按照利润比例分成；开发项目坐落于原于家村旧址，安置用地地块（一）位于潍坊市胜利西街以南、省第三监狱和潍坊拔丝厂之间，建设用地 2.77 公顷（以下简称壹区）。安置用地地块（二）位于潍坊市胜利西街以北、规划友爱路西侧，建设用地 5.62 公顷（以下简称贰区）。生活保障用地地块位于潍坊胜利西街以南、规划清平路两侧，建设用地 5.86 公顷（以下简称叁区）。以上三个小区共有建设用地 14.24 公顷；壹区、贰区按照现有规划开发建设住宅与商业楼房和公用建筑 11.84 万平方米，叁区按照现有规划开发建设住宅与商业楼房和公用建筑 10.80 万平方米。叁区当前不具备开发条件，需进行规划调整，双方同意暂按照潍坊市规划设计研究院 2007 年 9 月的规划设计办理。三个小区合作开发的条件均按本合同执行。三个小区在征得政府同意的前提下，均可进行适当的规划调整，调整后按实际面积进行建设；全部工程由金泰公司负责建设和管理，包括：三个小区内部所有开发建设项目投资，小区内交通道路、水、电、暖、有线电视、绿化、室外照明等基础设施配套项目建设所需资金的投入，以及办理开发建设过程中的规划调整、施工图纸设计、地质勘探、施工组织管理、工程监理、质量监督、安全生产管理、工程项目招投标、开工手续办理等工作，并承担全部费用；于家居委会将三个小区的建设用地 14.25 公顷作为投资，将政府给予"城中村"改造的优惠政策，在办理手续和挂牌过程中用足用好；壹区、贰区的房产分配方法为：（1）按照现有规划，于家居委会分得 53280 平方米住宅，金泰公司分得 65120 平方米住宅。（2）如于家居委会分得的 53280 平方米不够安置，金泰公司分得的面积可按照市场价格优先由于家居委会购买。（3）金泰公司若征得政府有关部门同意后对规划进行调整，于家居委会应予以认可。因规划调整增加的面积，于家居委会可分得增加面积数的 20%，以及与安置房同标准的多层住宅。于家居委会分得的住宅可以按市场价格置换商业房；在壹区、贰区的开发建设中，因首先满足村民安置需要，金泰公司仅获得微利，叁区仍由金泰公司开发建设。叁区开发建设的楼房销售收入扣除开发成本、有关费用和税金后，所得利润双方按比例分配，分配比例为于家居委会 40%，金泰公司 60%，并应保证于家居委会获取利润为 4000 万 ~5000 万元。于家居委会所获得利润可按工程竣工时市场价格置换商业房；工程建设成本由双方共同认可的审计单位审计后列入成本，开发成本由双方据实确定，土地价格不计入成本，叁区拆迁补偿费用计入成本。于家居委会必须尽量降低补偿费用，补偿费用控制在 2500 万元内，超出部分由于家居委会承担；于家居委会在壹区、贰区的全部投入和收益，用壹区、贰区分得的

53280 平方米房产一次性抵顶，具体位置以规划图上具体规定为准（于家居委会原则上从壹区多层住宅 1、2、3、4、5、6、7、8、9 号楼和贰区多层住宅 3、4、5、6、7、8、9 号楼的位置分配面积）；于家居委会分得的住宅建设附带阁楼及地下室；于家居委会协助金泰公司及时办理小区开发土地的权证手续，并将土地交由金泰公司组织开发建设，办理确权手续所需费用由金泰公司承担；于家居委会保证施工工地达到"三通一平"（水、电、路通及场地平整）条件，三个小区的全部拆迁工作按约定时间完成；金泰公司应根据双方商定的开工时间，在开工前提前通知于家居委会，于家居委会接到通知后 30 日内将地面建筑物和构筑物清除完毕，并承担拆迁过程中发生的一切费用。对热力站的拆迁，亦由于家居委会负责协调办理，并承担由此发生的一切费用；金泰公司保证工程建设资金按进度及时到位，确保小区 2008 年开工建设，以及工程在规定时间内完成；金泰公司暂借给于家居委会 1000 万元作为拆迁费用，于家居委会根据实际情况分两次预借。壹区开始拆迁时，金泰公司借给于家居委会 300 万元。贰区开始拆迁时，金泰公司借给于家居委会 700 万元。以上借款在利益分配时从于家居委会应分得利益中扣回；三个小区规划范围内的土地挂牌，由于家居委会、金泰公司共同负责，根据土地管理部门招拍挂程序与规定摘牌。挂牌的土地款由金泰公司垫付，该土地款按政府返还程序返还到于家居委会账户之日起五个工作日内，由于家居委会及时返还金泰公司，不得滞留；友爱路、清平路拆迁建设所需费用，由于家居委会协调区政府或由于家居委会负责；对叁区按规划已具备开发条件的项目，金泰公司按照开发进度要求，在壹区、贰区开始开发建设的基础上，可以先行开发建设，于家居委会应予以支持，并在接到金泰公司通知后 30 日内完成拆迁；双方约定开工时间后，于家居委会若不能及时拆迁，造成开工时间推迟给金泰公司造成经济损失时，除工期顺延外，于家居委会应按照金泰公司区域投资额每天支付万分之一的赔偿金给金泰公司；金泰公司若不能按时竣工交付给于家居委会房屋，金泰公司按照区域投资额每天支付万分之一的赔偿金给于家居委会。

2008 年 1 月 28 日，于家居委会和金泰公司签订《西关街办于家村潍城区城中村改造补充协议》，该协议系对 2008 年 1 月 26 日合同的补充，具体内容为：于家居委会在前期操作过程中，因变更合作单位所产生的 200 万元补偿费用，应由于家居委会承担。该费用可由金泰公司先行垫付并作为定金，待贰区开发建设时从于家居委会分得房产中抵扣；面积分配由原合同的"壹区、贰区面积为 11.84 万平方米，于家居委会分得 53280 平方米"变为：壹区、贰区总面积 120878 平方米，于家居委会分得 54000 平方米。叁区的利润分配比例由原合同的"于家居委会 40%，金泰公司 60%"变更为于家居委会 45%，金泰公司 55%。于家居委会比原合同约定多获得的利益，应用于企业拆迁补偿；壹区、贰区待规划调整完毕后，双方再签订补充协议，明确双方分配的详细位置。于家居委会分得的壹区、贰区面积除安置部分外，其他面积均在贰区建设完成后分配；原合同在壹区、贰区房产分配时约定"因规划调整增加的面积，于家居委会可分得增加面积数的 20% 与安置房同标准的多层住宅"变更为"因规划增加面积，于家居委会可分得增加面积数的 20% 与安置房同标准的多层住宅，但最高不超过 5000 平方米"；在贰区开发建设过程中，要根据金泰公司的开发建设计划，提前确定叁区的补偿费用额度；金泰公司开工建设时，于家居委会应积极做好拆迁工作，如因拆迁影响了金泰公司开工建设，由于家居委会承担金泰公司的一切损失。

2008 年 4 月 14 日，于家居委会与金泰公司就 2008 年 1 月 26 日合同中壹区、贰区的建设面积分配等事宜，达成《潍城区西关街办于家村城中村改造补充协议》，内容为：于家村壹区规划面积由原规划多层建筑 40700 平方米调整为部分高层（包含原三栋住宅楼拆迁改建成高层），建筑面积有所增加，其中原三栋现状楼面积 8000 平方米；根据 2008 年 1 月 26 日合同的约定，于家居委会在壹区分得建筑面积 45% 的基础上增加 6322 平方米，新规划的壹区剩余建筑面积归金泰公司所有；于家居委会分得建筑面积优先安排在多层住宅楼，其他面积则从最南端高层楼上补齐；壹区于家居委会分得建筑面积优先用于安置，剩余建筑面积可在贰区置换写字楼或商业房；根据 2008 年 1 月 26 日合同约定，结合于家居委会的实际情况，金泰公司借给于家居委会 750 万元作为拆迁补偿款，该款须存放在于家居委会账户，仅用于居民拆迁补偿；于家居委会将详细的补偿方案提供给金泰公司后，金泰公司将款转到于家居委会账户，根据实际情况也可提前打款。该拆迁补偿款在使用时必须经于家居委会、金泰公司双方联合签字方可支取；该款在用于居民拆迁补偿后剩余部分，在壹区工程开工时转到金泰公司账户用于工程款的支付；拆迁补偿款中用于居民拆迁补偿的款项在建筑面积分配时从于家居委会分得的利益中扣回（如果以房屋建筑面积抵款，则应按房屋实际销售收入扣减所有税、费后的净款计算还款额）；根据金泰公司的开发计划安排，贰区工程开工时间暂定为 2009 年 5 月底。贰区的拆迁补偿费用参照壹区的方式执行或另外协商确定。

上述合同签订后，金泰公司以借款的形式先后向于家居委会支付了 392 万元拆迁补偿款，具体支付情况为：2008 年 4 月 22 日支付 300 万元，5 月 15 日支付 30 万元，6 月 17 日支付 20 万元，6 月 18 日支付 2 万元，7 月 5 日支付 25 万元，8 月 13 日支付 15 万元。另，金泰公司主张的 392 万元借款的利息，金泰公司主张按照银行同期贷款利率从起诉之日起计算。

金泰公司主张因从潍坊市宝隆房地产开发公司处接受涉案开发项目，按照其与于家居委会的合同约定，以"前期补偿费用"的名义借给于家居委会200万元，由于家居委会用于前期开发工作的后续处理。于家居委会收款后，于2008年2月29日给金泰公司开具了收取"补偿费"200万元的收款收据（存根号No.0306001）。于家居委会否认收取了金泰公司上述200万元，主张收款收据系因金泰公司要处理贷款账目，遂根据金泰公司要求出具了上述收据，金泰公司财务人员田金龙在领取该收据时给于家居委会出具了证明，证明内容为："此收据只作为贷款使用，收据号No.0306001，使用完后交回。借用人：田金龙2008.2.29。"于家居委会主张上述200万元系金泰公司直接支付给潍坊市宝隆房地产开发有限公司的，潍坊市宝隆房地产开发有限公司收款后，于2008年1月2日给金泰公司出具了收取前期费用补偿款200万元的收款收据，金泰公司收到该收款收据后，于1月28日经负责人李传孝和财务人员田金龙签字后作了财务处理；田金龙于2008年2月29日从于家居委会领取No.0306001收款收据时将上述收据交付给于家居委会保管。金泰公司辩称李传孝在收款收据上签名仅表示同意于家居委会将该款支付给潍坊市宝隆房地产开发有限公司。

在合同履行过程中，金泰公司主张代于家居委会垫付测绘费、环评费、广告宣传费、规划设计费、售楼处建设费等费用共计519062.28元，并提交22张收费单据予以证明；于家居委会认为该些费用单据不能证明金泰公司用于了涉案开发项目的支出，且根据双方签订的合同约定，即使金泰公司支出了上述费用，亦应由其自行承担。另，金泰公司主张于家居委会返还592万元时，还应返还利息，即从金泰公司起诉之日按照中国人民银行同期贷款利率为标准计算。

上述合同签订后，于家居委会依约对涉案开发土地上的房产进行了拆迁，其主张于2008年5月1日完成了对旧村计205户的拆迁工作。2008年9月17日，金泰公司与于家居委会就其合作开发的涉案工程项目（名称为和谐丽园小区）举行了奠基仪式。

2008年11月2日，金泰公司给于家居委会发出《关于解除合同及补充协议的通知》，通知内容为：因于家居委会提供的第三区的土地属于基本农田，无法作为开发建设住宅楼房和商业楼房使用，违反了合同约定和国家关于土地管理的法律规定，且合同及补充协议约定的双方分配比例不能体现公平原则，金泰公司无法实现合同目的，根据《合同法》第94条、第96条之规定，通知于家居委会解除双方于2008年1月26日签订的《潍城区西关街办于家村城中村改造合同书》及同年1月28日、4月14日签订的补充协议。在本案庭审过程中,金泰公司和于家居委会均同意解除双方签订的上述合同及补充协议,不再继续履行。

2009年4月2日,于家居委会与山东金庆建设集团有限公司、潍坊市潍城区西关街道办事处签订《潍城区西关街办于家村城中村改造合同书》,约定:双方投资联合开发位于潍坊市胜利西街以南、生建宾馆和鸢都百盛苑之间的于家村小区(暂定名金都丽园小区),建设用地3.32公顷;于家居委会以土地和政府相关优惠政策作为投资,由山东金庆建设集团有限公司负责全部建设投资;房产分配办法按照调整后规划条件,于家居委会分得高层建筑面积29000平方米,具体位置为小区最东侧从南至北三栋17层306户住宅楼及其附属地下室,剩余住宅和商业房产全部归山东金庆建设集团有限公司所有;于家居委会分得的住宅楼附带建设一层地下室,地下室面积不计算在于家居委会所分得的安置面积内;工程在2009年7月1日前开工建设,2011年8月31日前全部配套完善、交付安置住宅给于家居委会;建成后山东金庆建设集团有限公司给于家居委会相应楼房面积。

庭审过程中,于家居委会主张因金泰公司解除合同构成违约,给于家居委会造成如下损失:(1)提交《2010年1月至2011年8月拆迁户租房补助发放表》,以证明因被拆迁居民不能按合同约定回迁,造成于家居委会多支付村民租房补助费3444000元(该发放表载明发放户数为205户,发放标准为每户16800元,包括再次搬家费800元和租房费16000元)。(2)依照与金泰公司的合同约定,于家居委会分得的多为多层住宅,而依照与山东金庆建设集团有限公司签订合同的约定,于家居委会分得的多为高层住宅,根据该地段的房产价格,多层住宅售价为3400元/平方米,高层为3000元/平方米,由此给于家居委会造成差价损失1160万元。(3)依照与金泰公司的合同约定,于家居委会分得306套住房每套均包括8平方米的储藏室,而依照与山东金庆建设集团有限公司签订合同的约定,于家居委会分得住房不包括储藏室,按照储藏室每平方米1180元计算,由此给于家居委会造成损失1112740元。

【原审裁判】

山东省潍坊市中级人民法院于2013年3月18日作出(2009)潍民初字第92号民事判决。该院一审认为,金泰公司与于家居委会签订的《潍城区西关街办于家村城中村改造合同书》和《西关街办于家村潍城区城中村改造补充协议》《潍城区西关街办于家村城中村改造补充协议》,系双方当事人真实意思的表示,且没有违反法律和行政法规的强制性规定,应认定合法有效。因双方在合同中已经明确约定了叁区不具备开发条件,且双方在合同履行中亦是围绕壹区和贰区的开发建设进行的,即叁区开发条件依法具备前,并不影响合同其余条款的履行,故金泰公司以于家居委会隐瞒叁区土地性质,导致其不能实现合同目的为由,要求解除与于家居委会之间的合作开发房地产合同,没有事实依据,该院不予支持。虽然金泰公司提出解除合同的理由不能成立,但因金泰公司提出与于家居委会解除合同且不再继续履行合同后,于家居委会为避免损失的扩大,已经就涉案土地与山东金庆建设集团有限公司签订合同并已经履行,故双方签订的合同已经没有再予履行的必要,且庭审中金泰公司和于家居委会均同意解除合同,故该院依法准许金泰公司与于家居委会解除双方之间签订的合资、合作开发房地产合同。

  双方签订的合同解除后,应依法根据合同约定的清算条款对双方的权利和义务进行清算。于家居委会从金泰公司取得的392万元用于拆迁补偿的借款,因双方已经不再具有权利义务关系,于家居委会已经没有继续占有该款的合法依据,依法应当将392万元返还给金泰公司。于家居委会以返还的条件不具备为由,不同意返还该款,没有事实依据,本院不予采信。因该院基于上述理由要求于家居委会返还金泰公司上述392万元,故金泰公司要求于家居委会支付该些款项的利息,无事实和法律依据,本院不予支持。

  虽然金泰公司主张于家居委会收取其200万元后支付给潍坊市宝隆房地产开发有限公司作为补偿,并提交于家居委会开具的已收取200万元的收款收据一份予以证明,但因于家居委会否认收取了金泰公司该200万元,且根据金泰公司财务人员田金龙给于家居委会出具的证明,该收据只是金泰公司从于家居委会借来用于处理财务账目,故在金泰公司未提交其他有效证据证明于家居委会收到该200万元的情况下,仅凭该收款收据不足以证明于家居委会收取了金泰公司200万元。因既无证据证明于家居委会收取了金泰公司200万元,亦无证据证明该200万元系金泰公司应于家居委会的要求支付给潍坊市宝隆房地产开发有限公司的,故金泰公司要求于家居委会返还作为补偿款支付给潍坊市宝隆房地产开发有限公司的200万元,依据不足,本院不予支持,金泰公司对此另行予以解决。

  关于金泰公司主张的代于家居委会垫付的519062.28元费用,因于家居委会对此不予认可,而金泰公司提交的22份票据亦不足以证明该些费用系用于涉案开发项目的支出,且根据合同约定,该些项目的支出亦应由金泰公司承担,故金泰公司以代于家居委会垫付519062.28元费用为由,要求于家居委会予以返还,依据不足,本院不予支持。

  金泰公司在合同履行过程中,在不具备合同约定或其他合法解除事由的情况下提出与于家居委会解除合同,且在未征得于家居委会同意解除的情况下不再履行合同,违反了双方合同约定,构成违约,依法应就其违约行为赔偿于家居委会的相应损失。于家居委会根据合同约定,及时完成了拆迁工作,并向被拆迁的居民支付了拆迁补偿费用3444000元,金泰公司虽主张于家居委会发放该些费用时未按合同约定进行发放且发放数额不实,但因为家居委会已经按照合同约定完成了拆迁工作,且金泰公司既未提交证据证明其曾对于家居委会发放拆迁补偿款的行为提出过异议,亦未提交证据证明存在不实发放的情形,故该院对金泰公司的抗辩主张不予支持,对于家居委会主张的已经支付3444000元拆迁补偿款的事实予以确认。因金泰公司的违约行为造成了合同的未能全部履行,致使于家居委会不能按照合同约定实现合同目的获取收益,从而利用收益冲减已支出的上述拆迁补偿费用,故对于家居委会而言,其已经支付的3444000元拆迁补偿款已经形成损失,该损失系由金泰公司的违约行为造成,金泰公司依法应予赔偿。于家居委会以其与山东金庆建设集团有限公司达成的合资、合作开发房地产合同,与金泰公司达成的合同相比,存在差价损失等为由,要求金泰公司予以赔偿,因家居委会与山东金庆建设集团有限公司达成的合资、合作开发房地产合同系其自愿达成的,于家居委会亦未提交证据证明因金泰公司的违约行为造成于家居委会在该合同协商过程中对相关利益分配条款系被迫确认,故于家居委会要求金泰公司赔偿其上述损失,没有事实和法律依据,本院不予支持。同理,于家居委会要求金泰公司在其主张的上述损失的基础上再赔偿违约金,亦无依据,本院不予支持。

综上,根据《中华人民共和国合同法》第8条、第60条、第97条、第98条、第107条、第108条,《中华人民共和国民事诉讼法》第142条之规定,判决:一、潍坊市潍城区西关街道办事处于家社区居民委员会返还潍坊金泰房地产有限公司借款3920000元,于本判决生效后十日内付清;二、潍坊金泰房地产有限公司赔偿潍坊市潍城区西关街道办事处于家社区居民委员会损失3444000元,于本判决生效后十日内付清;三、驳回潍坊金泰房地产有限公司的其他诉讼请求;四、驳回潍坊市潍城区西关街道办事处于家社区居民委员会的其他反诉请求。如果未按判决指定的期间履行给付金钱义务,应当按照《中华人民共和国民事诉讼法》第253条之规定,加倍支付迟延履行期间的债务利息。案件受理费58490元,申请诉讼保全费5000元,共计63490元,由潍坊金泰房地产有限公司承担33490元,由潍坊市潍城区西关街道办事处于家社区居民委员会承担30000元。反诉案件受理费64370元,由潍坊金泰房地产有限公司承担14370元,由潍坊市潍城区西关街道办事处于家社区居民委员会承担50000元。

金泰公司不服一审判决,向山东省高级人民法院提起上诉称,原审认定事实不清、适用法律错误,应依法予以改判。事实与理由:一、原审认定双方签订的《潍城区西关街办于家村城中村改造合同书》及《补充协议》合法有效,不符合法律规定。双方签订的合同违反法律强制性规定应认定无效。一是按照相关法律法规要求,建设单位进行房地产开发必须以出让的方式取得国有土地,但本案中所涉土地壹区、贰区是集体土地,叁区是基本农田,均不符合建设用地的要求;二是涉案土地未按照法律要求进行房地产开发项目用地办理;三是涉案土地未按法律规定以招拍挂的方式出让;四是本案中的金泰公司未取得土地使用权,未办理建设用地规划、建设工程规划,亦未办理施工许可证,案涉土地不具备房地产开发或者施工条件;五是双方虽然明确约定了叁区不具备开发条件,但是从合同下文来看,双方认可的不具备开发建设条件只是规划需要调整,并没有涉及土地使用权,原审认定金泰公司明知土地性质与事实不符。二、于家居委会应返还金泰公司200万元垫付款。根据《补充协议》第1条关于"甲方在前期操作过程中,因变更合作单位产生的补偿费用贰佰万元由甲方承担。此费用可由乙方先行垫付并作为定金。待贰区开发建设时从甲方分得房产中抵扣"的约定,金泰公司履行了垫付义务。三、金泰公司不存在违约行为。金泰公司与于家居委会签订了《潍城区西关街办于家村城中村改造合同书》及《补充协议》,积极履行了合同义务,共支出资金近千万,但于家居委会未履行任何义务。四、原审认定金泰公司赔偿于家居委会3444000元损失无事实和法律依据。五、金泰公司已垫付的519062.28元各项费用(测绘费、环评费、规划设计费等),于家居委会已实际受益,不予返还无法律依据也无合同依据。请求:依法撤销原审判决第二项、第三项;改判于家居委会向金泰公司返还垫付款200万元及利息;改判返还金泰公司垫付的环评、测绘等费用519062.02元。

山东省高级人民法院于2013年10月16日作出(2013)鲁民一终字第277号民事判决。该院二审查明的事实与一审查明的事实基本一致。该院二审认为,本案的争议焦点问题:一是原审认定涉案合同书及协议合法有效是否正确;二是原审判决金泰公司赔偿于家居委会3444000元损失是否正确;三是金泰公司主张返还200万元补偿款及519062.28元各项费用(测绘费、环评费、广告宣传费、规划设计费、售楼处建设费),原审未予支持是否正确。

关于原审认定涉案合同书及协议合法有效是否正确的问题。涉案《潍城区西关街办于家村城中村改造合同书》和《西关街办于家村潍城区城中村改造补充协议》《潍城区西关街办于家村城中村改造补充协议》是金泰公司与于家居委会双方在平等的基础上,自愿协商达成,是双方真实的意思表示。因涉案项目是城中村改造项目,已经政府批复,并不存在规避法律法规、损害国家利益问题。因此，原审认定上述合同及协议合法有效正确，本院依法予以支持。金泰公司关于双方签订的合同违反法律强制性规定应认定无效的上诉理由不能成立，本院依法不予支持。

关于原审判决金泰公司赔偿于家居委会3444000元损失是否正确的问题。对于有效合同，根据诚实信用原则，各方当事人均应恪守合同的约定，全面履行合同。于家居委会根据合同约定，及时完成了拆迁工作，已实际履行了合同义务，而金泰公司在未征得于家居委会同意解除的情况下不再履行合同，违反了双方合同约定，构成违约，依法应就其违约行为赔偿于家居委会的相应损失。于家居委会为证明其损失，提交《2010年1月至2011年8月拆迁户租房补助发放表》，以证明因被拆迁居民不能按合同约定回迁，造成于家居委会多支付村民租房补助费3444000元（该发放表载明发放户数为205户，发放标准为每户16800元，包括再次搬家费800元和租房费16000元）。该证据业经双方质证，金泰公司虽提出异议，但未提供足以反驳的相反证据和理由，根据最高人民法院《关于民事诉讼证据的若干规定》的相关规定，原审采信该证据作为计算于家居委会损失之依据正确，本院依法予以支持。

关于金泰公司主张返还200万元补偿款及519062.28元各项费用（测绘费、环评费、广告宣传费、规划设计费、售楼处建设费），原审未予支持是否正确的问题。关于是否返还200万元补偿款问题。因金泰公司提交的证据，尚不足以证明金泰公司依据约定已代于家居委会先行垫付该款项，且于家居委会不予认可。故金泰公司的该项主张，因举证不能原审不予支持正确。至于519062.28元各项费用（测绘费、环评费、广告宣传费、规划设计费、售楼处建设费）的问题，因金泰公司提交的相关证据不足以证明该些费用系用于涉案开发项目的支出，而且根据合同约定，该些项目的支出亦应由金泰公司承担，故原审以金泰公司要求于家居委会予以返还依据不足为由未予支持并无不当。

综上，金泰公司的上诉请求和事实理由均不成立，原判正确，应予维持。依照《中华人民共和国民事诉讼法》第170条第1款第1项、第175条之规定，判决如下：驳回上诉，维持原判。二审案件受理费53541元，由潍坊金泰房地产开发有限公司负担。

金泰公司不服二审判决，向最高人民法院申请再审称，（1）原判决对本案合同解除的认定错误。于家居委会于2008年11月2日发出的《关于解除合同及补充协议的通知》后未提出异议，合同应在于家居委会收到解除通知时解除，原判决称准许解除合同违背法律规定。（2）原判决认定于家居委会对金泰公司垫付的200万元补偿款不予返还错误。根据双方签订的《潍城区西关街办于家村城中村改造补充协议》第 1 条约定，金泰公司于 2008 年 2 月 1 日给于家居委会开具了 200 万元的转账支票，该居委会主任刘伟东在支票存根上签字，表明收到了 200 万元的转账支票，于家居委会否认收到该笔款项违背客观真实。即使按照家居委会的说法，金泰公司直接把 200 万元付给潍坊市宝隆房地产开发有限公司，也是在替于家居委会垫付，双方的合同解除后于家居委会应予返还。（3）原判决认定金泰公司赔偿于家居委会 344.4 万元损失理由不当，缺乏事实依据。本案合同于 2008 年 11 月 2 日已解除，金泰公司仅应赔偿从合同解除至 2009 年 4 月 2 日于家居委会与山东金庆建设集团有限公司签订合同止，5 个月的拆迁户租房补贴费损失 98.4 万元。

最高人民法院于 2014 年 9 月 3 日作出（2014）民申字第 231 号民事裁定书。该院认为，根据金泰公司再审申请书载明的申请理由及提供的证据，该院对以下问题进行审查：

1. 关于原判决对合同解除的认定是否正确问题。本案中，金泰公司的诉讼请求及于家居委会的反诉请求均不涉及合同解除问题，双方的诉请主要围绕合同解除后借款的返还、损失的赔偿进行。从一、二审判项看，对本案合同解除问题亦未予以实体认定。金泰公司就合同解除提出再审申请并非针对判决主文，而是针对一审判决的说理部分。该项再审申请不符合《中华人民共和国民事诉讼法》第 200 条的规定，该院不予采信。

2. 关于于家居委会应否向金泰公司返还 200 万元补偿费问题。再审审查期间，金泰公司以新证据形式提交 200 万元中国农业银行转账支票存根一份。该支票存根虽有于家居委会副主任刘伟东签字，但金泰公司并未提供转账支票原件，亦不能确定转账支票的收款单位，金泰公司以此证据称 200 万元支付给了于家居委会依据不足。金泰公司和于家居委会签订的《西关街办于家村城中村改造补充协议》第 1 条约定：于家居委会在前期操作过程中，因变更合作单位所产生的 200 万元补偿费用，由于家居委会承担。该费用可由金泰公司先行垫付并作为定金，待贰区开发建设时从于家居委会分得房产中抵扣。据此，该 200 万元补偿费具备履约定金性质。根据一、二审查明的事实，金泰公司无正当理由同于家居委会解除合同构成违约。即使金泰公司支付了 200 万元补偿费，在金泰公司违约的情况下，亦无权要求返还。金泰公司称原判决对 200 万元补偿费不予返还认定错误的再审理由不能成立。

3. 关于金泰公司应否赔偿于家居委会 344.4 万元损失问题。根据 2008 年 1 月 26 日金泰公司与于家居委会签订的《潍城区西关街办于家村城中村改造合同书》约定的内容，全部工程由金泰公司负责建设和管理，金泰公司保证工程建设资金按进度及时到位，确保小区 2008 年开工建设及在规定时间内完工。本案合同于 2008 年 11 月 2 日解除后，工程相应资金投入及建设势必延期，并直接导致拆迁户无法按时回迁。虽然于家居委会于 2009 年 4 月 2 日与山东金庆建设集团有限公司重新签订了合作开发合同，但因延期产生的额外租房补助并未因此止损。原判决根据查明事实及证据，认定金泰公司赔偿于家居委会 2010 年 1 月至 2011 年 8 月拆迁户的租房补助费 344.4 万元并无不当。综上，金泰公司的再审申请不符合《中华人民共和国民事诉讼法》第 200 条第 1 项、第 2 项、第 6 项规定的情形。裁定：驳回潍坊金泰房地产有限公司的再审申请。

【抗诉理由】

当事人不服再审判决，向检察机关申请监督。检察机关审查认定的事实与一、二审法院认定事实一致。另查明，金泰公司在申请再审期间以新证据形式向最高人民法院提交 200 万元中国农业银行转账支票存根一份，该支票存根有于家居委会副主任刘伟东签字。金泰公司在申请监督期间以新证据形式向本院提交 200 万元中国农业银行转账支票、记账凭证、银行卡存款凭条复印件四份，以证实 200 万元中国农业银行转账支票于 2008 年 2 月 1 日经承兑后该款项已存入收款人滕学军名下卡号为 6228480290548×××××银行卡。

最高人民检察院于 2016 年 3 月 30 日以高检民复查〔2015〕49 号民事抗诉书向最高人民法院提出抗诉。最高人民检察院认为，有新的证据足以推翻山东省高级人民法院（2013）鲁民一终字第 277 号民事判决。理由如下：

原审判决认为，金泰公司提交的证据尚不足以证明其已向于家居委会支付 200 万元垫付款，因而金泰公司要求于家居委会返还该款项的主张不予支持。金泰公司在原审中提交存根号 No.0306001 收款收据以证明于家居委会已收到 200 万元垫付款。因于家居委会在原审中提交反驳证据即金泰公司财务人员田金龙的证明证实该收款收据仅用于做账使用，致使金泰公司提交的收款收据未被原审法院采信，其要求于家居委会返还垫付款的诉求亦未获得原审法院支持。金泰公司在申请再审阶段所提交的 200 万元中国农业银行转账支票存根可以证实于家居委会副主任刘伟东于 2008 年 2 月 1 日已向金泰公司领取了农行转账支票原件，且该支票存根上未记载收款人名称。根据《中华人民共和国票据法》第 84 条、第 86 条规定，收款人名称不是支票的绝对应记载事项，支票上未记载收款人名称的，经出票人授权，可以补记。因此，于家居委会在收到转账支票后可以自行补记收款人名称。因此，支票收款人与支票领取人不一致并不影响出票行为的效力。金泰公司在申请监督阶段提交的 200 万元中国农业银行转账支票、记账凭证、银行卡存款凭条复印件，其中转账支票记载的票号、付款人名称、出票人名称、金额、日期均与转账支票存根记载的内容一致，因此，结合记账凭证、银行卡存款凭条等证据，可以认定于家居委会收取的转账支票于出票的当日即2008年2月1日已经获得付款人中国农业银行潍坊高科技产业开发区支行承兑，金泰公司已依约履行向于家居委会支付200万元垫付款义务。

关于金泰公司在违约的情况下是否有权要求于家居委会返还200万元垫付款及赔偿数额问题。因诉讼中双方均认可200万元垫付款已转化为定金，本案涉及定金与损害赔偿金是否可以并用以及如何并用问题。如适用定金罚则，则于家居委会有权就定金赔偿之外的损失继续主张赔偿，对于定金已经弥补的损失则不宜再重复赔偿。原审判决对于家居委会的3444000元损失赔偿请求全额支持，同时对200万元垫付款未予返还，导致非违约方因此获益，有违公平原则。

【再审结果】

最高人民法院裁定指令山东省高级人民法院再审本案。山东省高级人民法院于2017年6月19日作出（2017）鲁民再字第66号民事判决书。本院再审查明的其他事实与原审认定的事实基本一致。

本案再审过程中，于家居委会主张，金泰公司已向宝隆公司支付了200万元款项，但居委会并未经手处理该笔款项，因此居委会不应承担该笔费用的返还义务。金泰公司认为，金泰公司已向居委会交付了票据，另，根据合同约定，案涉200万元最终应由于家居委会负担，由金泰公司垫付，因此，该笔款项无论是否由于家居委会经手，支付该笔款项的义务人均应是于家居委会。

该院再审认为，本案争议的焦点问题是：（1）于家居委会应否支付392万元借款的利息；（2）于家居委会延迟回迁的期间如何认定；（3）金泰公司能否请求于家居委会返还200万元垫付款并支付相应利息；（4）定金罚则能否与违约赔偿金并用。

关于第一个焦点问题，该院认为，申诉人金泰公司在一审期间提出请求于家居委会返还392万元及其利息的诉求，一审法院对其返还392万元利息的主张未予支持，二审过程中，金泰公司并未再次请求于家居委会返还392万元利息的主张，该诉求超出了其二审中的诉讼请求，根据《最高人民法院关于适用〈中华人民共和国民事诉讼法〉的解释》第405条"人民法院审理再审案件应当围绕再审请求进行。当事人的再审请求超出原审诉讼请求的，不予审理"之规定，本院对金泰公司的该项诉讼请求不予审理。

关于第二个焦点问题，该院认为，金泰公司在不具备合同约定或其他合法解除事由的情况下径行不再履行合同，致使于家居委会所在社区被拆迁的居民不能按期回迁，于家居委会另行支付了迟延回迁期间的费用，该费用应由违约方金泰公司支付。关于迟延回迁期间的认定，该院认为，迟延回迁期间应自金泰公司和于家居委会约定的交房时间开始，至金泰公司与于家居委会签订的交房时间结束。关于金泰公司交房时间的认定，该院认为，由于金泰公司与于家居委会签订的合同没有约定交房时间，原审法院依据于家居委会与村民确定的交房时间，同时参考多层住宅的竣工期限，确定金泰公司应当交房的时间为2010年1月并无不当，该院予以确认。因金泰公司和于家居委会及于家居委会与村民约定的交房时间均为2011年8月31日，因此，应认定金泰公司的交房时间应为2011年8月31日。综上分析，原审判决以该两时间点作为迟延回迁期间的起止点，并据此认定于家居委会的迟延回迁损失为344.4万元并无不当，该院予以确认。

关于第三个焦点问题，本案庭审过程中，双方当事人对金泰公司已向宝隆公司支付200万元补偿款并无异议，双方争议的焦点是该笔款项是否由于家居委会经手。该院认为，在2008年1月28日，于家居委会和金泰公司签订《西关街办于家村城中村改造补充协议》，具体内容为，"于家居委会在前期操作过程中，因变更合作单位所产生的200万元补偿费用，应由家居委会承担。该费用可由金泰公司先行垫付并作为定金，待贰区开发建设时从于家居委会分得房产中抵扣"，据此约定，本案200万元补偿费应由金泰公司垫付，待双方结算时金泰公司从于家居委会房产中抵扣，因此，无论涉案补偿款是否由于家居委会经手，于家居委会均是支付该费用的最终义务人。因本案双方均认可金泰公司已向宝隆公司支付了200万元补偿款，故此应认定金泰公司已代替于家居委会垫付了200万元补偿款且该笔费用已成为金泰公司向于家居委会交付的履约定金。

本案合同履行过程中，金泰公司无正当理由解除了涉案合同，违反了合同约定，故其无权要求返还200万元定金。

关于第四个焦点即本案定金罚则能否与违约赔偿金并用的问题，本案认为，定金罚则具有惩罚性，它只针对不履行行为或其他根本违约的行为发生效力，且不管违约是否产生实际损失。而赔偿损失的基本性质在于补偿性，其目的在于一方当事人违约后，通过损害赔偿使守约方遭受的损失得以弥补。根据《合同法》第116条规定，"当事人既约定违约金，又约定定金的，一方违约时，对方可以选择适用违约金或者定金条款"，据此，定金罚则和违约赔偿金不宜同时适用。本案中，如已适用定金罚则，则于家居委会有权就定金赔偿之外的损失继续主张权利，但对于家居委会已经弥补的损失则不宜再行主张。因此，于家居委会的损失赔偿额为实际损失344.4万元扣减定金赔偿200万元即144.4万元。

综上，本院认为，检察机关的抗诉意见成立，本院予以支持。本案经本院审判委员会讨论决定，依据《中华人民共和国民事诉讼法》第 207 条第 1 款、第 170 条第 1 款第 2 项之规定，判决如下：一、撤销本院（2013）鲁民一终字第 277 号民事判决；二、维持潍坊市中级人民法院（2009）潍民初字第 92 号民事判决第一项、第三项、第四项；三、撤销潍坊市中级人民法院（2009）潍民初字第 92 号民事判决第二项；四、申诉人潍坊金泰房地产有限公司赔偿被申诉人潍坊市潍城区西关街道办事处于家社区居委会损失 144.4 万元，于本判决生效后 10 日内付清；如果未按判决指定的期间履行给付金钱义务，应当按照《中华人民共和国民事诉讼法》第 253 条之规定，加倍支付迟延履行期间的债务利息。一审案件受理费 58490 元，申请诉讼保全费 50000 元，共计 63490 元，金泰公司承担 33490 元，于家居委会承担 30000 元。反诉案件受理费 64370 元，金泰公司承担 10000 元，于家居委会承担 54370 元；二审受理费 53541 元，金泰公司承担 35337 元，于家居委会承担 18204 元。

【点评】

结合本案的抗诉再审判决情况，本案涉及的关键问题有：

一、综合本案证据能否认定金泰公司已将 200 万元垫付款支付给于家居委会

本案中，检察机关的第一点抗诉理由是有新的证据足以推翻原审判决，其依据是金泰公司在申请监督期间向检察机关提交了 200 万元中国农业银行转账支票、记账凭证、银行卡存款凭条复印件四份，上述证据虽为复印件，但金融机构均在复印件上盖章确认。检察机关认为上述四组证据虽为间接证据，但相互之间能相互印证，并形成完整证据链，可以证明金泰公司已将 200 万元垫付款支付给于家居委会。不过再审法院对检察机关的这一抗诉理由并未直接予以回应，亦未对金泰公司向检察机关提交的四份证据的证据能力及证明力作出评判。再审法院虽对检察机关的第一点抗诉理由予以直接回应，但其从另一角度加以论述而与检察机关得出相同结论，即其认为双方当事人均认可金泰公司已将 200 万元垫付款支付给宝隆公司，而于家居委会依约应最终承担这笔费用，因此无论该 200 万元垫付款是否实际由于家居委会经手，于家居委会最终都应承担这笔垫付款费用。对于金泰公司是否已将 200 万元垫付款支付给于家居委会这一争议问题，检法两家显然采取了不同的论证方式：检察机关从金泰公司提交的证据入手，依法审查其客观性、合法性、关联性后，依据证据规则直接认定金泰公司已将 200 万元垫付款支付给于家居委会；再审法院回避了证据的认证问题，而是根据"自认+推理"的方式认定于家居委会应承担 200 万元垫付款。再审法院未正面回应本案新证据问题可能出于两种考虑：一是其认为

"自认+推理"方式已足以确定当事人之间的权利义务,无须再对与本案实体裁判无关的案件事实进行分析论证;二是再审法院对金泰公司向检察机关提交的四份新证据审查后,无法获得内心确信,即金泰公司提交的四份新证据尚未达到民事诉讼证明标准——高度可能性,因此对检察机关的第一点抗诉理由未予直接回应,最终采取"自认+推理"方式来确定当事人之间的权利义务更为妥当。笔者认为,再审法院无论采取上述两种思路中的哪一种进行裁判,从裁判文书的说理要求角度看,并不是很妥当。因为,再审法院的任务是对检察机关的抗诉理由及双方当事人的抗辩理由进行审查,作出采纳各方意见与否的判断,并阐明其判断理由,这样才能产生"胜败皆服"的良好办案效果。因此,本案中再审法院对此节争议事实的认定应采取以下做法更为妥当:对检察机关在抗诉书中提及的四份新证据的证据能力及证明力依据民事证据规则作出明确认定,若其认为上述四份新证据足以认定案件事实,则应直接采信检察机关抗诉理由,对原审判决认定事实方面的错误予以纠正;若其认为上述四份新证据的证据能力存在问题或证明力不足,则应作出金泰公司举证不能的认定,然后以"自认+推理"方式来确定于家居委会相应的权利义务。

二、定金罚则与损害赔偿能否并用

(一) 本案是否适用定金罚则

本案中,金泰公司和于家居委会签订的《西关街办于家村城中村改造补充协议》第1条约定:于家居委会在前期操作过程中,因变更合作单位所产生的200万元补偿费用,由于家居委会承担;该费用可由金泰公司先行垫付并作为定金,待贰区开发建设时从于家居委会分得房产中抵扣。从双方在补充协议中的约定来看,该200万元补偿费具备履约定金性质。且在一审庭审过程中,于家居委会也提出该200万元属于定金。但检察机关在审查本案时却面临一个监督指向是否存在的问题。因为一、二审判决中并未提及本案是否适用定金罚则问题,一审判决未支持金泰公司关于返还200万元垫付款诉请的理由是金泰公司所提供的证据不足以证明其已将200万元垫付款支付给于家居委会,金泰公司可另诉解决该诉争;二审判决亦认为金泰公司举证不足,遂不支持该诉请。只有金泰公司向最高人民法院申请再审时,最高人民法院所作的裁判才认定根据双方当事人的约定本案应适用定金罚则。检察机关虽对最高人民法院的驳回再审裁定也进行审查,但抗诉监督对象不是最高人民法院的裁定而是二审判决。由于二审判决并未指明本案应适用定金罚则,所以检察机关不能认定二审判决适用定金罚则存在错误。检察机关从稳妥行使抗诉权的角度未将"适用法律确有错误"作为本案抗诉事由,但在抗诉理由中明确指出无条件地并用定金罚则与损害赔偿有违公平原则。

（二）再审法院适用《合同法》第116条规定是否妥当

笔者认为，虽然再审法院判决结果正确，但其适用《合同法》第116条规定并不妥当，因为《合同法》第116条规定是针对违约金条款与定金条款能否并用问题，并不涉及定金罚则与损害赔偿能否并用问题。违约金与损害赔偿并不相同，违约金是当事人在订立合同时已在合同条款中写明违约一方应承担的具体赔偿数额；损害赔偿是因一方当事人违约给另一方当事人造成损害时需要支付的赔偿，损害赔偿金必须以发生实际损害为必要条件。也就是说违约金是当事人事先约定的具体违约赔偿数额，而损害赔偿的具体数额是在纠纷产生时并不确定，需要法院通过裁判方式予以确定。显然，违约金与损害赔偿两者不可混淆。本案中，金泰公司与于家居委会签订的合同中并未将居民逾期回迁损失赔偿款约定为违约金，故再审法院适用《合同法》第116条规定并不妥当。

（三）定金罚则与损害赔偿能否并用

如前所述，本案的关键法律适用问题是定金罚则与损害赔偿能否并用，即200万元定金能否与居民逾期回迁赔偿款损失赔偿款344.4万元能否同时获得支持。与违约金和定金是否可以并用的情况不同，《合同法》对于定金和赔偿损失之间的关系未置明文，导致法院在处理类似案件时尺度不一。有的观点认为既然《合同法》明确规定违约金与定金罚则不能并用，而违约金就是预定的损害赔偿，因此损害赔偿不能和定金罚则并用；也有观点认为，定金罚则与损害赔偿可以并用，因为定金罚则与损害赔偿是不同的责任形式，定金罚则兼具担保和惩罚功能，它的适用不是以当事人违约实际造成损失为前提，具有相对独立性，可以独立于损害赔偿予以适用。检察机关在审查本案时的难点也在于此，因为法律对定金罚则与损害赔偿能否并用问题没有明文规定，检察机关提出抗诉的依据何在？实际上这里就涉及民法解释问题，即当法律规定存在漏洞时，法官不得因没有明确法律规定而拒绝裁判，此时应积极寻求法律漏洞填补方法，对法律纠纷作出公平合理裁判。类推适用和民法基本原则是填补民商事法律漏洞的常用方法，这两种方法在本案中亦可适用。最高人民法院《关于审理买卖合同纠纷案件适用法律问题的解释》（以下简称《买卖合同司法解释》）第28条规定："买卖合同约定的定金不足以弥补一方违约造成的损失，对方请求赔偿超过定金部分的损失的，人民法院可以并处，但定金和损失赔偿的数额总和不应高于因违约造成的损失。"《合同法》规定的违约赔偿的原则是"填平"原则，即违约赔偿的数额理论上是"填平"因违约给对方造成的损失。《合同法》规定了两种常见的损失赔偿方法——违约金和定金罚则。无论是违约金，还是定金罚则，其目的都主要是弥补因违约给另一方造成的损失。因此，当违约金或者定金罚则不足以弥补守约方实际损失时，法律有必要予以调整。《买卖合同司法解释》第28条规定就是具体的法律调整规则。《合同法》第174条规定："法律对其他有偿合同有规定的，依照其规定；没有规定的，参照买卖合同的有关规定。"本案当事人签订的合同并非是买卖合同，而是属于其他有偿合同，法律对这类有偿合同中定金罚则与损害赔偿能否并用问题并未作出规定，根据类推适用民法解释原理和《合同法》第174条规定，本案可参照适用《买卖合同司法解释》第28条规定，即既有定金条款又有实际损失时，可以同时适用定金罚则和损害赔偿，但两者数额总和不能超过给守约方造成的实际损失。另外，从民法基本原则角度分析，定金罚则与损害赔偿之间存在内在联系，损害赔偿以完全赔偿为原则，当两种责任并用时，可能出现定金担保利益和损害赔偿金之和超过守约方实际损失情形，依照公平原则和诚实信用原则，对此予以限定是必要的。本案中，因金泰公司存在根本违约行为，根据定金罚则，其无权要求于家居委会返还200万元定金；根据原审法院查明事实，于家居委会因金泰公司违约行为造成的实际损失为344.4万元，因为本案已适用定金罚则，故于家居委会可主张的损害赔偿数额为：344.4万元实际损失－200万元定金＝144.4万元。

能否以装修设计方案不符合国家规范为由认定租赁物不符合约定用途

——张丽蓉与冯星梅房屋租赁合同纠纷抗诉案

周永刚　袁　远[*]

【抗诉机关和受诉法院】

抗诉机关：最高人民检察院

受诉法院：最高人民法院

【基本案情】

申请人（一审原告、二审被上诉人、再审被申请人）：张丽蓉，女。

其他当事人（一审被告、二审上诉人、再审申请人）：冯星梅，女。

2009年3月16日，张丽蓉与重庆工商大学签订《商铺租赁合同》，约定：重庆工商大学将其学生实践大楼一层，建筑轴线编号（1）-（4）轴，建筑面积为744.12平方米租赁给张丽蓉，张丽蓉可以用于经营百货、餐饮、网吧。张丽蓉租赁该商铺后，将其中188.12平方米用于经营"特星连锁"体育用品。2009年9月15日，张丽蓉与冯星梅签订《商铺租赁合同》，约定：张丽蓉将重庆市工商大学学生实践大楼平街第一层，建筑轴线编号（1）-（4）轴／（A）-（E）轴（特星连锁店旁边的商铺，建筑面积为556平方米）转租给冯星梅，冯星梅用于经营"客串客"快餐；租赁期限从2009年9月16日至2019年9月15日止，租金按建筑面积计算，每月75元/平方米，按季度收取，由冯星梅在每季度月末前十天按时缴纳。如冯星梅拖欠租金达到20天，合同自动终止；在租赁期间所产生的物管费、水、电、天然气等一切费用由冯星梅自理，冯星梅不得拖欠物管费、水、电、天然气。如不按时缴纳，超过10天张丽蓉有权通知学校和物管停止供应水、电、天然气并终止合同，保证

---

[*] 作者单位：周永刚，最高人民检察院民事行政检察厅；袁远，江苏省宿迁市人民检察院。

金也不予退还;冯星梅进场装修需提供正规的装修审计图和门头广告图,报学校有关部门和物管审批同意后进场装修。学校审批期间,张丽蓉应积极配合做工作;冯星梅装修时间为40天,即2009年9月16日到2009年10月25日,装修期计入租赁期内,但装修内40天为免租期,租金从2009年10月26日开始;双方无故不履行合同或提前终止本合同的,应向对方支付月租金的3倍作为赔偿金;物业管理费按建筑面积每平方米每月2元收取。合同签订后,冯星梅向张丽蓉缴纳了85000元保证金,张丽蓉将该商铺交付冯星梅。2009年10月5日,冯星梅向物管企业珠海葆力物业有限公司重庆分公司缴纳了5000元的装修保证金,随后进场施工。在施工过程中,冯星梅提交了租赁房屋的设计方案。对最初的设计方案,重庆工商大学基建处不同意,要求调整后另行报审。2009年10月9日,重庆工商大学基建处对冯星梅重新调整的设计方案予以同意。2009年10月21日,张丽蓉给冯星梅发短信,提醒冯星梅时间已到,请将第一季度门面钱打入张丽蓉账户。冯星梅回复要求张丽蓉与重庆工商大学进行交涉,必须讨个说法,并且给一个书面同意做餐饮和同意装修的通知书,手续完善后才能算租赁时间。2009年10月30日,冯星梅给张丽蓉去函,要求第一次租金交付时间顺延至2009年11月8日,装修时间顺延至2009年11月18日。后张丽蓉缴纳了2009年9月至12月、2010年1月的物业管理费共计1488.20元/月×5=7441元。同时,张丽蓉所缴纳的截至2010年2月的水电费为4849元+2168元=7017元,其中在2009年12月份的水电费单中载明冯星梅经营的"客串客"餐厅的水费为86.10元,电费为137.85元。冯星梅从未向张丽蓉缴纳过租金。冯星梅称张丽蓉要求将租金直接打入指定账户,其担心此举会理解为其他经济往来,要求张丽蓉打收条,但张丽蓉不愿意,所以租金金额及支付方式未定,造成未缴纳租金。

因冯星梅延付租金,2010年1月14日,张丽蓉起诉至重庆市南岸区人民法院,要求判令:(1)冯星梅支付房屋租金11.12万元;(2)解除2009年9月15日双方签订的《商铺租赁合同》,并支付违约金125100元;(3)冯星梅支付张丽蓉代为垫付的物管费5953元、水电气费2000元;(4)冯星梅将所租商铺腾空后立即交还并承担占有使用费;(5)冯星梅承担本案的诉讼费用。

【原审裁判】

2010年8月24日,重庆市南岸区人民法院作出(2010)南法民初字第2355号民事判决。该院一审认为,重庆工商大学与张丽蓉签订的《商铺租赁合同》以及张丽蓉与冯星梅签订的《商铺租赁合同》均是双方的真实意思表示,内容不违反法律的禁止性规定,合法有效。缔约各方均应按合同约定认真履行。在张丽蓉与冯星梅签订的《商铺租赁合同》中约定:"张丽蓉给冯星梅的装修期为40天，即2009年9月16日到2009年10月25日，装修期计入租赁期间内，但装修内40天为免租期，租金从2009年10月26日开始。租金按建筑面积计算，每月75元/平方米，按季度收取，由冯星梅在每季度月末前十天按时缴纳。如冯星梅拖欠租金达20天，合同自动终止。在租赁期间所产生的物管费、水、电、天然气等一切费用由冯星梅自理，冯星梅不得拖欠物管费、水、电、天然气，如不按时缴纳，超过10天，张丽蓉有权通知学校和物管停止供应水、电、天然气并终止合同，保证金也不予退还。冯星梅进场装修需提供正规的装修设计图和门头广告图，报学校有关部门和物管审批同意后进场装修。学校审批期间，张丽蓉应积极配合做工作。"2009年10月21日，张丽蓉给冯星梅发短信，要求冯星梅交房租。冯星梅回复要求张丽蓉与重庆工商大学进行交涉，必须讨个说法，并且给一个书面同意做餐饮和同意装修的通知书，手续完善后才能算租赁时间。2009年10月30日，冯星梅给张丽蓉去函，要求第一次租金交付时间顺延至2009年11月8日，装修时间顺延至2009年11月18日。在第一次庭审中，冯星梅辩称张丽蓉要求将租金直接打入指定账户，冯星梅担心此举会理解为其他经济往来，要求张丽蓉打收条，但张丽蓉不愿意，所以租金金额及支付方式未定，造成未缴纳租金。从上述内容可以看出，双方认可的租金缴纳时间是提前缴纳，即使按冯星梅自己的陈述，要求第一次租金交付时间顺延至2009年11月8日，冯星梅也已超过租金缴纳时间20天，合同解除的条件已经成就。故该院对张丽蓉要求解除与冯星梅签订的《商铺租赁合同》，并由冯星梅归还所承租商铺的诉讼请求予以支持。

冯星梅辩称张丽蓉在装修期间应积极配合做工作，由于张丽蓉的协调工作未办好，致使其装修停止，租赁期间应当顺延。该院认为冯星梅作为租赁房屋的次承租人，其首先应当保证自己的装修方案符合重庆工商大学及物业管理单位珠海葆力物业管理有限公司重庆分公司的相关要求，这是冯星梅作为次承租人的义务。转租人张丽蓉在合同中承诺积极配合做工作，该承诺仅是协调工作，而不是保证冯星梅所提供的任何装修方案均能得到批准，而且张丽蓉也作了相应的协调工作。因此，对冯星梅关于张丽蓉在装修期间应积极配合做工作，由于张丽蓉的协调工作未办好，致使其装修停止，租赁期间应当顺延的辩称理由不予认可。双方约定租金的缴纳期限从2009年10月26日开始，但冯星梅一直未缴纳租金，理应支付。故张丽蓉主张的从2009年10月26日至2010年1月14日的租金应为110303元。自2010年1月15日起，冯星梅一直占用诉争房屋，可按每月41700元的标准支付张丽蓉房屋占用费直至将房屋腾空并交付张丽蓉为止。2009年9月至12月、2010年1月的物业管理费为7441元，其中冯星梅承担的费用为5560元，张丽蓉代冯星梅进行了缴纳，应由冯星梅支付给张丽蓉。此后的物业管理费张丽蓉可另案起诉。张丽蓉所缴纳的截至 2010 年 2 月的水电费为 7017 元，其中在 2009 年 12 月的水电费单中载明客串客的水费为 86.10 元，电费为 137.85 元。因此，冯星梅应支付张丽蓉水电费为 223.95 元。张丽蓉所主张的水电费为 2000 元，但未举示足够证据加以证实，故对超出部分的水电费不予支持。按合同约定，"双方无故不履行合同或提前终止本合同的，应向对方支付月租金的 3 倍作为赔偿金"，冯星梅一直拖欠租金和拒绝缴纳物管费、水电费，理应承担违约金，违约金为 125100 元。根据《中华人民共和国合同法》第 44 条第 1 款、第 93 条第 2 款、第 107 条、第 141 条第 1 款之规定，判决：一、解除双方于 2009 年 9 月 15 日签订的《商铺租赁合同》；二、冯星梅于本判决生效之日起十日内将其租赁的重庆工商大学学生实习实践大楼平街第一层，建筑轴线编号（1）-（4）轴（特星连锁店旁边的商铺）腾空并交付给张丽蓉；三、冯星梅于本判决生效之日起三日内支付张丽蓉截至 2010 年 1 月 14 日的租金 110303 元；四、冯星梅于本判决生效之日起三日内支付张丽蓉代为缴纳的截至 2010 年 1 月的物业管理费 5560 元；五、冯星梅于本判决生效之日起三日内支付原告张丽蓉代缴的 2010 年 2 月水电费 224 元；六、冯星梅于本判决生效之日起三日内支付张丽蓉违约金 125100 元；七、冯星梅自 2010 年 1 月 15 日起按每月 41700 元的标准支付原告张丽蓉房屋占用费直至其将房屋腾空并交付张丽蓉为止；八、驳回张丽蓉的其他诉讼请求。

冯星梅不服一审判决，上诉至重庆市第五中级人民法院。重庆市第五中级人民法院于 2011 年 1 月 20 日作出（2010）渝五中法民终字第 5066 号民事判决。该院二审查明的事实与一审相同。该院二审认为，重庆工商大学与张丽蓉签订的《商铺租赁合同》以及张丽蓉与冯星梅签订的《商铺租赁合同》均是双方的真实意思表示，内容不违反法律的禁止性规定，合法有效。缔约各方均应按合同约定认真履行。按照张丽蓉与冯星梅之间的合同约定，张丽蓉转租的房屋可做餐饮；冯星梅进场装修需提供正规装修设计图和门头广告图，报学校有关部门和物管审批同意后进场装修……学校审批期间，张丽蓉应积极配合做工作；在冯星梅进场装修前，张丽蓉在商铺外给冯星梅提供电 100kW。本案中，重庆工商大学与张丽蓉签订的《商铺租赁合同》中已明确张丽蓉提供给冯星梅的房屋可做餐饮经营。在学校审批冯星梅提供的装修设计图期间，张丽蓉也按合同约定作了相应的协调工作，冯星梅也进行了装修。关于电 100kW，张丽蓉于 2009 年 9 月 11 日即向学校进行了申请，并从其接房之日就已具备用电条件。由此可见，张丽蓉已按合同约定履行了自己的义务，冯星梅装修停止并非张丽蓉的原因造成。故冯星梅关于张丽蓉违约在先，其可拒交房屋租金的上诉理由不能成立。冯星梅应当按照合同约定及时缴纳租金和承租期间的物业管理费、水电费等。根据张丽蓉与冯星梅之间《商铺租赁合同》的约定和本案查明的事实，双方认可的租金缴纳时间是提前缴纳，但至张丽蓉起诉时止，冯星梅都未向张丽蓉缴纳租金，故合同解除的条件已经成就，一审判决支持张丽蓉要求解除与冯星梅签订的《商铺租赁合同》，并由冯星梅归还所承租商铺的诉讼请求并无不当。综上所述，由于冯星梅一直拖欠租金和拒绝缴纳物管费和水电费，并一直占用讼争房屋，其行为已构成违约，冯星梅除应按合同约定支付租金和缴纳物管费和水电费外，还应支付房屋占用费到其将房屋腾空交付给张丽蓉为止，并按合同约定承担违约责任。一审判决正确，对冯星梅的上诉请求不予支持。遂判决：驳回上诉，维持原判。

冯星梅不服二审判决，向重庆市高级人民法院申请再审。重庆市高级人民法院于 2013 年 12 月 13 日作出 (2011) 渝高法民提字第 00368 号民事判决。该院再审查明，双方在订立的《商铺租赁合同》第 24 条中约定："在乙方（冯星梅）进场装修之前，甲方（张丽蓉）在商铺外给乙方提供 100kW，水管直径为 40mm，天然气接头靠门面后窗，商铺具备烟道、排污功能。提供 380V/220V。"在双方签订合同之前，张丽蓉于 2009 年 9 月 11 日向重庆工商大学国资处、基建处提交书面申请称：因为引进商家做餐饮，特申请用电量 100kW，请予批准。同日，学校国资处在该报告上批示意见：经与基建处共同商议，同意张丽蓉申请，请基建处梁处审核。同时，学校基建处梁处长亦在该报告上批示意见：同意按 100kW 电力负荷提供。餐饮布置时，严禁在配电房上方设置厨房、卫生间、开水房等用水房间，普通用房亦应先行墙裙、地面防水处理。张丽蓉在得到该批示后，未将该批示中提出的注意事项作为合同内容列入合同条款。2009 年 9 月 24 日，重庆工商大学基建处在冯星梅提交的由承揽装修施工的重庆代邦装饰有限公司制作的装修设计图中批示：不同意该装饰方案，调整后另行报审。并针对该设计厨房操作间的设计位置具体指出：该区域位于大楼高低压配电房发电机房直接上方。按国家建筑规章强制条文，严禁在配电房、发电机房直接上方设置卫生间、厨房、洗碗间等用水房间。而冯星梅为使其承租场地能尽快实施装修和投入使用，于当日出具了一份书面承诺表示："客串客"快餐店因装修和使用中造成楼下的损失负一切经济责任。后张丽蓉出面协调，同时亦向校方作出如有损失由其负责的承诺，重庆工商大学基建处于 2009 年 10 月 9 日批准了冯星梅报送的装修方案。经对比先后两次报批的设计图纸，其图纸中标示的厨房、储藏间、设备间、洗碗间、卫生间、办公区、用餐区、收银台等位置均完全相同。学校基建处在后报批的设计图纸上作出的具体批复意见是：经研究，同意按此方案执行。实施中：（1）强化防水处理，加强检查监督，若使用过程中出现渗漏，应立即停业整改，责任为承租人；（2）应提供详细施工图报出租人（重庆工商大学）审定；（3）严格按照国家相关规范施工，不得损伤主体结构；（4）完善消防报审、验收手续，严格按照现行消防规范实施；（5）接受学校国资处、基建处和物管公司检查、监督。嗣后，负责重庆工商大学学生实习实践大楼物业管理的珠海葆力物业管理有限公司重庆分公司就该场地装修报批事宜出具了一份书面情况说明，主要内容是：在审批装修施工图时，我公司发现冯星梅在配电房上设计厨房、厕所，审查未予通过，后经张丽蓉申请，经校方协调在原设计厨房、厕所下层配电房内加盖一层钢篷用于防水。张丽蓉与冯星梅达成书面承诺：如因漏水引起的损失及责任由他们自己全部承担。加盖钢篷后经现场确定，才同意装修方案。二审诉讼中，承揽装修施工的重庆代邦装饰有限公司针对一审判决认定的"后冯星梅重新调整了设计方案，2009年10月9日，重庆工商大学基建处对新的设计方案予以同意"这一事实，于2010年12月26日向二审法院作出了一份《关于重庆工商大学"客串客"快餐店装修设计的情况说明》，其主要内容是：我公司在实施该场地装修中只提供了一个装修方案，重庆工商大学不同意该设计方案，要求调整的装修图与其后同意的设计方案的装修图是同一张图纸，并未调整或修改。"客串客"快餐店厨房、厕所的设置是根据该房屋烟道及给排水的原有位置设置的，因此，调整设计中厨房、厕所的位置，不具有现实的可行性。对设计方案的否定，实质上是对该房屋作为餐饮用途的否定。事实上，重庆工商大学最终同意的方案也是我公司的原设计方案，因此，不存在对最初设计方案重庆工商大学不同意，经调整后，新的设计方案获得重庆工商大学同意的事实。同时，负责消防安装工程施工的重庆昌林消防工程有限公司亦于2010年11月29日出具了一份《情况说明》，称其与冯星梅签订的总造价为16万元的消防安装工程在设计报批通过后迟迟不能进场施工，2009年国庆后才动工，但10月13日学校物管又要求停工，至10月26日左右恢复施工。当年11月底完工后因学校物管不予配合，时至今日消防工程也无法调试、验收。2010年11月27日，重庆市巴南区自行车贸易公司出具一份《情况说明》称，冯星梅在该公司购买了9台"美的"牌空调，自2010年1月4日安装完毕后，因多次要求开通380V动力电对设备进行调试未果，至今仍未调试验收。

另查明，冯星梅提起再审申请时，提交了两份新证据，用以证明其已装修完毕用于经营餐饮业的租赁场地因不符合中华人民共和国国家标准GB50053-94《10kV及以下变电所设计规范》第2.0.1条第七、八项之规定，致使其不能实现合同目的。其中，由重庆燃气集团股份有限公司南岸分公司于2011年3月5日出具的《对"客串客"快餐店申请安装天然气的回复》的具体内容是：规范 GB50053-94《10kV 及以下变电所设计规范》第 2.0.1 条第八项，变电所不应设在有爆炸危险环境的正上方或正下方，且不宜设在有火灾危险的正上方或正下方。根据该规定，由于"客串客"快餐店地址正好位于重庆工商大学学生实习实践大楼变电所的正上方，如果安装天然气管道进入快餐店，会在该变电所正上方引起火灾和爆炸源头，故本公司不同意在"客串客"快餐店内安装天然气管道和设施。而重庆电力公司南岸供电局于 2011 年 4 月 1 日对重庆工商大学学生实习实践大楼的用电安全状况进行检查后，在其出具的《高压客户用电检查工作单》中要求客户消除缺陷内容、时间及需要说明的其他问题一栏的第二项明确指出：配电房上方不应设厕所、浴室、厨房或其他积水场所。另经该院查看现场，重庆工商大学基建处对次承租人冯星梅报送的装修设计方案作出同意实施的意见后，在其位于负一楼的高、低压配电房及发电机房内增设了一层金属瓦楞棚，用于防水。

又查明，张丽蓉在履行其与冯星梅签订的《商铺租赁合同》中，未按照该合同第 24 条约定提供 380V 的动力用电。该院再审查明的其他事实与一、二审法院查明的事实相同。

该院再审认为，本案争议的主要焦点是：双方签订的《商铺租赁合同》的合同目的能否实现的问题。《中华人民共和国合同法》第 212 条规定："租赁合同是出租人将租赁物交付承租人使用、收益，承租人支付租金的合同。"该规定是法律对租赁合同作出的定义。而作为房屋租赁合同的主要特征是，出租人向承租人提供的租赁标的物应当具有合法性，且承租人在使用租赁标的物过程中亦不能违反标的物的设计规范，并按约向出租人支付租金。本案中，出租人重庆工商大学与承租人张丽蓉签订《商铺租赁合同》后向其提供的租赁场地系经建设及消防等行政机关批准综合验收合格的建筑物，且合同内容未违反国家法律和行政法规的强制性规定；同时，承租人张丽蓉与次承租人冯星梅签订的《商铺租赁合同》的内容亦不违反法律、行政法规的强制性规定，因此，原一、二审判决确认两份合同有效正确。由于出租人重庆工商大学与承租人张丽蓉签订的租赁合同约定其租赁物限于经营百货、餐饮、网吧，且用于经营百货的面积不超过 200 平方米，张丽蓉除了自己使用了 188 平方米的场地经营体育用品外，其余场地均转租给了次承租人冯星梅用于经营餐饮。而该租赁物能否作为餐饮经营场地使用，则应当依照该建筑物的设计规范来衡量。《中华人民共和国标准化法》第 2 条第 4 项规定："建设工程的设计、施工方法和安全要求，应当制定标准。"该法第 7 条规定："国家标准、行业标准分为强制性标准和推荐性标准。保障人体健康，人身、财产安全的标准和法律、行政法规规定强制执行的标准是强制标准，其他标准是推荐性标准。"该法第 14

条规定:"强制性标准,必须执行。"《中华人民共和国标准化法实施条例》第18条第2款规定,"下列标准属于强制性标准……(三)工程建设的质量、安全、卫生标准及国家需要控制的其他工程建设标准"。根据上述法律及行政法规的规定,国家相继制定了一系列涉及建设工程的勘察、设计、施工、验收的技术要求和方法的标准,其中《10kV及以下变电所设计规范》GB50053-94第2.0.1条对变电所位置选择的要求之第7项规定"不应设在厕所、浴室或其他经常积水场所的正下方,且不宜与上述场所相贴邻";第8项规定:"不应设在有爆炸危险环境的正上方或正下方,且不宜设在有火灾危险环境的正上方或正下方。"而作为国家行业标准的《民用建筑电气设计规范》JCJ16-2008第4.2.1条对配电所位置选择的第7条亦规定:"不应设在厕所、浴室、厨房或其他经常积水场所的正下方,且不宜与上述场所贴邻。"此外,《民用建筑设计通则》GB50352-2005第6.5.1条第1项也规定了:"建筑物的厕所、浴室不应直接布置在餐厅、食品加工、食品贮存、医药、医疗、变配电等有严格卫生要求或防水、防潮要求用房的上层。"上述国家标准及行业标准的规定系从保护人身安全及财产安全的角度出发去制定,因此,均属于强制性标准。本案已查明的事实表明,重庆工商大学作为该校学生实习实践大楼的建设方和所有权人,早在承租该大楼平街一层的张丽蓉为引进的商家做餐饮需100kW用电量提出的书面申请上就明确批示"严禁在配电房上方设置厨房、卫生间、开水房等用水房间",且因次承租人冯星梅第一次报送的装修方案上的厨房、厕所的设计位置均直接位于大楼配电房上方,亦明确表示了不同意该装修方案的意见。这说明重庆工商大学对国家标准的规定及出租场地的设计使用功能等要求是明知的,同时也表明了重庆工商大学当初严格执行国家标准及设计规范的态度。但由于该租赁场地的排烟及排污管道均位于大楼配电房的一侧,经承租人张丽蓉和次承租人冯星梅分别作出保证后,重庆工商大学对未作修改的装修方案在要求做好防水处理的基础上,批准了该装修方案,同时自己在下面的配电房内搭建了一层金属瓦楞棚用于防水。但学校在采取了该防范措施后,重庆市电力公司南岸供电局于2011年4月1日对该校进行用电例行检查中,发现该大楼配电房上方已设置了厕所和厨房,因而要求其整改。同时,重庆燃气集团股份有限公司南岸分公司亦对次承租人冯星梅安装天然气的申请回复认为,因其在大楼配电房的正上方设置的厨房违反了GB50053-94《10kV及以下变电所设计规范》第2.0.1条第8项的规定,而不同意在该租赁场地内安装天然气管道和设施。针对再审中出现的两份新证据以及重庆工商大学在其学生实习实践大楼配电房和发电机房内采取防护措施后,可否视为符合国家标准强制性规定的问题,特向重庆市城乡建设委员会征询意见。该委认为,大楼高、低压配电房（室）及发电机房的设计位置适用 GB50053-94 第 2.0.1 条第 7 项和第 8 项的规定，在其上层设置厨房、厕所已违反了强制性标准。嗣后，该委还组织了由在渝各大设计机构专家及该大楼设计单位中国建筑西南设计研究院有限公司重庆的设计人员参加的专家咨询会，专家们一致认为即使重庆工商大学在其配电房及发电机房内采取了搭设金属棚的防护措施，也不符合国家标准的强制性规范。同时，该大楼原设计单位的与会人员结合设计要求亦表示，该大楼一层的原设计使用功能不能支持用于餐饮经营。虽然重庆工商大学作出同意次承租人冯星梅对租赁场地的装修方案的行为发生在该大楼经综合验收合格后，但依照《建设工程勘察设计管理条例》第 28 条关于："建设单位、施工单位、监理单位不得修改建设工程勘察设计文件；确需修改建设工程勘察设计文件的，应当由原建设工程勘察、设计单位修改。……修改单位对修改的勘察设计文件承担相应责任。建设工程勘察设计文件内容需要作重大修改的，建设单位应当报经原审批机关批准后，方可修改。"的规定和《住宅室内装饰装修管理办法》第 3 条关于"住宅室内装饰装修应当保证工程质量和安全，符合工程建设强制性标准"的规定，重庆工商大学明知在大楼配电房上方设置厨房、卫生间等经常积水场所违反了国家标准的强制性规范而仍擅自批准次承租人实施装修的行为是错误的，对此应承担相应法律责任。《中华人民共和国合同法》第 216 条规定："出租人应当按照约定将租赁物交付承租人，并在租赁期间保持租赁物符合约定用途。"该规定明确了租赁合同的目的在于承租人对租赁物的使用收益。因此，出租人依合同约定交付租赁物给承租人，并于租赁关系存续期间保持租赁物符合约定的使用收益状态，是出租人的基本义务。本案是租赁物在转租期间产生的纠纷，因此，就转租人与次承租人之间的法律关系而言，双方订立的租赁合同可以成立并生效，从而发生债的效力，转租人负有使次承租人取得对租赁物的使用收益权利的义务，因转租人不能使次承租人取得租赁物的使用收益的权利，次承租人可向其主张违约的损害赔偿责任。本案中，承租人张丽蓉与次承租人冯星梅签订《商铺租赁合同》的标的物是用于餐饮经营的场地，而在该租赁场地内设置厨房和卫生间则是餐饮经营不可缺少的配套功能区，但由于次承租人冯星梅经出租人批准在该场地内设置的厨房、卫生间等经常积水场所位于该大楼配电房及发电机房的正上方，违反了国家标准的强制性规范，致使其不能实现租赁该场地经营餐饮的合同目的，因此，对双方所签订的《商铺租赁合同》应依法予以解除。张丽蓉因向冯星梅交付的租赁场地不符合合同约定经营餐饮的条件，对此应当承担违约责任、赔偿冯星梅的损失并退还保证金。由于双方在签订的《商铺租赁合同》中未就转租人提供的场地如不能从事餐饮经营应承担何种违约责任作出约定，且冯星梅亦未就装修损失提起反诉，故在本案中不予审理，冯星梅可通过另案诉讼的途径解决。但本案中冯星梅尚未向张丽蓉支付的场地租金及物管费则应作为损失由转租人张丽蓉自行承担。张丽蓉承担对冯星梅的损失赔偿责任后，依照合同相对性原则，可以向重庆工商大学追偿。

综上，国家依法制定标准的目的，就是为了规范行为，治理无序，促进技术进步，改进产品质量，维护国家和人民的利益。而国家法律、行政法规规定强制执行的标准是强制性标准，它是基于保障人体健康，人身、财产安全而设立的，也是基于"防范重于救灾"的需要而制定的，因此，应当严格遵守。本案一、二审法院在审理本案时忽略了对租赁场地原设计使用功能的审查及对大楼所有权人批准的装修方案是否符合国家强制性标准的审查不当，应予纠正。依照《中华人民共和国标准化法》第7条第1款、第14条，《中华人民共和国标准化法实施条例》第18条第2款第3项、第23条，《中华人民共和国合同法》第212条、第216条、第94条第4项、第107条，《中华人民共和国民事诉讼法》第170条第1款第2项、第207条第1款之规定，判决：一、撤销重庆市第五中级人民法院（2010）渝五中法第5066号民事判决和重庆市南岸区人民法院（2010）南法民初字第2355号民事判决第三、四、五、六、七、八项。二、维持重庆市南岸区人民法院（2010）南法民初字第2355号民事判决第一、二项。三、驳回张丽蓉的其他诉讼请求。

【抗诉理由】

张丽蓉不服再审判决，向重庆市人民检察院申请监督。重庆市人民检察院审查后提请最高人民检察院抗诉。最高人民检察院查明，2013年5月6日，由重庆市高级人民法院组织的由重庆市城乡建设委员会等设计行业专家形成的《专家咨询座谈会会议记录》对重庆工商大学增加防护措施的行为是否违反国家强制标准存在不同意见。2015年10月21日，最高人民检察院作出高检民监〔2014〕229号民事抗诉书，以重庆市高级人民法院（2011）渝高法民提字第00368号民事判决适用法律确有错误向最高人民法院提出抗诉。理由如下：

《中华人民共和国合同法》第94条规定："有下列情形之一的，当事人可以解除合同……（四）当事人一方迟延履行债务或者有其他违约行为致使不能实现合同目的……"该条款第四项规定的是在合同当事人一方迟延履行债务或者有其他违约行为致使不能实现合同目的情况下，非违约方享有的法定解除权。适用该条款必须具备两个条件：一是一方当事人根本违约，致使合同目的不能实现；二是非违约方提出解除合同的意思表示。本案并不具备上述条件。

第一，张丽蓉在本案中并不存在致使合同目的不能实现的根本违约行为。再审判决认定张丽蓉提供的商铺不符合餐饮用途致使合同目的不能实现的证据是重庆市城乡建设委员会向住房和城乡建设部标准定额司的《请示》以及专家咨询座谈会形成的《会议记录》。首先，该《请示》《会议记录》反映的是重庆工商大学增加防护措施的行为是否违反国家标准，而不是涉案商铺的性质是否符合餐饮用途；其次，由于该《请示》未得到回复，《会议记录》也表明与会专家对重庆工商大学增加防护措施的行为是否违反国家强制标准各执一词，结论尚不明确，《请示》和《会议记录》均不能作为认定案件事实的依据；再次，张丽蓉未按合同约定提供380V动力电，但该行为并不能导致合同目的不能实现。涉案商铺未通过验收的根本原因是冯星梅在装修设计中将用水房间设立在配电房之上，而非张丽蓉提供的房屋不适合用于经营餐饮。综上，再审判决以张丽蓉提供的商铺不符合餐饮用途致使认定合同目的不能实现为由认定张丽蓉存在根本违约，无法律依据。

第二，本案张丽蓉依据双方签订的《商铺租赁合同》以冯星梅迟延履行租金为由要求解除合同，系行使约定解除权。在冯星梅未提出反诉且在诉讼过程中要求继续履行合同的情况下，再审判决以张丽蓉存在根本违约致使合同目的不能实现为由适用《中华人民共和国合同法》第94条第4项解除合同系适用法律确有错误。

【再审结果】

最高人民法院受理本案后，决定提审本案。2016年12月29日，最高人民法院作出（2016）最高法民再155号民事判决，认为：第一，根据重庆市城乡建设委员会等单位提出的基于冯星梅在装修过程中将厨房和卫生间设置在商铺中位于配电房正上方位置这一具体方案违反了国家和行业的强制性规定的意见，认定张丽蓉交付的商铺不能经营餐饮，无法达到冯星梅签订合同的目的，缺乏事实和法律依据。张丽蓉在与冯星梅签订《商铺租赁合同》后，已经按照约定向冯星梅交付了商铺，履行了基本合同义务。第二，冯星梅一直没有按约向张丽蓉缴纳租金，未履行合同约定的基本义务。冯星梅迟延交付租金的期限已经达到了张丽蓉可以解除合同的条件，但就本案事实而言，合同履行过程中确实存在双方当事人未曾预料的客观情况，故酌情对冯星梅的违约金予以调整。依照《中华人民共和国民事诉讼法》第207条第1款、第170条第1款第1项、第2项之规定，判决：一、撤销重庆市高级人民法院（2011）渝高法民提字第00368号民事判决和重庆市第五中级人民法院（2010）渝五中民终字第5066号民事判决；二、维持重庆市南岸区人民法院（2010）南法民初字第2355号民事判决第一、二、三、四、五、七、八项；三、变更重庆市南岸区人民法院（2010）南法民初字第2355号民事判决第六项为：冯星梅于判决生效之日起三日内支付张丽蓉违约金75060元。

【点评】

本案的一个逻辑过程实际是张丽蓉以冯星梅超过合同约定的20天未支付租金为由要求解除合同，冯星梅仅以租赁物的装修设计方案违反国家规范为由能否对抗张丽蓉的诉讼请求。一、二审法院以装修设计符合规范要求是冯星梅义务为由认定该项抗辩不能对抗延付租金的诉讼请求，进而支持张丽蓉解除合同并支付相关费用的诉讼请求；重庆高院再审以装修设计方案违反国家规范为由认定张丽蓉未提供符合约定的租赁物，进而认定张丽蓉违约，并适用《合同法》第94条第4项"当事人一方迟延履行债务或者有其他违约行为致使不能实现合同目的"的规定解除双方之间的租赁合同。因此，本案的争议焦点有二：一是仅以装修设计方案不符合国家规范为由能否认定租赁物不符合约定用途；二是本案能否适用《合同法》第94条第4项规定。弄清这两个焦点，需要厘清本案双方当事人行使权利的类型，本案主要涉及张丽蓉要求支付租金、违约金及相关费用的请求权与冯星梅行使与之对应的抗辩权；张丽蓉提出解除合同的权利基础、行使方式及《合同法》第94条第4项的适用条件等问题。

一、从合同义务类型看租金请求权与拒付租金抗辩权

一般而言，合同义务主要分为两类，给付义务和附随义务。给付义务根据性质不同，又可以分为主给付义务和从给付义务。主给付义务指合同关系所固有、必备，直接影响当事人定约目的的义务。如买卖合同中，卖方交付买卖物并转移其所有权的义务，买方交付价款的义务。租赁合同中，出租人交付符合约定用途的租赁物、承租人支付租金等均是合同的主给付义务。从给付义务，又称从义务，不具有独立的意义，仅具有补助主给付义务的功能，其存在的目的，不在于决定合同的类型，而在于确保债权人的利益能够获得最大的满足。从给付义务依附并辅助主给付义务的履行，从而使债权人的利益得到最大限度的满足。附随义务是基于诚实信用原则，债务人除给付义务外，尚应履行其他行为的义务。如基于诚实信用原则，债务人除给付义务外，尚应履行其他行为的义务。如《合同法》第92条规定的"合同的权利义务终止后，当事人应当遵循诚实信用原则，根据交易习惯履行通知、协助、保密等义务"。

区分合同的主给付义务、从给付义务、附随义务对于确定当事人承担合同责任的类型至关重要。一般而言，违反合同主给付义务构成根本违约，致使合同目的不能实现。从给付义务、附随义务一般不构成根本违约问题。当事人在行使合同中的抗辩权时，也应区分合同义务的类型确定抗辩权的行使能否阻却

请求权,一般而言,以相对方未履行从给付为由抗辩不应履行主给付义务的,不产生抗辩履行的效果。如先履行抗辩权中,先履行一方履行了主给付义务,在无合同明确约定的情况下,后履行一方不能以先履行方未履行从给付义务拒绝履行主给付义务。

根据《合同法》第212条,租赁合同是指出租人将租赁物交付承租人使用、收益,承租人支付租金的合同。在租赁合同中,承租人的目的是通过支付租金对价的方式取得对租赁物的使用收益权,出租人的目的是通过转让租赁物的使用收益权获得租金。因此租赁合同是典型的双务、有偿合同。关于出租人的主给付义务,根据《合同法》第216条,出租人应当按照约定将租赁物交付承租人,并在租赁期间保持租赁物符合约定的用途。关于承租人的主给付义务,根据《合同法》第227条,承租人无正当理由未支付或者迟延支付租金的,出租人可以要求承租人在合理期限内支付。承租人逾期不支付的,出租人可以解除合同。

本案中,冯星梅行使拒付租金抗辩权主要基于两点:一是装修设计方案违反国家强制规范;二是张丽蓉未提供380V动力电。就合同义务性质而言,提供380V动力电属于合同的从给付义务,并不能阻却租金请求权的行使。因此,本案需要考量的是,冯星梅以装修设计方案违反国家强制规范为由行使拒付租金和相关费用的抗辩权能否成立?

首先,装修设计方案系冯星梅自行委托装修设计公司完成。该装修设计中,在大楼高、低压配电房(室)及发电机房上层设置了厨房、厕所,即使重庆工商大学增加了防护措施也违反了国家强制性标准。该设计方案并非张丽蓉要求冯星梅完成,与合同的履行并无关联。其次,冯星梅欲以张丽蓉提供的租赁物不符合约定用途进行抗辩,需提供租赁物本身不符合餐饮用途的证据,或者进一步证明无论何种装修设计,均不符合餐饮用途,方能阻却张丽蓉支付租金请求权的行使。最后,重庆高院再审判决的依据的重要证据是重庆市城乡建设委员会向住房和城乡建设部标准定额司的《请示》以及专家咨询座谈会形成的《会议记录》,该《请示》未得到回复,《会议记录》也表明与会专家对重庆工商大学增加防护措施的行为是否违反国家强制标准各执一词,结论尚不明确,故此《请示》和《会议记录》均不能作为认定案件事实的依据。据此,涉案商铺未通过验收的根本原因是冯星梅在装修设计中将用水房间设立在配电房之上,而非张丽蓉提供的房屋不适合用于经营餐饮。这一点,最高人民法院在再审的过程中,通过实地调查确认装修设计可以采取其他方式进而满足国家标准,进一步印证了重庆市高级人民法院仅以装修设计违反国家强制规范认定张丽蓉根本违约系错误论断。

二、从权利基础看租赁合同解除权的行使

所谓合同解除权,是指合同解除权人因约定或法定事由所实施的使合同效力提前结束的权利。通说认为,合同解除权的行使事由主要有二:一是法律规定,即法定解除;二是当事人约定,即约定解除。

(一)租赁合同的法定解除

《合同法》第94条规定,有下列情形之一的,当事人可以解除合同:(1)因不可抗力致使不能实现合同目的;(2)在履行期限届满之前,当事人一方明确表示或者以自己的行为表明不履行主要债务;(3)当事人一方迟延履行主要债务,经催告后在合理期限内仍未履行;(4)当事人一方迟延履行债务或者有其他违约行为致使不能实现合同目的;(5)法律规定的其他情形。租赁合同的法定解除权除了《合同法》第94条规定的一般情形外,具体还包括:

1. 承租人的解除权

(1)租赁物毁损解除权:《合同法》第231条规定:因不可归责于承租人的事由,致使租赁物部分或者全部毁损、灭失的,承租人可以要求减少租金或者不支付租金;因租赁物部分或者全部毁损、灭失,致使不能实现合同目的的,承租人可以解除合同。

(2)危险租赁物解除权:《合同法》第233条规定:租赁物危及承租人的安全或者健康的,即使承租人订立合同时明知该租赁物质量不合格,承租人仍然可以随时解除合同。

(3)不能取得租赁物解除权:最高人民法院《关于审理城镇房屋租赁合同纠纷的司法解释》第6条第2款规定:不能取得租赁房屋的承租人请求解除合同、赔偿损失的,依照合同法的有关规定处理。第8条规定:因下列情形之一,导致租赁房屋无法使用,承租人请求解除合同的,人民法院应予支持:①租赁房屋被司法机关或者行政机关依法查封的;②租赁房屋权属有争议的;③租赁房屋具有违反法律、行政法规关于房屋使用条件强制性规定情况的。

2. 出租人的解除权

(1)未按租赁用途使用之解除权:《合同法》第219条规定:承租人未按照约定的方法或者租赁物的性质使用租赁物,致使租赁物受到损失的,出租人可以解除合同并要求赔偿损失。承租人违反约定方式,或者不依租赁房屋的性质而对租赁房屋进行使用收益的,最高人民法院《关于审理城镇房屋租赁合同纠纷的司法解释》第7条规定:承租人擅自变动房屋建筑主体和承重结构或者扩建,在出租人要求的合理期限内仍不予恢复原状,出租人请求解除合同

并要求赔偿损失的，人民法院依照《合同法》第219条的规定处理。

（2）迟延支付租金解除权：《合同法》第227条规定：承租人无正当理由未支付或者迟延支付租金的，出租人可以要求承租人在合理期限内支付。承租人逾期不支付的，出租人可以解除合同。承租人迟延支付租金，经出租人催告，仍不于催告期限内支付租金的。

（3）非法转租解除权：《合同法》第224条第2款规定：承租人未经出租人同意转租的，出租人可以解除合同。承租人未经出租人同意，将租赁房屋转租于第三人的。最高人民法院《关于审理城镇房屋租赁合同纠纷的司法解释》第16条规定：出租人知道或者应当知道承租人转租，但在6个月内未提出异议，其以承租人未经同意为由请求解除合同或者认定转租合同无效的，人民法院不予支持。

（二）约定解除

《合同法》第93条第2款规定："当事人可以约定一方解除合同的条件。解除合同的条件成就时，解除权人可以解除合同。"约定解除权的规范体现了合同自治原则，对合同解除的适用意义重大。约定解除权的行使是合同法对合同自由价值追求所产生的必然结果，因此，当事人可以通过约定创设法律关系，在更大程度上使得当事人自主配置资源、提高效率。

通过签订合同实现其预期利益，是双方当事人签订合同的基本动因，而保障当事人的利益最大化也是合同法各个制度设立的目的。因此，在双方均为意思表示真实的情况下，可以就合同是否解除、合同何时解除、合同因何解除作出约定，实现双方追求的合同效果。当然，对于合同解除权行使的事由进行限制也是十分必要的。首先，合同双方当事人不可以设立违反法律禁止性规定的条款，不得以意思自治优先于法律为由以合同的形式排除法律的禁止性规定。其次，合同解除制度设立的初衷是保障社会公平正义的实现，维护守约方的利益，然而这不仅仅是形式上的，维护的更应该是实质意义上的公平正义。最后，还需要实现个人利益与社会利益之间的平衡，遵循不损害社会公共利益的原则，使约定解除权在维护当事人利益的同时不损害社会公共利益。

当事人行使的是法定解除还是约定解除决定了本案审理和监督的方向。本案中，张丽蓉与冯星梅签订的《商铺租赁合同》中明确约定了合同的解除条件，即冯星梅在拖欠租金达到20天时，本合同自动终止，张丽蓉有权收回商铺。该约定解除权的行使事由并未违反法律规范，冯星梅直到张丽蓉2010年1月向法院提起诉讼时，在无正当抗辩理由之情形下仍未缴纳租金，已符合双方合同约定解除之情形。本案一审、二审与重庆高院再审法院判决理由不同的原因在于对本案合同解除权行使事由适用的不同，重庆高院再审依据《合同法》第 94 条第 4 款规定 "有下列情形之一的，当事人可以解除合同……（四）当事人一方延迟履行债务或者有其他违约行为致使不能实现合同目的的"认为本案当事人张丽蓉系根本违约而以法定解除权解除当事人的合同，一审、二审法院依据《合同法》第 93 条第 2 款规定 "当事人可以约定一方解除合同的条件。解除合同的条件成就时，解除权人可以解除合同" 认为冯星梅的违约行为，已经使得张丽蓉行使约定解除权的条件成就，故以此认定合同解除并应当由冯星梅承担违约责任。最高人民检察院在重庆高院再审查明事实的基础上，从法定解除权行使条件的角度，认为无论从事实依据、权利基础的角度均不得认定合同法定解除，最高人民法院再审时又从重庆高院审查查明的事实与待证事实的相关性等角度，阐明本案应当适用约定解除。

三、关于《合同法》第 94 条第 4 款的适用条件

根据《合同法》第 94 条，可将行使事由归纳为两大类：一为不可抗力；二为违约行为。即《合同法》第 94 条第 1 款规定的系不可抗力时当事人享有的解除权，第 2、3、4 款分别规定了一方当事人预期根本违约、延迟履行及根本违约导致合同目的落空时，守约方享有的解除权，第 5 款为兜底性条款。本案中，重庆高院再审时系依据该条第 4 款，认为张丽蓉系根本违约导致合同目的落空而判定合同解除。检察机关对此案进行监督的角度即在于依据重庆高院再审查明的事实无法认定张丽蓉之行为构成根本违约，故重庆高院适用法律有误，最高人民法院再审时，从重庆高院事实认定、适用法律的双重角度，纠正了重庆高院的再审判决。笔者认为，检察机关的抗点正确，可以从下几方面进行理解：

（一）该条款应为守约方提出

根据《合同法》第 94 条第 4 款后半段规定，"其他违约行为致使不能实现合同目的"的当事人可以解除合同。这条包括的违约行为含有履行不能、瑕疵履行、不完全履行等致使合同目的无法实现的行为。在这种情况下，违约方即使补充履行、另行给付也无法再实现合同的目的，合同的履行对守约方没有意义，如果合同不解除，守约方却还要受对己方没有任何意义的合同束缚，因此，应当承认此条款是守约方的合同解除权。在冯星梅、张丽蓉均未援引该条款的情况下，重庆高院以此解除合同无法律依据。

（二）适用该条款需满足合同目的不能实现之条件

从事实认定的情况来看，本案中张丽蓉并未构成根本违约。因为只有在张丽蓉提供商铺的任何地点都无法设置不违反国家和行业标准的强制性规定的厨房和卫生间以供正常使用时，才能认定张丽蓉提供的房屋不足以达到冯星梅租赁用于餐饮经营之合同目的。重庆高院再审判决认定张丽蓉提供的商铺不符合

餐饮用途致使合同目的不能实现,均建立在冯星梅的装修设计方案已经过张丽蓉、重庆工商大学的批准,将商铺的厨房和卫生间设置在配电房正上方的基础上,从而违反了国家和行业标准的强制性规定。而冯星梅的设计方案,并非张丽蓉的行为造成的结果,对该设计方案的否定并不导致对房屋作为餐饮用途之否定的后果。

合同违约方是否有权行使法定解除权

——向玉琼与重庆万华房地产开发有限公司商品房预售合同纠纷抗诉案

杨友学　易亚东[*]

【抗诉机关和受诉法院】

抗诉机关：重庆市人民检察院

受诉法院：重庆市高级人民法院

【基本案情】

申请人（一审原告、二审上诉人、再审申请人）：向玉琼，女。

其他当事人（一审被告、二审被上诉人、再审被申请人）：重庆万华房地产开发有限公司。

法定代表人：万大华，董事长。

2007年10月31日，向玉琼起诉至忠县人民法院，请求判令：（1）履行双方签订的《购房意向协议》，确认购房款应按双方原约定价款减少455328元；（2）判令万华公司承担未按时交房的违约金73267.20元；（3）由万华公司承担本案诉讼费。2007年11月20日，万华公司提出反诉请求：（1）依法确认双方签订的《购房意向协议》已解除；（2）依法判令向玉琼支付违约金132000元；（3）由向玉琼承担全部反诉费。

忠县人民法院一审查明，2006年3月5日向玉琼与万华公司签订《购房意向协议书》及2-C附件，约定：向玉琼购买万华公司在忠县忠州镇忠州大道巴王路93号的乐声购物广场2-C营业房，交房时间2007年10月31日，面积约600㎡，超过600㎡部分买方不增加房款，不足600㎡按实际面积计算交费，房屋价格为1980元/㎡。若今后同层2-D部分房屋售价在1960元/㎡以

---

[*] 作者单位：重庆市人民检察院第二分院。

上，房屋价格不作调整，若低于此价出售，则房价按其出售价格调整，同层2－A、2－B任一房屋若低于2250元/㎡出售，该房按其低于2250元/㎡的差价调整给向玉琼。向玉琼应在2006年2月25日交付房款476000元，余款712000元，通过银行按揭贷款支付。双方还对签订《重庆市商品房买卖合同》及按揭贷款合同时间、面积确定方式、违约责任等条款作了约定。协议签订后，向玉琼支付了购房款476000元。2007年5月10日，万华公司给向玉琼邮寄了《关于签订重庆市商品房买卖合同并按银行规定办理按揭贷款合同致向玉琼的函》，该函称，房款须付足总房款的50%后才能办理按揭贷款，要求向玉琼收到此函后10日内支付首付款118000元，并签订《重庆市商品房买卖合同》和办理按揭贷款手续。2007年6月13日万华公司给向玉琼再次寄送了《关于向玉琼违约的再次函告》，要求向玉琼收到此函后10日内到万华公司办理相关手续，否则万华公司将解除《购房意向协议》。2007年10月24日，向玉琼之弟向茂清向万华公司借款18000元，并代向玉琼补交了该房首付款118000元。2007年10月31日，万华公司又给向玉琼寄送了《关于向玉琼已同意解除〈购房意向协议〉的函》，该函称：因向玉琼未按约定与万华公司签订《重庆市商品房买卖合同》，双方2006年3月5日签订的《购房意向协议》已经解除。嗣后，双方对购房款协商无果，向玉琼于2007年10月31日诉至法院，万华公司在举证期限内向法院提起反诉。另外，2007年4月4日，万华公司将忠县忠州镇乐声购物广场二层2－B号房出售给郭家华、孙全梅，2007年5月27日将同层2－A、2－D号房出售给谭成忠、刘建成等人。

【原审裁判】

忠县人民法院于2008年4月21日作出（2007）忠法民初字第1389号民事判决。该院一审认为：

1. 关于《购房意向协议》是否认定为商品房买卖合同

从本案双方签订的《购房意向协议》及2－C附件的内容来看，双方对预售房屋的位置、面积、价款、付款方式和时间、违约责任等主要条款进行了约定，根据最高人民法院《关于审理商品房买卖合同纠纷案件适用法律若干问题的解释》第5条的规定，《购房意向协议》及附件可以认定为商品房买卖合同，双方应当严格按照此协议履行。

2. 关于《购房意向协议》是否已经解除

我国《合同法》规定，合同解除权包括法定解除权和约定解除权，享有解除权的当事人一方将解除合同的意思表示送达到合同另一方当事人，就能发生合同解除的法律效果，即解除权的行使系一种单方法律行为，而无须对方当事人的同意即可生效。虽然《购房意向协议》可以认定为商品房买卖合同，但该协议第6条明确约定万华公司通知向玉琼签订《重庆市商品房买卖合同》,如在通知后7日内,向玉琼仍未与甲方签订《重庆市商品房买卖合同》,则视为违约,万华公司可对营业房进行其他处置。根据该条款分析,《购房意向协议》并不能代替《重庆市商品房买卖合同》,双方必须签订《重庆市商品房买卖合同》确定其权利义务关系。《购房意向协议》签订后,万华公司于2007年5月10日、6月13日两次给向玉琼邮寄送达了《关于签订重庆市商品房买卖合同并按银行规定办理按揭贷款合同致向玉琼的函》及《关于向玉琼违约的再次函告》,通知向玉琼在收到函后10日内签订《重庆市商品房买卖合同》和办理按揭贷款手续。从通知的内容分析,万华公司是在严格履行《购房意向协议》第6条约定的通知义务,向玉琼逾期将行使约定解除权。但向玉琼在收到此函后,既未在约定的期限内与万华公司签订《重庆市商品房买卖合同》,也未对协议的相对方行使解除权提出书面异议,也未请求人民法院或者仲裁机构确认解除合同的效力,应视为对《购房意向协议》解除的认可。向玉琼抗辩,万华公司邮寄的函告中单方改变了合同约定的首付款比例和办理按揭贷款的时间。经庭审查明,万华公司两次函告的主要内容是要求对方签订《重庆市商品房买卖合同》,符合《购房意向协议》第6条的约定,其中也有补交首付款及办理按揭贷款合同的内容,因购房款首付款合同的相关规定,并非当事人自由约定且在《购房意向协议》中也明确约定按揭应符合银行的规定,而签订《重庆市商品房买卖合同》是办理产权登记、按揭贷款的前置程序,即使函告中有单方变更协议的内容,向玉琼也可以通过协商或法定方式得到救济,并非以此作为不履约的抗辩理由,因此,向玉琼抗辩万华公司的两次函告对其没有约束力的事实和理由不能成立,不予支持。虽然《购房意向协议》因解除权条件成就时已经解除,但万华公司于2007年10月24日又收取了向玉琼购房首付款118000元,且在向茂清代向玉琼借款时出具的借条上批注了总价款1188000元、首付款594000元等事项,故应视为万华公司同意与向玉琼签订《重庆市商品房买卖合同》和按揭贷款合同,双方以此形成了新的预售房关系。

3. 关于双方诉讼请求的认定

向玉琼于2007年10月23日从忠县房地产交易管理所提取了万华公司2007年4月4日出售给郭家华、孙全梅的2-B号房屋和同年5月27日出售给谭成忠、刘建成的2-A、2-D号房屋的《商品房买卖合同》复印件,请求按《购房意向协议》的附件约定,比照万华公司出售的2-B、2-A、2-D号房屋价格,减少其房价款455328元,并由万华公司承担未按时交房的违约金73267.20元。万华公司对向玉琼主张的2-B、2-A、2-D号房屋的价格提出异议，并提交了该房的备案合同价格与其不一致。经审查，首先，虽然《购房意向协议》对2-C号房屋价格约定附条件调整，但双方提交的备案合同载明的同层楼价格相冲突，且该房的购房人也未出庭证明其真实的购买价格，即双方提交的备案合同不能证明其交易价格的真实性，对该证据材料不予采信。其次，从万华公司出售该层楼房屋的时间分析，本案双方是2006年3月5日签订的《购房意向协议》，郭家华、谭成忠购买该层房屋是2007年4月、5月，作为2007年是中国房价暴涨的一年，这是众所周知的事实，那么按照常理判断，郭家华、谭成忠购买的该层房价不会低于本案交易价格。再次，向玉琼于2007年10月23日从忠县房地产交易管理所查询得知了郭家华、谭成忠的购房合同备案价格，但在同年10月24日却向万华公司交付了购房首付款118000元，且向万华公司借款18000元才足额交清了首付款，说明向玉琼在交款时已经认可了该房的总价款是1188000元，否则，明知要减少房价款，不仅可以不交此首付款，而且还可以据此退回多交的部分首付款。前述证据事实证明，向玉琼要求减少房价款的事实和理由不能成立。向玉琼未按《购房意向协议》约定的期限与万华公司签订《重庆市商品房买卖合同》，且在此期间双方对《购房意向协议》是否继续履行具有不确定性，万华公司就不存在履行交房义务，即向玉琼主张万华公司逾期交房违约的事实不能成立。万华公司反诉请求确认《购房意向协议》已经解除，前面已作了分析认定，对其反诉违约的事实，因万华公司于2007年10月24日再次收取向玉琼购房首付款118000元时未主张其违约的事实，应视为对此前的违约条款作了放弃，故对万华公司反诉向玉琼支付违约金的请求，不予支持。综上，我国《合同法》以合同自由、合同严守、诚信履约为基本原则，依法生效的合同条款对缔约双方具有拘束力。本案双方当事人签订《购房意向协议》后，本应恪守信用，严格履约，对合同中未明确约定的事项，双方应当通过补充协议或依法解决，在履约中若一方变更合同条款，对方可以通过协商或法定方式请求救济，并非以沉默或置之不理的方式作为事后的抗辩理由。虽然万华公司对《购房意向协议》行使解除权后又收取了向玉琼的购房首付款，证明双方对预售房的首付、按揭等权利义务重新作了确认，但向玉琼不仅未及时与万华公司签订《重庆市商品房买卖合同》和按揭贷款合同，而且以要求万华公司减少房价款为由诉至本院，从而使缔约相对方丧失了交易信心，导致万华公司于2007年10月31日再次邮寄送达了解除《购房意向协议》的函行使解除权，但因双方在2007年10月24日形成新的商品房预售合同关系时未约定解除权，且向玉琼在收到解除权通知时已经提起诉讼，故万华公司于2007年10月31日再次通知向玉琼解约就不构成行使解除权的法定条件，即不发生解除合同的效力。在审理中,主持双方当事人调解继续履约,万华公司不同意与向玉琼签订《重庆市商品房买卖合同》和银行按揭贷款合同。根据我国《合同法》第4条规定"当事人依法享有自愿订立合同的权利,任何单位和个人不得非法干预"即意思自治、合同自由是合同法的精髓和灵魂,也是商品经济、市场经济的运行规律。根据最高人民法院《关于审理商品房买卖合同纠纷案件适用法律若干问题的解释》第23条规定"商品房买卖合同约定,买受人以担保贷款方式付款,因当事人一方原因未能订立商品房担保贷款合同并导致商品房买卖合同不能继续履行的,对方当事人可以请求解除合同和赔偿损失"。本案双方对是否签订房屋买卖合同和按揭贷款合同不能达成一致意见,且按揭贷款合同需开发商即万华公司提供担保才能完成。鉴于前述事实和理由,为了维护契约经济的严肃性,鼓励诚信交易、严格履约,及时化解矛盾,彻底解决纠纷,准许解除双方之间的商品房预售合同关系,由万华公司返还向玉琼购房首付款,并赔偿该款银行同期贷款利率计算的利息损失。据此,依照《中华人民共和国合同法》第4条、第6条、第8条、第44条、第60条、第93条、第96条、第97条以及最高人民法院《关于审理商品房买卖合同纠纷案件适用法律若干问题的解释》第5条、第23条之规定,判决:一、解除向玉琼与重庆市万华房地产开发有限公司的商品房预售合同关系;二、重庆市万华房地产开发有限公司在本判决生效10日内返还向玉琼购房款594000元,并赔偿该款从交款之日(分别以万华公司出具的收款凭证载明的时间为准)起至清偿时止按银行同期贷款利率计算的利息损失;三、驳回向玉琼的其他诉讼请求;四、驳回重庆市万华房地产开发有限公司的其他诉讼请求。

向玉琼不服一审判决,向重庆市第二中级人民法院提出上诉。重庆市第二中级人民法院于2008年8月14日作出(2008)渝二中法民终字第747号民事判决。该院二审认为,一审法院认定《购房意向协议》为商品房买卖合同及视为向玉琼对《购房意向协议》解除的认可是正确的。双方解除《购房意向协议》后,万华公司于2007年10月24日又收取了向玉琼购房首付款118000元,且在向茂清代向玉琼借款时出具的借条上批注了总价1188000元、首付款594000元等事项,余下594000元,马上签订正式合同后到银行办理按揭贷款支付,否则解除原协议事项,故应视为万华公司同意与向玉琼继续履行《购房意向协议》签订《重庆市商品房买卖合同》和按揭贷款合同的预售关系。向玉琼主张确认购房价款应按双方原约定减少房价的理由,向玉琼虽然在一审中提交了郭家华、谭成忠与万华公司签订的《重庆市商品房买卖合同》和《购房意向协议》及2-C附件,但在万华公司已经行使解除《购房意向协议》后,2007年10月24日向玉琼之弟向茂清向万华公司借款18000元,并出具了借条。向茂清向万华公司借款和出具借条的行为及内容，向玉琼认可并无异议，说明向玉琼在未交时即认可该房总价款为1188000元。否则，向玉琼在明知和要求减少房价款的情况下，不仅可以不交此首付款，而且还可以据此退回多交的部分首付款。因此，足以证明向玉琼和万华公司对《购房意向协议》房价款的首付、按揭等权利义务作了重新确认。故向玉琼主张减少房价款的理由不成立。向玉琼主张万华公司应承担违约责任的请求，双方所签订的《购房意向协议》虽约定了房屋交付期限，但由于双方正处于签订《重庆市商品房买卖合同》以及完善按揭贷款手续过程中，而向玉琼没有与万华公司签订《重庆市商品房买卖合同》，致房屋交付的期限处于不明状态，不属于万华公司的违约行为。在二审中，重庆市农村商业银行忠县支行忠州分理处函告万华公司开发的"乐声购物广场"楼盘预售登记期已过，从2008年5月31日起终止该楼盘的按揭业务。经二审法院释明是否同意房屋价款按1188000元以现金给付的方式履行，与万华公司签订《重庆市商品房买卖合同》，但向玉琼明确表示不愿意以此房屋价款履行。最高人民法院《关于审理商品房买卖合同纠纷案件适用法律若干问题的解释》第23条规定："商品房买卖合同约定，买受人以担保贷款方式付款，因当事人一方原因未能订立商品房担保贷款合同并导致商品房买卖合同不能继续履行的，对方当事人可以请求解除合同和赔偿损失。"本案中，由于万华公司的按揭贷款银行终止按揭贷款业务，双方对继续履行《购房意向协议》并签订《重庆市商品房买卖合同》不能达成一致，导致商品房买卖合同不能继续履行。万华公司主张解除双方签订的《购房意向协议》应准许，由万华公司返还向玉琼首付款，并赔偿该款的利息损失。据此，根据《中华人民共和国民事诉讼法》第153条第1款第1项之规定，判决：驳回上诉，维持原判。

向玉琼不服二审判决，以原一、二审判决认定事实错误、适用法律不当、判决解除合同不符合不告不理原则为由，向重庆市高级人民法院申请再审，请求依法改判。重庆市高级人民法院于2008年12月18日作出（2008）渝高法民申字第1320号民事裁定驳回向玉琼的再审申请。

【抗诉理由】

向玉琼不服二审判决，向检察机关申请监督。重庆市人民检察院第二分院审结后于2014年8月4日提请重庆市人民检察院抗诉，重庆市人民检察院审查后于2014年8月28日以渝检民监〔2014〕50000000044号民事抗诉书向重庆市高级人民法院提出抗诉。检察机关另外查明，向玉琼与万华公司在《购房意向协议》附件第5条约定："万华公司通知向玉琼办理按揭时间以向玉琼进场装修为准。"向玉琼在诉讼中，向法院提交了从忠县房地产管理交易所复印的谭成忠、刘建成、毛轶、肖巧林与万华公司，以及郭家华、孙全梅与万华公司签订的《商品房买卖合同》各1份。其中，谭成忠等4人与万华公司签订的《商品房买卖合同》载明：谭成忠等4人购买万华公司开发的2-A商用房屋，房屋套内单价971.40元/㎡，建筑面积1222.59㎡，总价款为1076260元（见一审卷宗第43页）。郭家华、孙全梅与万华公司签订的《商品房买卖合同》载明：郭家华、孙全梅购买的2-B商业用房，房屋的套内单价为1720元/㎡，建筑面积共计500㎡，总价款为800000元（见一审卷宗第49页）。万华公司在诉讼中向法院提交了其与谭成忠间的《商品房买卖合同》复印件，该合同载明：谭成忠购买万华公司开发的2-A商用房屋，房屋套内单价2877.12元/㎡（1000元/㎡），建筑面积1372.39㎡，总价款为3420000元。该合同附有几份附件。作为附件之一的《补充协议》载有"乙方（谭成忠）应当按购房款2606602.50元的3%比例向甲方（万华公司）缴维修基金共计52132元"等内容。万华公司在诉讼中还向法院提交了其与郭家华间的《购房意向协议》复印件及"房屋总价财务对账单"复印件。其中协议载明：套内面积464.89㎡，套内面积单价2000.47元/㎡。《房屋总价财务对帐单》载明：郭家华、孙全梅所购房屋总面积为464.49㎡，应交购房款93万元。另，在一审卷宗第80页有万华公司向郭家华出具的收据，时间为2006年5月20日，法院认定郭家华购房时间为2007年4、5月，与此证据不一致。重庆市人民检察院认为，重庆市第二中级人民法院（2008）渝二中法民终字第747号民事判决认定事实不清，适用法律错误。理由如下：

一、原审判决解除向玉琼与万华公司的商品房预售合同关系错误

1. 原审判决解除向玉琼与万华公司的商品房预售合同关系，超过万华公司的诉讼请求。万华公司的反诉请求为确认《购房意向协议》已解除，而非解除双方的商品房预售合同关系，原审判决显然超过了万华公司的诉讼请求。

2. 原审认定银行已终止贷款业务、向玉琼不愿意按1188000元以现金支付方式履行合同，并以此为由，判决解除双方预售合同关系，证据采信不当，适用法律错误。第一，万华公司在二审时提交的函告，与万华公司在一审中提交的《个人房屋贷款项目合作协议》内容相矛盾。原审采信函告认定银行已终止贷款业务，证据采信不当。第二，现有证据证明并非系向玉琼不愿意按1188000元以现金支付方式履行协议签订合同，双方未能履行《购房意向协议》并签订《重庆市商品房买卖合同》，系万华公司单方变更协议约定的按揭时间，且不按约定调整房屋价格等违约行为所致。按照合同解除权行使的一般规则，即处于违约事实状态的一方当事人，不享有基于催告对方履行，对方在

催告期内未履行而产生的解除权。故依据最高人民法院《关于审理商品房买卖合同纠纷案件适用法律若干问题的解释》第 23 条"商品房买卖合同约定，买受人以担保贷款方式付款，因当事人一方原因未能订立商品房担保贷款合同并导致商品房买卖合同不能继续履行的，对方当事人可以请求解除合同和赔偿损失"之规定，请求法院解除合同的权利主体应为向玉琼，而非万华公司。

二、原审认定《购房意向协议》已解除，双方 2007 年 10 月 24 日形成了新的合同关系，与函告内容和我国合同法关于解除合同的相关规定不符

1. 双方在《购房意向协议》附件第 5 条约定，"万华公司通知向玉琼办理按揭时间以向玉琼进场装修为准"，即只有当交付房屋后，向玉琼对房屋进行装修时，万华公司才能通知向玉琼办理按揭手续，签订合同等。但本案诉争前，万华公司并未交付房屋，向玉琼也未进场装修，万华公司通过函告方式将办理按揭的时间单方提前，并要求向玉琼提前办理相关按揭手续，与其签订合同，系单方变更原协议的行为，其据此解除双方的《购房意向协议》，不符合双方约定的解除条件。

2. 根据《中华人民共和国合同法》第 8 条和第 77 条之规定，变更合同，必须经当事人协商一致，一方擅自变更合同，不产生变更的法律效果。本案中，并无证据证明向玉琼同意变更按揭时间，故万华公司通过函告单方变更按揭时间，提前办理按揭手续的行为，对向玉琼不产生约束力。原审认定万华公司的行为对向玉琼产生协议变更的法律效果，适用法律错误。

3. 根据《中华人民共和国合同法》第 96 条的规定，一方行使合同解除权，除应符合约定或法定的解除条件外，还须确定地将解除合同的意思通知对方。而本案中，从万华公司给向玉琼的函告内容看，万华公司作出的意思表示为将要解除协议，而非明确地函告向玉琼解除了《购房意向协议》。直至 2007 年 10 月 31 日，万华公司才再次通过函告方式明确告知向玉琼 2006 年 3 月 5 日签订的《购房意向协议》已解除。故原审认定双方于 2007 年 10 月 24 日，通过借条及附注形成了新的合同关系，原《购房意向协议》已解除，与该函告内容和合同法的上述规定不符。

三、原审判决证据采信及举证责任分配不当，驳回向玉琼的诉讼请求错误

1. 现有证据证明向玉琼减少价款的请求成立。第一，向玉琼在诉讼中举示的两份《商品房买卖合同》形式合法、来源合法，内容与本案有关联。此合同内容证明，向玉琼主张调整价格的理由成立。而万华公司举示的《购房意向协议》及"房屋总价财务对账单"，与备案登记合同不一致，向玉琼不认可。且该协议及对账单内容反映的事实看，该协议签订于 2006 年 5 月 20 日，

而非原审认定的2007年4、5月签订，房屋套内面积单价为2000.47元/㎡，也低于2250元/㎡。故即使按万华公司自己认可的出售价格，仍然符合双方在附件中关于调整价格的约定，向玉琼提出的调整价格的请求应当得到支持。第二，虽然万华公司在诉讼中举示了其与谭成忠间的《商品房买卖合同》及附件，但该份合同存在明显的矛盾，且不具有证据效力，不能否定向玉琼举示的两份《商品房买卖合同》证明的事实。第三，根据最高人民法院《关于民事诉讼证据的若干规定》第75条"有证据证明一方当事人持有证据无正当理由拒不提供，如果对方当事人主张该证据的内容不利于证据持有人，可以推定该主张成立"的规定，应由万华公司继续举示与谭成忠、刘建成、毛轶、肖巧林的《购房意向协议》或《商品房买卖合同》的原件，否则承担不利后果。但原一、二审不仅没告知万华公司继续举证，反而以购房人未出庭证明、2007年房屋价格呈上涨趋势，以及向玉琼认可房屋总价款为理由，驳回向玉琼关于减价的请求，实际上是免除了万华公司的举证责任，不符合证据规则关于证据效力和举证责任分配的规定。

2. 原判决认定向玉琼"在未交时即认可了该房屋总价款是1188000元"，并以此驳回向玉琼的减价请求，与向玉琼的实际行为不符。第一，向玉琼一直未否认协议约定的房屋总价款为1188000元，而是一直主张其享有按协议约定的请求调整价格的权利。万华公司在二审中所作的"在调整中起诉了怎么调解"的陈述（二审卷宗第77页），也印证向玉琼一直在与万华公司协商调整价格等问题。第二，2007年10月24日，向玉琼之弟向茂清向万华公司出具借条，但借条中也没有放弃调整价格请求权利的内容，而是明确表示先满足按揭要求，完善按揭手续。第三，从向玉琼2007年10月24日前后实际行为看，向玉琼已着手用诉讼程序维护自己权利，而非放弃或重新确认《购房意向协议》中相关的权利。

3. 万华公司未按期交房，已构成违约。原审认为交房期限处于不明状态，驳回向玉琼要求万华公司承担违约责任的请求，与《购房意向协议》的性质和双方签订《重庆市商品房买卖合同》的目的不符。第一，原一、二审均认为《购房意向协议》及附件应当认定为商品房买卖合同，故双方应当按照约定履行各自义务。《购房意向协议》中已明确约定万华公司的交房时间为2007年10月31日，万华公司应当按此时间交付房屋，但万华公司并未按此约定期限交房，已构成违约，应承担迟延交付房屋的违约责任。第二，虽然《购房意向协议》不能代替《重庆市商品房买卖合同》，但从双方在《购房意向协议》及附件中的约定，结合万华公司的几次函告内容及在庭审中的陈述意见，双方签订《重庆市商品房买卖合同》的主要目并非是要对双方权利义务进行重新约定,而主要是办理银行按揭手续和备案登记所需。并且,从万华公司提交的其与郭家华签订的《购房意向协议》《重庆市商品房买卖合同》内容对比看,《购房意向协议》和《重庆市商品房买卖合同》中交房时间均为 2007 年 10 月 31 日,并未因为签订《重庆市商品房买卖合同》发生变化。

【再审结果】

重庆市第二中级人民法院受理后,于 2015 年 3 月 19 日作出 (2015) 渝二中法民再终字第 00004 号民事裁定:撤销本案一、二审判决,发回重审。2016 年 12 月 27 日,忠县人民法院作出 (2015) 忠法民再初字第 00001 号民事判决。该院再审认为:

1. 向玉琼与万华公司之间存在商品房买卖合同关系且尚未解除。从本案双方签订的《购房意向协议》及 2-C 附件的内容来看,双方对预售房屋的位置、面积、价款、付款方式和时间、违约责任等主要条款进行了约定,虽然在附件中双方约定对房屋价格附条件的调整,但在条件成就与否对该房屋的价款的确定是明确的,即条件不成就时房屋总价款 1188000 元,条件成就时按此价款作相应调整。根据最高人民法院《关于审理商品房买卖合同纠纷案件适用法律若干问题的解释》第 5 条"商品房的认购、订购、预订等协议具备《商品房销售管理办法》第十六条规定的商品房买卖合同的主要内容,并且出卖人已经按照约定收受购房款的,该协议应当认定为商品房买卖合同"的规定,《购房意向协议》及附件具备商品房买卖合同的主要内容,可以认定为商品房买卖合同,双方应当严格按照此协议履行。《购房意向协议》第 6 条约定了合同解除的条件,该条约定解除的条件是万华公司通知向玉琼签订《重庆市商品房买卖合同》而向玉琼在接到通知后 7 日内仍未签订,并未附加其他任何条件。万华公司也根据该协议的约定于 2007 年 5 月 10 日、6 月 13 日两次给向玉琼邮寄送达了《关于签订重庆市商品房买卖合同并按银行规定办理按揭贷款合同致向玉琼的函》及《关于向玉琼违约的再次函告》,其函告的主要内容为:按忠县农村信用合作联社城郊信用社的文件要求,营业用房按揭首付款必须付足 50%,向玉琼因此还应付首付款 118000 元,并及时签订《重庆市商品房买卖合同》与信用社签订按揭贷款合同。如若不及时交足现金,签订合同,办理按揭手续,视为同意解除合同并应承担违约责任。从上述内容看,万华公司通知向玉琼签订《重庆商品房买卖合同》,是出于要与银行签订按揭贷款合同和办理相关按揭手续目的。其通知内容附加了提高首付款比例和办理按揭贷款手续等内容。而双方在《购房意向协议》2-C 附件第 5 条约定:"万华公司通知向玉琼办理按揭时间以向玉琼进场装修为准"。该条约定清楚表明只有在万华公司交付房屋后,向玉琼对房屋进行装修时,万华公司才能通知向玉琼办理按揭手续。在本案诉争前，万华公司并未交付房屋，向玉琼也未进场装修，万华公司通过函告方式将办理按揭的时间单方提前，并要求向玉琼与其签订合同并提前办理相关按揭手续，系单方变更原协议的行为，其据此解除双方的《购房意向协议》，不符合双方约定的解除条件，故不发生单方解除合同的效力。万华公司在多次向向玉琼发函后又于2007年10月24日收取了向玉琼购房首付款118000元，并在向茂清代向玉琼借款时出具的借条上批注了总价款1188000元、首付款594000元等事项，是基于《购房意向协议》和附件的约定内容，应视为万华公司与向玉琼之间存在的商品房买卖合同关系尚未解除，万华公司再次收款和批注的行为是对原《购房意向协议》和附件内容的认可和补充。2007年10月31日，万华公司第三次函告向玉琼《购房意向协议》已经解除。其函告内容是对第一次、第二次函告过程的叙述，到底基于何种原因解除《购房意向协议》在函告中并未明确。且向玉琼在2007年10月23日得知房屋调价条件成就时，在收到第三次函告书后7日内就起诉要求万华公司根据协议调价并支付违约金，故万华公司于2007年10月31日第三次通知向玉琼解约就不构成行使解除权的约定条件和法定条件，即不发生解除合同的效力。我国《合同法》以合同自由、合同严守、诚实守信为基本原则，依法生效的合同条款对缔约双方具有拘束力。本案双方当事人签订《购房意向协议》后，本应恪守信用，严格履约，对合同中未明确约定的事项或变更合同条款，可以通过补充协商或法定方式请求救济。万华公司在签订《购房意向协议》及附件后，单方提高首付比例，提前按揭贷款的时间，明显违反了协议的约定，其单方作出的解除合同的函告不能产生解除合同的法律效力。在原审组织双方调解履约时，万华公司在原按揭贷款期限内明确表示不同意与向玉琼签订《重庆市商品房买卖合同》和银行按揭贷款合同，属于违约行为。根据最高人民法院《关于审理商品房买卖合同纠纷案件适用法律若干问题的解释》第23条"商品房买卖合同约定，买受人以担保贷款方式付款，因当事人一方原因未能订立商品房担保贷款合同并导致商品房买卖合同不能继续履行的，对方当事人可以请求解除合同和赔偿损失"之规定，因万华公司违约，请求法院解除合同的权利主体应为向玉琼，而非万华公司。在向玉琼不主张解除合同，而要求根据协议和附件约定继续履行合同的前提下，万华公司应当继续履行合同。故万华公司要求确认与向玉琼签订的《购房意向协议》已经解除或请求判决解除《购房意向协议》均不能成立。

2. 万华公司应当按照合同约定对案涉房屋进行调价。如前所述，向玉琼与万华公司之间因签订《购房意向协议》及附件而存在商品房买卖合同关系且尚未解除。《购房意向协议》及附件的内容系当事人真实意思表示，不违反法律禁止性规定，合法有效，各方当事人应按照合同的约定履行自己的义务。在《购房意向协议》及附件中约定：若今后同层2-D部分房屋价在1960元/m²以上，房屋价格不作调整，若低于此价出售，则房价按其出售价格调整，同层前部2-A、2-B任一房屋若低于2250元/㎡出售，该房按其出售价低于2250元/㎡的差价调整给乙方（向玉琼）。向玉琼为了证明其调整价格的请求成立，向法庭举示了其与万华公司《购房意向协议》中约定的2-A、2-B房屋价格情况，即从忠县房地产管理交易所复印的谭成忠、刘建成、毛轶、肖巧林与万华公司，以及郭家华、孙全梅与万华公司签订的《商品房买卖合同》各一份。该两份合同复印件加盖有忠县房地产管理交易所的印章，也有经办人员签名，形式和来源合法，内容客观真实，与本案具有关联性，因此予以采信。此两份合同内容证明，2-A、2-B、2-D房屋出售价格分别为套内单价971.4元/m²、1720.84元/㎡、971.4元/㎡，已符合《购房意向协议》附件第3条"2-D的售价低于1960元/㎡出售，本房按其出售价调整，二层前部2-A、2-B任一房若低于2250元/㎡出售，本房按其出售价低于2250元/㎡的差价调整给向玉琼"的调整价格的约定。故应按照此约定对2-C房屋的价格予以调差。万华公司在诉讼中举示了其与谭成忠的《商品房买卖合同》及附件，该份合同系复印件，未加盖登记备案机关印章，分摊面积前后不一致，套内价格有1000元/㎡前和2827.12元/㎡两个价格，且与3420000元总价款不符合，也与该合同附件即《补充协议》中载明的价款2606602.50元不符。该份合同存在明显的矛盾，不能作为证据使用，不具有证据效力，更不能否定向玉琼举示的谭成忠、刘建成、毛轶、肖巧林与万华公司签订的《商品房买卖合同》所证明的事实。万华公司也举示了其与郭家华签订的《购房意向协议》及《房屋总价财务对账单》，该协议及对账单中房屋价款的约定内容与备案合同的内容明显不一致，其证明效力低于备案合同的证明效力，故对《购房意向协议》及《房屋总价财务对账单》的证明内容不予采信。关于房价调差的问题，向玉琼主张应在原约定价款基础上减少455328元，即按《购房意向协议》2-C附件第3条约定，若今后同层①轴至⑥轴与1/C轴至G轴部分（2-D）房售价在1960元/㎡以上，本房价格不作调整，若低于1960元/前出售，本房按其出售价调整。二层前部2-A、2-B任一房若低于2250元/㎡出售，本房按其出售价低于2250元/㎡的差价调整给向玉琼。从万华公司出售2-B、2-D房屋的合同备案价格来看，分别为1720.84元/㎡和971.4元/㎡，符合《购房意向协议》2-C附件约定的两种调价情形，应按两种调整差价方式计算的平均值作为最终的调价标准。其房屋调差单价计算方法为：[（2250-1720.84）+（1960-971.4）]÷2=758.88元，按协议约定的房屋套内面积约600㎡计算，其房屋调差总价为758.88元/m²×600m²=455328元。万华公司在出售2-A、2-B、2-D房屋时，其备案合同的价格均低于附件第3条的约定，向玉琼所主张的平均调价方式符合合同的约定，且在主张按2-A、2-B调整差价时，并未以比2-B价格还低的2-A的价格971.4元/m²作为参照来主张调价，兼顾了万华公司的利益，具有一定的公平性和合理性，对向玉琼的这一诉讼请求予以支持。即万华公司应在原约定房价1188000元的基础上减少455328元，向玉琼购买乐声购物广场2-C房屋的总价为1188000元-455328元=732672元。

3. 因客观原因导致《购房意向协议》及附件不能履行，万华公司应当赔偿损失。向玉琼与万华公司房屋买卖合同关系成立后，双方应按照合同约定履行相应的义务。但是，在原二审判决生效后，万华公司于2008年9月12日将乐声购物广场2-C房屋以142万元的价格卖给了案外人陈会民、谭东兰。导致《购房意向协议》及附件不能履行，合同目的不能实现。根据《中华人民共和国合同法》第94条第1款第4项"当事人一方迟延履行债务或者有其他违约行为致使不能实现合同目的，当事人可以解除合同"的规定，本院依法解除向玉琼与万华公司之间的商品房买卖合同关系。向玉琼对万华公司已出售房屋的事实也予以认可，并对本案诉讼请求予以变更，要求判令万华公司赔偿因无法购房而造成的各项损失。对于向玉琼原来已缴纳的购房款594000元，已在原一审、二审判决中处理，并已执行兑现，现向玉琼在变更诉讼请求后也不要求调整，故在本案中不再处理。对于向玉琼主张的购房损失及利息符合法律规定和合同约定，予以支持，但是其购房损失的计算方式应为万华公司将2-C出售给陈会民、谭东兰的价格1420000元减去向玉琼购买2-C的价格，即1420000元-732672元=687328元。向玉琼主张的购房损失的利息为房屋出售之日至万华公司清偿之日按中国人民银行同期同类贷款利率计算损失，符合法律规定，予以支持。向玉琼主张赔偿从2007年11月1日起至本案对房屋进行市场评估之日止按同地段每月20万元市场租赁价格计算的迟延交房损失和房屋现在的市场价格与按双方合同约定其实际应支付的价款的差额迟延购房损失，因该项损失需要中介机构的评估鉴定意见，在法院告知向玉琼需要鉴定并垫交鉴定费用时，向玉琼迟迟不作决定，并最终放弃鉴定和主张该部分损失，这系向玉琼在法律允许范围内对自己权利的自由处分，符合法律的规定，予以支持。向玉琼主张赔偿违约金73267.2元，我国《合同法》及合同法司法解释规定，约定的违约金低于造成的损失的，守约方可以请求法院或者仲裁机构予以增加。增加后的违约金数额以不超过实际损失额为限。增加违约金以后，当事人又请求对方赔偿损失的，法院不予支持。可见，当约定违约金低于损失时，守约方可以请求增加违约金直到完全弥补损失，但增加违约金后不能再请求赔偿损失，即增加违约金与损失赔偿金不能并用。在本案中，向玉琼既主张了损失又主张了违约金，但损失金额 687328 元，远远高于违约金 73267.2 元，该院对其主张的损失已予以支持，故对其主张的违约金不予支持。向玉琼主张的其他损失 20 万元，系在案件申诉过程中花费的费用，并无相关证据予以证明，且现自愿表示不在本案中予以主张。综上所述，向玉琼与万华公司之间存在商品房买卖合同关系，双方应当按照约定履行各自的合同义务。万华公司擅自改变合同的约定，并最终导致双方之间的合同不能履行，向玉琼的合同目的不能实现，有权解除合同并要求万华公司赔偿损失。万华公司违反合同约定，导致合同不能履行，本身存在过错，其反诉请求和理由不能成立，不予支持。据此，判决解除双方的合同；万华公司赔偿向玉琼损失 687328 元及利息；驳回双方的其他请求。

【点评】

通过对比检法两家的判决理由和抗诉理由不难发现，检法两家对本案相关证据和约定解除条件、法定解除权行使主体、举证责任分配、合同是否变更等方面存在认识上的差异，下面仅围绕本案最主要的争议焦点，即《购房意向协议》是否已解除、万华公司是否享有合同解除权两个问题作简要分析。

一、《购房意向协议》是否已解除

根据合同自愿原则，当事人在法律规定范围内享有自愿解除合同的权利。我国《合同法》第 93 条规定了当事人自愿解除合同的方式，即约定解除、协议解除。解除权可以在订立时合同约定，也可以在履行合同的过程中约定；可以约定一方当事人享有解除合同的权利，也可以约定双方当事人均享有解除合同的权利。当解除合同的条件出现时，享有解除权的当事人可以行使解除权解除合同，而不必再与对方当事人协商。

需要特别注意的是，在甄别合同解除条件是否具备时，除解读合同解除条款的文字意思外，还需结合合同的其他条款、合同目的、诚信原则等，综合考虑合同解除权条件是否具备，才能防止权利滥用，保护利益相关人的合法权益。同时，还应仔细判断当解除权人选择行使解除权时，是否已采取一定的形式将解除合同的意思表示准确无误地通知对方，产生解除合同的法律效果。

就本案而言，从表面看，双方在《购房意向协议》第 6 条约定了万华公司一方享有约定解除权，其有权解除《购房意向协议》似乎只需要两个条件，即万华公司通知签订商品房合同、向玉琼拒绝或怠于签订即可。但不能忽视的是，双方在《购房意向协议》2-C 附件第 5 条特别约定："万华公司通知向玉琼办理按揭时间以向玉琼进场装修为准。"此约定内容不同于万华公司与其他购房户的约定。该约定表明，只有当交付房屋，向玉琼对房屋进行装修时，万华公司才能通知向玉琼办理按揭手续，签订商品房买卖合同等，即此条款约定了万华公司通知签订合同的时间条件。但本案诉争前，万华公司并未交付房屋，向玉琼也未进场装修，万华公司通过函告方式将办理按揭的时间单方提前，并要求向玉琼提前办理相关按揭手续，与其签订合同，系单方变更原协议的行为，其据此解除双方的《购房意向协议》，既不符合双方约定的解除条件，也有违我国《合同法》规定的诚信原则。一、二审法院仅从《购房意向协议》的约定，而未结合协议附件的约定内容，依诚实信用之原则，仔细研判合同目的，综合认定解除条件，是产生错误的根本原因。

事实上，一、二审法院在认定《购房意向协议》是否解除时，还对解除合同意思的外在行为，即解除合同的意思表示，存在不正确的认定。我国《合同法》第96条规定："当事人一方依照本法第九十三条第二款、第九十四条的规定主张解除合同的，应当通知对方。合同自通知到达对方时解除……"据此规定，解除权人行使解除权，不仅要求约定的解除条件已经成就，而且要求其将解除合同的意思通知对方（意思的外在表示），即要有解除行为。因为意思属于解除权人的内心意愿，不能直接产生法律效果，意思只有通过客观形式表现出来，即行为意思才能产生法律效果。解除权人内心形成意欲解除合同的意思之后，对方当事人无从知晓其内心意思，解除权人必须将其内心意思借助一定的形式表现出来，并且按现行规定还需在合理期间到达对方，才能产生解除合同的法律效果。对解除权人的意思表示要注意三点：一是表示的形式。一般来说，书面形式中表示的内容相较于口头形式易于确定，故证明力更强。二是表示的内容。解除权人的真实意思通过表示的内容反映出来，表示的内容与解除权人的意思应当具有一致性。三是意思表示需到达对方，为对方所知晓。

本案中，万华公司表达其意思的形式主要是发送书面的函，符合《购房意向协议》的约定书面通知形式。但从万华公司的数次函告内容看，如万华公司2007年6月13日给向玉琼的函告内容为"再次明确函告你，请你在收到此函后10内来我司办理相关手续，否则，我司将单方解除与你签订的《购房意向协议》……"万华公司表示的意思更具有催告的性质，即要求向玉琼尽快补足首付款并与其签订商品房合同，其解除意思仅表示为将要解除协议，而非明确地函告向玉琼解除《购房意向协议》，显然，万华公司发生的函，并不能产生合同解除的效果。原一、二审仅以万华公司发出了将要解除合同的函告，而未对函告内容作进一步分析，特别是忽视了万华公司在庭审中也陈述与向玉琼有协商调价的过程，最终导致对解除协议的意思表示是否明确到达向玉琼作出了错误的判决。

二、万华公司是否享有法定解除权

行使法定解除权的主体是仅限于守约方，还是双方当事人均可行使？对此问题，不论是在学界，还是在实务部门，都有不同的认识。多数人认为守约方享有法定解除权，少数人则从合同自由、效率原则出发，认为违约方也应享有合同解除权。之所以有这样的分歧，有一个重要原因（理由）是我国《合同法》第94条规定法定解除权的行使主体为"当事人"，而未限定为守约方。笔者认为，在实务中，确定解除权行使主体应当坚持以守约方享有解除权为一般原则，违约方可以解除合同为例外。首先，从立法目的分析，法定合同解除权是形成权，也是救济权，设置法定合同解除权的目的在于，对因一方违约造成合同履行障碍而受有损失的守约方予以救济，以最大限度地降低其损失，故由守约方决定合同是继续履行还是解除最为合理，这才与法的公平正义价值相符合，且"任何人不得从自己的过错中受益"是一条古老的法律原则。其次，从我国合同法总则、分则中关于法定解除权的规定分析，虽然《合同法》第94条规定的表述是"当事人"，但从该条的具体解除情形规定看，在一方当事人预期违约或迟延履行等情形下，解除合同的主体当然应为守约方；在合同法分则的相关条款中，更是明确地将解除权赋予给了守约方：如《合同法》第166条、第167条分别规定了作为守约方的买受人和出卖人的解除权；第203条规定了借款人违约后贷款人的解除权；第219条、第224条第2款、第227条规定了作为守约方的出租人和承租人的解除权；第253条第2款、第259条规定了作为守约方的定作人的解除权。此外，在其他专门法中，也有赋予守约方解除权的规定，如我国《保险法》第17条、第28条、第36条规定了投保人、被保险人违反合同义务后保险人的解除权；我国《海商法》等专门法律也有类似规定。最后，通过检索司法案例发现，最高人民法院在"万顺公司诉永新公司等合作开发协议纠纷案"中也持此观点，该判决认为："由于合同解除制度之意旨在于将解除权赋予守约方，而永新公司发出'4.1'函时仍处于违约状态，故永新公司不能享有合同解除权"（见《最高人民法院公报》2005年第3期）。最高人民法院通过该案例还提炼出合同解除权行使的一般规则：处于违约事实状态的一方当事人，不享有基于催告对方履行，对方在催告期内未履行而产生的解除权。① 因此，在确定法定解除权主体时，应以守约方享有解除权为一般原则。

当然，法律的价值目标是多元的，除正义公平价值之外，仍有效率、效益这样的价值目标。虽然正义公平是法律所追求的首要价值目标，但这也不等同

---

① 参见《最高人民法院指导性案例裁判规则理解与适用》合同卷一，第349页。

于可以漠视其他价值目标的存在。毕竟合同的履行在很大程度上还是取决于当事人的自愿，在一方不愿意继续履行合同的情况下，虽有强制履行的制度设定，但强制履行显然不可能适用于所有不自愿履行的情形。不强迫违约方履行可以从我国合同法找到依据，如我国《合同法》第 110 条规定。因此，在出现上述情形时，应当允许违约方解除合同。又如第 410 条关于委托人或受托人任意解除权的规定，事实上也赋予了违约方解除权。同样，通过检索司法实务中的案例，也可以发现最高人民法院在新宇公司诉冯玉梅商铺买卖合同纠纷案中（见《最高人民法院公报》2006 年第 6 期），对违约方解除合同持有条件肯定的观点。该判决认为："当违约情况发生时，继续履行是令违约方承担责任的首选方式。法律之所以这样规定，是由于继续履行比采取补救措施、赔偿损失或者支付违约金，更有利于实现合同目的。但是，当继续履行也不能实现合同目的时，就不应再将其作为判令违约方承担责任的方式""当违约方继续履约所需的财力、物力超过合同双方基于合同履行所能获得的利益时，应该允许违约方解除合同，用赔偿损失来代替继续履行。"最高人民法院通过该案例也提炼出了违约方解除合同的规则：当违约方继续履约所需成本超过合同目的时，可以允许违约方解除合同，用赔偿损失代替继续履行。①

---

① 参见《最高人民法院指导性案例裁判规则理解与适用》合同卷一，第 382 页。

未披露涉外股权转让协议主体资料的违约责任认定
——颜海雯与贝迅·米克、莫培刚涉外及涉台股权转让纠纷抗诉案

李　靖[*]

【抗诉机关和受诉法院】

抗诉机关：广东省人民检察院

受诉法院：广东省高级人民法院

【基本案情】

申请人（一审被告、反诉原告、二审上诉人、再审申请人）：颜海雯，女，台湾地区居民。

其他当事人（一审原告、反诉被告、二审被上诉人、再审被申请人）：贝迅·米克（英文名 Bahsoon Mick），男，1961 年 1 月 20 日出生，澳大利亚公民。

其他当事人（原审第三人、再审被申请人）：莫培刚，男，瑶族。

2013 年 3 月 21 日，贝迅·米克将颜海雯起诉至中山市第一人民法院，请求判令：（1）解除双方于 2012 年 10 月 29 日签订的股权转让协议书以及于 2012 年 11 月 23 日签订股权转让补充协议；（2）颜海雯退还 50 万元，并加付 50 万元赔偿金；（3）颜海雯承担起诉之日至支付完毕全部款项为止的利息（按人民银行同期同类贷款利率的标准计算）。

颜海雯提起反诉，请求判令：（1）解除双方于 2012 年 10 月 29 日签订的股权转让协议书以及于 2012 年 11 月 23 日签订股权转让补充协议；（2）没收贝迅·米克支付的股权转让款 50 万元。

法院依职权追加莫培刚为第三人。

---

[*] 作者单位：广东省中山市人民检察院。

中山市第一人民法院查明：欧力公司原为台港澳自然人独资企业，投资人为台湾居民颜圣达。2010年12月份，颜圣达将其股份转让给了台湾居民颜海雯、台湾居民陈晓惠和澳大利亚公民Kabadanis George，并经中山市对外贸易经济合作局批准。欧力公司现股东为颜海雯、陈晓惠和Kabadanis George。2012年10月29日，颜海雯（甲方）、贝迅·米克（乙方）以及颜贻勋、黄秀凤（丙方）签订了一份股权转让协议书，主要约定如下：

1. 各方同意甲方将其持有的欧力公司40%的股权作价280万元转让给乙方，作价日期为2012年10月31日。

2. 关于付款：（1）乙方在3日内支付50万元作为第一笔支付款；（2）于中山市外经贸局批准转让之日起3日内，乙方再支付转让款130万元予甲方为第二笔支付款。不管中山市外经贸局是否批准，第二次付款期限最迟不超过2013年2月28日；（3）余款100万元在取得中山市工商局备案之营业执照后3日内支付，不管中山市工商局是否发出营业执照，第三次付款期限最迟不超过2013年2月28日。

3. 各方同意将股权转让手续交由莫培刚律师办理，并须在协议签订之日起60个工作日内完成。

4. 为保证甲方权益，乙方须于签订协议同时签署各为130万元及100万元的欠条给甲方或者指定的人。交予承办律师保管，在完成协议付款程序之时，承办律师须返还欠条予乙方。但倘因乙方违约，承办律师须交付欠条予甲方作为法律起诉依据。

5. 为保证乙方权益，甲方须于签订协议同时提供并签署各项转让股份所需全部文件予承办律师，并随时配合律师需要办理后续事宜。

6. 甲乙双方同意，以100万元作为向中山市外经贸局、工商局及相关部门申报的股权转让资本额。

7. 甲乙双方必须配合政府所需之转让手续各项文件及履行协议各付款程序，甲方须配合乙方将原其所属股权，悉数转让予乙方，倘因乙方原因致未履行或延迟给付甲方各笔转让款的，甲方有权向人民法院起诉。

8. 甲方必须协助配合乙方办理股权转让手续，签署各项政府部门需要的合理文件。倘因甲方原因致使转让手续迟滞或无法办理，则视为甲方违约，乙方有权解除协议，甲方除须返还乙方已给付金额的款项之外，并加付同等金额款项予乙方作为赔偿。

9. 关于税费：（1）股权转移发生的税务由甲方承担；（2）协议项下所有甲方收益，含欧力公司40%的股权转让所得及欧力公司股利等产生的税赋概由甲方负担；（3）股权转让产生之政府收费由甲乙双方各承担50%；（4）承办律师办理费用20万元由甲乙双方各自承担50%，于签订协议书时即时支付完毕。协议还约定了其他事项。同日，贝迅·米克出具了金额分别为130万元和100万元的两张欠条交由莫培刚律师保管，欠条中均写明在外经贸局批准股权移转之日，贝迅·米克于3日内履行支付股权转让款同时，莫培刚律师将欠条返还；如贝迅·米克没有依约将股权转让款支付给颜海雯，则莫培刚须将欠条交予颜海雯作为法律追溯的依据。颜海雯、贝迅·米克均在欠条上签字确认，莫培刚作为见证人签字。2012年11月23日，颜海雯与贝迅·米克在莫培刚律师的见证下签订了一份股权转让补充协议，约定：贝迅·米克要求并委请颜海雯在办理股权转让手续时，将股权转入贝迅·米克或其指定的自然人或公司名下，目前暂定为贝迅·米克的侄子自然人或其名下公司及澳洲籍Karen Lorraine Duthie自然人或其名下公司。日后若其他受让人对转让行为发生异议，由贝迅·米克自行负责，与颜海雯无关，上述股权转让协议书中拟定的颜海雯对贝迅·米克的保证责任，与上述各受让人无关，颜海雯无须对其他受让人负责。颜海雯承诺将全力配合签署相关合理之股权转移文件给上述各方。同日，贝迅·米克通过莫培刚律师向颜海雯支付了50万元，颜海雯出具收据明确此款是贝迅·米克收购其持有的欧力公司40%股权的第一笔款。

上述协议签订后，莫培刚于2012年12月12日将用于报批的股权转让请示、公司章程修正案、董事会决议、股权转让协议等文件的草拟稿交由外经贸部门审核，外经贸部门经办人员经初步审核后在草拟稿上进行了修改，并于同年12月17日在请示上签了字。相关文件的草拟稿中均载明，颜海雯将其所持有的欧力公司40%股权全部转让给香港Oz公司，该公司授权代表人是贝迅·米克，职务为董事长，转让价为15万美元，Oz公司须于新营业执照签发之日起3个月内将转让款全额支付给颜海雯。后双方产生争议，颜海雯一直未能在递交给外经贸部门审批的材料上签字，所以无法进行下一步的报批工作，贝迅·米克遂提起本案诉讼，主张前述实体权利。为证明只差颜海雯签字，贝迅·米克提交了经其各方签字或盖章的用于报批的材料，该部分材料均是已依照外经贸部门的初审意见进行了修改后的版本。主要包括：（1）两份股权转让协议，条款中所标示的签约日期分别为2012年12月25日和2013年2月18日，落款处均加盖有受让方Oz公司印章，并有贝迅·米克作为Oz公司授权代表人的签名，无转让方颜海雯的签名，其中2012年12月25日的协议已被标上"作废"二字。（2）欧力公司章程修正案。条款中所标示的签字日期为2012年12月25日，落款处加盖有新投资者Oz公司印章，并有贝迅·米克作为Oz公司授权代表人的签名，还加盖有欧力公司的公章，并有陈晓惠作为欧力公司法定代表人的签字。（3）报批的请示，落款处载明的日期为2012年12月25日，加盖有欧力公司的公章。(4) 董事会决议，载明欧力公司董事会于 2012 年 12 月 24 日在公司办公室召开会议，出席会议的董事成员应到 3 人，实到 3 人，所做决议经董事成员一致通过，决议内容即为同意颜海雯将其持有的股份全部转让给 Oz 公司。董事会决议上有陈晓惠和 Kabadanis George 的签名，没有颜海雯的签名。(5) 放弃优先购买权声明书，落款处载明的日期为 2012 年 12 月 24 日，有陈晓惠和 Kabadanis George 的签名。颜海雯表示其从未见过上述材料，也未参加过上述董事会，其反映其与另外两名股东陈晓惠、Kabadanis George 之前存在纠纷，而该两名股东想将其踢出欧力公司，其才迫于无奈与贝迅·米克签订股权转让协议。为证明颜海雯对股权转让审批手续非常清楚，贝迅·米克还提交了欧力公司之前的投资人颜圣达将股权转让给颜海雯、陈晓惠和 Kabadanis George 的相关材料，包括两份内容不同的股权转让协议书和一份批示。

另查：双方在合同签订以及争议解决的协商过程中，主要通过电子邮件、电话、短信等方式沟通。双方提交的往来电子邮件及短信的内容反映了以下情况：

1. 2012 年 12 月 19 日，莫培刚发送给颜海雯一封主题为"待签字文件"的邮件，附有股权转让协议（外经委范本）、股权转让决议（外经委范本）、股权转让请示（外经委范本）、股权转让章程修正案等四个文档，相关文档的内容与报经外经贸局初审的文稿内容分别相同。2012 年 12 月 25 日上午，莫培刚发送给颜海雯一封主题为"Mick 香港公司登记证"的邮件，莫培刚表示 Oz 公司成立日期是 2012 年 12 月 7 日，公司是贝迅·米克自己为投资欧力公司而专门设立的，与陈晓惠、Kabadanis George 无关。邮件附有 Oz 公司的商业登记证和公司注册证书（未附有创办人员或者股东的登记情况）。

2. 颜海雯从收到上述主题为"Mick 香港公司登记证"的邮件开始。多次表示其有权知道交易的对方是谁，据此要求莫培刚和贝迅·米克提供载有投资人信息的 Oz 公司主体资料。包括在 2012 年 12 月 25 日、28 日和 2013 年 1 月 9 日、2 月 27 日的给莫培刚的电子邮件中，在 2013 年 3 月 1 日、6 日给贝迅·米克的电子邮件中以及给贝迅·米克的手机短信中均提出该要求。颜海雯还于 2013 年 3 月 5 日委托律师向贝迅·米克和莫培刚发去一份主题为"催款通知暨提供受让人公证资料"的通知函，称贝迅·米克未能于协议签订后第一时间内将初步资料送至外经贸局批示，导致非但未于 60 日内办完手续，而且未如约付款，构成违约；颜海雯愿意友好协商，但提出三点要求：(1) 颜海雯愿意将股权转让至 Oz 公司，但贝迅·米克须即刻支付转让款。(2) 颜海雯愿意宽限付款期限至 2013 年 3 月 10 日，如逾期贝迅·米克仍未付款的，股权转让协议书及其补充协议将径自失效。(3) 请贝迅·米克或莫培刚提供 Oz 公司的公证资料,包括:①公司营利合法性证明、营业执照(中国境内公证处审核);②董事会成员股份证明(需有效证明文件);③贝迅·米克和 Oz 公司的同意书,协议内容为双方同意移转行为,须有 Oz 公司全体股东会成员签名同意(须加盖公司章、骑缝章、签名及按手印);④贝迅·米克授权颜海雯将股份转让给 Oz 公司的授权担保承诺书(签名及按手印,并由公证单位或律师事务所见证)。

3. 针对颜海雯提出的上述要求,莫培刚在 2012 年 12 月 25 日的回复邮件中表示,香港 Oz 公司的投资人只有贝迅·米克一人,相关投资资料会在公司注册处公证后提供给颜海雯,并重申该公司与陈晓惠、Kabadanis George 无关;贝迅·米克在 2013 年 3 月 1 日给颜海雯的手机短信中要求颜海雯去其公司查看相关资料,但同时表示不会发电子邮件或者复印件给颜海雯。

4. 颜海雯提交了其发给贝迅·米克和莫培刚的催促邮件以及通话清单等材料,证明其有催促对方尽快办理股权转让手续,其中在其于 2012 年 12 月 16 日所发的邮件中,其表示其自签订股权转让协议后一个多月以来多次向贝迅·米克和莫培刚催办移转手续,但一直尚未能签署报批的相关文件,特此恳请尽快签署;其本人因私需要出国,离国后无法签署文件非其本人原因造成,其一概不负责;如需其回国签署文件的,须提前通知并且承担交通费等相关费用。后其离开大陆,返回台湾。

5. 自外经贸部门初审后,贝迅·米克曾催促颜海雯在相关报批文件中签字。在 2012 年 12 月 25 日的邮件中,莫培刚曾告知颜海雯,贝迅·米克已经催问了好几次颜海雯什么时候可以签字。在 2013 年 3 月 6 日给颜海雯的邮件中,贝迅·米克提出颜海雯一直拒绝签署文件并且从 2012 年 12 月底离开大陆超过两个月,不守约。

6. 贝迅·米克在 2013 年 3 月 6 日和 11 日发给颜海雯的邮件中表示,仍然希望颜海雯能够签署相关文件以便获得外经贸局的批准。并提出双方纠纷的解决方案,即将第二阶段的款项存进香港律师事务所的信托账户中。一旦股权转让获得批准即可以转账到颜海雯的账户中,然后再将余款存入信托账户中,待新的营业执照核发并且颜海雯签署了所有剩余文件之后即刻支付该笔款项。颜海雯则在给上述两封邮件的回复中表示,其认为违约方是贝迅·米克,仍然坚持要求查看 Oz 公司的文件,并且不同意贝迅·米克提出的托管股权转让款项的方案,要求贝迅·米克按照股权转让协议书的要求立即付款,则其同意签署全部文件。

7. 2013 年 3 月 13 日,贝迅·米克向颜海雯发出通知函,表示因颜海雯至今一直拒绝在报批文件上签字,致使无法办理股权转让批准手续,并且颜海雯已返回欧力公司声明恢复股东身份，上述行为已经构成对股权转让协议书的根本违约，因此通知颜海雯于 3 日内退还其支付的 50 万元"定金"并加付同等金额款项作为赔偿，否则其将向法院提起诉讼。

又查：诉讼过程中，贝迅·米克提交了 Oz 公司的注册资料。资料显示，该公司于 2012 年 12 月 7 日在香港注册成立，创办成员包括贝迅·米克和莫培刚，其中贝迅·米克承购的股份数目为 6000 股，莫培刚承购的股份数目为 4000 股；2013 年 1 月 10 日，经香港委托公证人公证，贝迅·米克作为公司唯一董事签署决议，委派其本人出任欧力公司董事会董事，并授权贝迅·米克全权签署有关欧力公司股权转让协议书、公司章程等一切文件和处理一切有关事宜。

庭审时，颜海雯、贝迅·米克和莫培刚均同意本案适用我国大陆法律进行处理。

【原审裁判】

中山市第一人民法院于作出（2013）中一法民三初字第 53 号民事判决。该院认为，本案为涉外及涉台股权转让纠纷。由于本案被告颜海雯在大陆的住所地以及合同履行地均在原审法院辖区，根据我国《民事诉讼法》第 23 条"因合同纠纷提起的诉讼，由被告住所地或者合同履行地人民法院管辖"的规定，原审法院作为具有涉外及涉台民商事案件管辖权的法院，有权对本案行使司法管辖权。颜海雯、贝迅·米克和莫培刚均同意本案适用我国大陆法律进行处理，依照我国《涉外民事关系法律适用法》第 41 条关于"当事人可以协议选择合同适用的法律"的规定，本案应适用我国大陆法律作为准据法进行裁决。

本案查明的事实表明，贝迅·米克和颜海雯之间的股权转让手续经由莫培刚于 2012 年 12 月 12 日将相关材料递交给外经贸部门并于同年 12 月 17 日通过初审后，就一直未能进行下一步骤，而双方之间的股权转让手续一直不能完成的直接原因是颜海雯未能在拟提交给外经贸部门审批的相关文件中签名。对于为何不签字，颜海雯提出了数点抗辩理由，对此原审法院分析如下：

1. 关于颜海雯提出的贝迅·米克要求其签署的股权转让协议已经对之前双方签订的股权转让协议书中的重大内容进行了实质性变更的抗辩理由。本案中涉及的两份股权转让协议分别是双方于 2012 年 10 月 29 日签订的股权转让协议书以及贝迅·米克要求颜海雯签字的、已依照外经贸部门的初审意见进行了修改的股权转让协议，从两份协议的文本产生过程、签订过程、内容以及实际履行情况来看，显然其中第一份股权转让协议书（包含双方于 2012 年 11 月 23 日签订的补充协议）是双方之间的真实意思表示，第二份仅仅用于报批，并非真实意思表示，也并非双方实际履行的依据。并且，双方在第二份股权转让协议上签字以供莫培刚报批也是履行 2012 年 10 月 29 日的股权转让协议书中约定的合同义务的行为。因此，颜海雯认为第二份协议对第一份协议的重大内容作了实质性修改的抗辩意见原审法院不予采信。

2. 关于颜海雯提出的贝迅·米克一直拒绝提供 Oz 公司合法注册成立并且符合法定形式的主体资料，以及贝迅·米克能够代表 Oz 公司签署股权转让协议的证明文件的抗辩理由。如上所述，双方分别于 2012 年 10 月 29 日和同年 11 月 23 日签订的股权转让协议书及补充协议才是双方之间的真实意思表示，双方所有的权利义务均应依照该两份协议履行。贝迅·米克已通过莫培刚于 2012 年 12 月 25 日向颜海雯发送了 Oz 公司的商业登记证和公司注册证书，而从双方往来的邮件内容来看，颜海雯坚持要求贝迅·米克提供该公司经过公证的、合法完整的登记信息的目的在于核实该公司的投资人是谁。而从股权转让协议书及补充协议约定的内容以及双方履行的情况来看，无论贝迅·米克指定谁作为股权登记的受让人，仍然由贝迅·米克承担对颜海雯的付款责任，并且颜海雯并不对登记的受让人承担合同责任。而由贝迅·米克自行负责。并且在争议发生后的协商过程中，贝迅·米克提出将股权转让款信托至双方信任的第三方，以保障颜海雯最终获得股权转让款的权利，由此可见，颜海雯的真正合同相对方是贝迅·米克，而不是 Oz 公司。无论贝迅·米克是否提供 Oz 公司的主体资料和授权文件，以及无论股权最终转让至谁的名下均不影响颜海雯在上述合同项下所应享有的权益。故颜海雯坚持要求取得登记的受让人 Oz 公司的相关主体资料以及授权文件并不具有合同依据或者合理的理由，其以此为由拒绝在拟提交审批的文件上签字的行为也不合理。

3. 关于颜海雯提出的贝迅·米克逾期未支付第二、三笔股权转让款，其不签字是合法行使抗辩权的抗辩理由。股权转让协议书中明确约定不管中山市外经贸局是否批准和中山市工商局是否发出营业执照，贝迅·米克最迟不超过 2013 年 2 月 28 日支付该两笔款项，双方对于该约定的理解发生争议。依文意解释和逻辑关系，批准和核发营业执照必备的前提条件是向相应的主管部门提交报批文件和申请，如尚未向相关部门提交报批文件或者申请，也就无所谓批准或者核发营业执照的问题，作出上述约定也就没有了实际意义。而向相关部门提交报批文件或者申请的前提条件又是双方在拟报批的文件上签字，由此可见贝迅·米克未在 2013 年 2 月 28 日之前支付股权转让款具有合理的原因，从逻辑上来说，也并非颜海雯拒绝在拟报批的文件上签字的合理理由。

综上，原审法院认定颜海雯的上述抗辩理由均不成立，其拒绝在拟报批的文件上签字的行为构成违约。我国《外资企业法实施细则》第 22 条规定："外资企业注册资本的增加、转让，须经审批机关批准，并向工商行政管理机关办理变更登记手续。"最高人民法院《关于审理外商投资企业纠纷案件若干问题的规定（一）》第1条第1款规定："当事人在外商投资企业设立、变更等过程中订立的合同，依法律、行政法规的规定应当经外商投资企业审批机关批准后才生效的，自批准之日起生效；未经批准的，人民法院应当认定该合同未生效。"该条第2款还规定："前款所述合同因未经批准而被认定未生效的，不影响合同中当事人履行报批义务条款及因该报批义务而设定的相关条款的效力。"根据上述规定，原审法院认定双方于2012年10月29日签订的股权转让协议书并未生效，但其中关于"甲方必须协助配合乙方办理股权转让手续，签署各项政府部门需要的合理文件，倘因甲方原因致使转让手续迟滞或无法办理，则视为甲方违约，乙方有权解除协议。甲方除须返还乙方已给付金额的款项之外，并加付同等金额款项予乙方作为赔偿"的约定有效。现颜海雯出现违约情形，双方约定的合同解除条件成就，根据我国《合同法》第93条的规定，贝迅·米克提出解除股权转让协议书和股权转让补充协议的诉讼请求理据充分，原审法院予以支持。最高人民法院《关于审理外商投资企业纠纷案件若干问题的规定（一）》第5条规定："外商投资企业股权转让合同成立后，转让方和外商投资企业不履行报批义务，经受让方催告后在合理的期限内仍未履行，受让方请求解除合同并由转让方返还其已支付的转让款、赔偿因未履行报批义务而造成的实际损失的，人民法院应予支持。"据此，贝迅·米克要求颜海雯返还第一笔股权转让款50万元的诉讼请求原审法院予以支持。双方在股权转让协议书中仅约定颜海雯一方在违约的情况下须加付同等金额的赔偿，该项约定并不具备定金的性质。在协议的履行过程中，双方也未达成合意将已支付的50万元转化为定金，故原审法院认定上述约定仅仅是关于违约赔偿的约定。现颜海雯未在拟报批的文件上签字，不履行报批义务，应当向贝迅·米克承担赔偿责任。贝迅·米克依据协议约定要求颜海雯支付赔偿金50万元，颜海雯并未对赔偿金的数额提出调整意见，故原审法院对贝迅·米克的该项诉讼请求予以支持。另上述赔偿金在性质上就是违约金，也就是对贝迅·米克因颜海雯的违约行为而遭受的损失的补偿，贝迅·米克同时还要求颜海雯支付利息，无异于对违约方实施双重惩罚，不符合我国《合同法》第113条、第114条的相关规定，原审法院不予支持。综上所述，依照我国《合同法》第6条、第60条第1款、第93条、第113条、第114条第1款，《涉外民事关系法律适用法》第41条，《外资企业法实施细则》第22条，最高人民法院《关于审理外商投资企业纠纷案件若干问题的规定（一）》第1条、第5条，以及《民事诉讼法》第23条、第64条第1款的规定，原审法院判决：一、解除原告（反诉被告）贝迅·米克与被告（反诉原告）颜海雯于2012年10月29日签订的股权转让协议书以及于 2012 年 11 月 23 日签订的股权转让补充协议;二、被告颜海雯于本判决发生法律效力之日起七日内向原告贝迅·米克返还股权转让款 50 万元,并支付赔偿金 50 万元;三、驳回原告贝迅·米克的其他诉讼请求;四、驳回反诉原告颜海雯的其他反诉请求。如果未按本判决指定的期间履行给付金钱义务的,应当依照我国《民事诉讼法》第 253 条之规定,加倍支付迟延履行期间的债务利息。本诉案件受理费 13800 元(原告贝迅·米克已预交,由被告颜海雯负担(于本判决发生法律效力之日起七日内向原审法院缴纳);反诉案件受理费 4400 元(反诉原告颜海雯已预缴),由反诉原告颜海雯负担。

颜海雯不服一审判决,上诉至中山市中级人民法院。颜海雯上诉称,一审判决认定事实不清,适用法律错误,一是涉案的股权转让手续一直不能完成的根本原因在贝迅·米克一方,对方拒绝出示合法有效证明文件,导致其对 Oz 公司合法正当性产生怀疑;二是贝迅·米克一方未经其同意对协议进行重大修改是股权转让无法完成的重大理由;三是报批资料与双方签订的股权转让协议不一致,贝迅·米克单方变更受让主体;四是一审判决其返还 50 万元并赔偿 50 万元没有事实和法律依据。

中山市中级人民法院于 2014 年 6 月 17 日作出(2014)中中法民四终字第 19 号民事判决。二该院认为:本案为涉外及涉台的股权转让合同纠纷。原审法院确定本案的管辖权及法律适用正确,予以维持。根据上诉人颜海雯的上诉请求和被上诉人贝迅·米克的抗辩,本案二审的焦点在于颜海雯是否应返还贝迅·米克交付的股权转让款 50 万元,是否应向贝迅·米克支付 50 万元赔偿金。判定以上焦点问题法律规定的依据是我国《外资企业法实施细则》第 22 条规定:"外资企业注册资本的增加、转让,须经审批机关批准,并向工商行政管理机关办理变更登记手续。"最高人民法院《关于审理外商投资企业纠纷案件若干问题的规定(一)》第 1 条规定:"当事人在外商投资企业设立、变更等过程中订立的合同,依法律、行政法规的规定应当经外商投资企业审批机关批准后才生效的。自批准之日起生效;未经批准的,人民法院应当认定该合同未生效。前款所述合同因未经批准而被认定未生效的,不影响合同中当事人履行报批义务条款及因该报批义务而设定的相关条款的效力。"以及第 5 条规定:"外商投资企业股权转让合同成立后,转让方和外商投资企业不履行报批义务,经受让方催告后在合理的期限内仍未履行,受让方请求解除合同并由转让方返还其已支付的转让款、赔偿因未履行报批义务而造成的实际损失的,人民法院应予支持。"结合本案查证事实,贝迅·米克和颜海雯经协商自愿签订了股权转让协议和补充协议。该合同依法成立,此后双方之间的股权转让手续经由莫培刚于 2012 年 12 月 12 日将相关材料递交给外经贸部门并于同年 12 月

17日通过初审后，因颜海雯未能在拟提交给外经贸部门审批的相关文件中签名，导致双方之间的股权转让手续未能完成，这是致使双方股权转让协议未生效的基本事实。而对于不签名的理由，颜海雯在原审和二审期间提出了数点抗辩或上诉理由，包括拟签名的股权转让协议内容有重大变更、贝迅·米克拒绝提供Oz公司合法注册资料及贝迅·米克有权代表该公司的证明资料、贝迅·米克逾期不支付第二、三笔股权转让款等，对照双方已依法成立的合同的约定内容，原审法院已作出了具体的分析，经审查后认为，原审判决对以上问题的分析合法合理，不再重复论述，以上抗辩及上诉的陈述均不能成为颜海雯经对方催告后在合理的期限内仍不履行的正当合法的理由。据此，原审判决颜海雯返还贝迅·米克已交付的股权转让款50万元符合双方的合同约定和相关规定，予以维持。对于该款的性质，上诉人颜海雯认为是定金，因对方违约应予没收，该上诉理由没有事实和法律依据，不予支持。对原审法院判决赔偿的50万元颜海雯认为是不正确的，其认为在没有实际损失的情况下不能因为有约定就变成了实际损失，并且实际损失是不包含可期待利益。被上诉人贝迅·米克认为原审判决的赔偿金50万元是约定的违约金。根据上述法律和相关规定，原审法院认定双方于2012年10月29日签订的股权转让协议书并未生效，但其中关于"甲方必须协助配合乙方办理股权转让手续，签署各项政府部门需要的合理文件，倘因甲方原因致使转让手续迟滞或无法办理，则视为甲方违约，乙方有权解除协议，甲方除须返还乙方已给付金额的款项之外，并加付一同等金额款项予乙方作为赔偿"的约定有效符合法律规定，以上"甲方除须返还乙方已给付金额的款项之外，并加付同等金额款项予乙方作为赔偿"的约定属双方关于甲方颜海雯在出现合同约定情形后违约赔偿的违约金，在此颜海雯应承担的是违约责任。根据我国《合同法》第114条第1款的规定，当事人可以约定一方违约时应当根据违约情况向对方支付一定数额的违约金，也可以约定因违约产生损失赔偿额的计算方法。所以双方以上约定符合法律的规定，合法有效。现颜海雯出现合同约定的违约情形，双方约定的颜海雯应承担违约责任的条件成就。故贝迅·米克提出颜海雯赔偿50万元的诉讼请求理据充分，原审法院予以支持正确。同时根据颜海雯提交证据不足以证明其不构成违约，原审时亦未对违约金的数额提出调整，再结合双方合同约定的转让股权价值、颜海雯可预见违约可能给对方造成的损失，合同履行情况，颜海雯在此的过错程度以及贝迅·米克对股权转让的预期利益等综合因素，根据公平原则和诚实信用原则予以衡量，原审判决的该项内容应予以维持。颜海雯的上诉理由不予支持。

关于颜海雯上诉提出贝迅·米克没有提交任何实际受损失的证据，原审依照最高人民法院《关于审理外商投资企业纠纷案件若干问题的规定（一）》第5条规定判决有误问题。原审判决已明确颜海雯支付赔偿金的性质是违约金。由于颜海雯已按照合同约定和法律规定承担了违约责任。贝迅·米克也无证据证明其实际损失大于约定违约金，故原审判决对贝迅·米克诉请颜海雯支付已付转让款的银行利息损失不予支持正确，也符合我国《合同法》第113条的规定，颜海雯对此的上诉理由不能成立，亦不予支持。

综上所述，原审判决认定事实清楚，适用法律正确，应予维持。依照《中华人民共和国民事诉讼法》第170条第1款第1项的规定，判决如下：驳回上诉，维持原判。

颜海雯不服二审判决，向广东省高级人民法院申请再审。广东省高级人民法院于2015年4月17日作出（2015）粤高法民四申字第2号民事裁定。该院认为，贝迅·米克与颜海雯签订股权转让协议及补充协议，约定贝迅·米克受让颜海雯持有的中山欧力家具有限公司的40%股权，并约定在办理股权转让手续时，贝迅·米克委请颜海雯将股权转入贝迅·米克指定的自然人或公司名下。但在办理涉案股权转让手续过程中，由于颜海雯未能在递交给外贸部门审批的材料上签字，双方之间的股权转让手续未能完成。从双方在原审中提交的往来邮件及短信的内容看，2012年12月19日、25日，莫培刚通过邮件方式将股权转让协议等"待签字文件"、香港Oz公司的商业登记证和公司注册证书发送给颜海雯。颜海雯要求贝迅·米克提供香港Oz公司经公证的资料包括"公司营利合法性证明、营业执照、董事会成员股份证明，贝迅·米克和香港Oz公司的同意书、授权代表承诺书"等。从双方签订的股权转让协议及补充协议约定的内容来看，涉案股权转让合同的相对方是贝迅·米克，由贝迅·米克向颜海雯承担支付股权转让款的责任，即双方约定的是无论贝迅·米克指定谁作为股权登记的受让人，涉案股权登记谁名下，均不影响股权转让双方贝迅·米克与颜海雯在涉案股权转让合同中的权利义务。颜海雯要求贝迅·米克提供香港Oz公司经公证的上述资料，不具有合同依据。颜海雯申请再审认为贝迅·米克与莫培刚未向其提交香港Oz公司经公证的上述资料构成违约，依据不足。颜海雯拒绝在拟报批的文件上签名，违反了合同约定的股权转让方的报批义务，已构成违约。在颜海雯拒绝签名导致无法提交报批文件的情况下，贝迅·米克没有支付剩余的股权转让款。综上，驳回颜海雯再审申请。

颜海雯不服生效判决，向检察机关申请监督。

【抗诉理由】

广东省人民检察院于2015年12月10日以粤检民（行）监[2015]44000000380号抗诉书向广东省高级人民法院抗诉。广东省人民检察院认为

(2014)中中法民四终字第 19 号民事判决适用法律错误。理由如下：

1. 二审判决认为买受人贝迅·米克不负有披露 Oz 公司实际投资人义务，属认定合同义务不当。《股权转让协议书》与《股权转让补充协议》约定的买受人主体均为贝迅·米克，但是，具体的股权转让程序存在差异。《股权转让补充协议》第 1 条新增程序为"将股权转入乙方或乙方指定的自然人或公司名下，目前暂定有乙方的侄子自然人或名下公司及澳洲籍 Karen Lorraine Duthie 自然人或其名下公司"。本案中，贝迅·米克确认 Oz 公司为指定买受人。对于指定买受人是否需要披露投资人，双方发生争议。二审判决认定实际买受人是贝迅·米克，股权登记在谁的名下不影响双方合同权益，因此，贝迅·米克不负有披露义务。《股权转让补充协议》是否增设披露义务，应结合 2012 年 10 月 29 日至 11 月 23 日之间两份协议的演变过程进行认定。当事人之间就达成补充协议存在反复沟通，至少存在 11 月 17 日电邮、11 月 18 日电邮、11 月 21 日电邮、11 月 21 日补充协议贝迅·米克初稿、11 月 21 日补充协议颜海雯修改稿及委托书、11 月 22 日电邮及颜海雯修改稿等沟通资料。依据上述沟通资料，双方分歧在于能否由贝迅·米克任意指定买受人。最终达成合意的指定买受人只有 6 个：贝迅·米克及名下公司、贝迅·米克侄子及名下公司、Karen Lorraine Duthie 及名下公司。这里的名下公司实指投资关系。因此，依据沟通材料可以认定双方限定了指定买受人范围。贝迅·米克不披露指定买受人投资关系，则颜海雯可拒绝履行。本案中，贝迅·米克向颜海雯出具了 Oz 公司的公司营利合法性证明、营业执照等资料，但上述材料均未披露实质股东。据庭审查明事实，Oz 公司注册股东包括贝迅·米克与莫培刚。莫培刚作为中介律师既买受股权又隐瞒身份，依据《股权转让补充协议》约定的限定范围和披露义务，颜海雯拒绝履行不构成违约。

2. 二审判决对违约金是否调整问题，未依法向当事人进行释明，存有不当。《中华人民共和国合同法》第 174 条规定："法律对其他有偿合同有规定的，依照其规定；没有规定的，参照买卖合同的有关规定。"最高人民法院《关于审理买卖合同纠纷案件适用法律问题的解释》第 27 条第 1 款规定："买卖合同当事人一方以对方违约为由主张支付违约金，对方以合同不成立、合同未生效、合同无效或者不构成违约等为由进行免责抗辩而未主张调整过高的违约金的，人民法院应当就法院若不支持免责抗辩，当事人是否需要主张调整违约金进行释明。"本案中颜海雯以不构成违约为由进行了免责抗辩并提出反诉。对于当事人对违约金是否提出调整主张，法院依上述规定应予释明。二审判决未释明而径直下判承担 50 万元违约金，存有不当。

【再审结果】

再审庭审中,颜海雯同意检察机关抗诉意见,还请求判决认定贝迅·米克违约,颜海雯不构成违约,无须返还50万元及赔偿50万元给贝迅·米克。

广东省高级人民法院于2016年10月12日作出(2016)粤民再350号民事判决书。该院确认原审法院查明的事实。该院认为,本案为股权转让纠纷。综合检察机关的抗诉理由及当事人双方的诉辩意见,本案再审双方争议的主要问题是:(1)造成《股权转让协议书》及《股权转让补充协议》未能履行的责任;(2)原审判决对违约金的处理是否正确。

1. 关于造成《股权转让协议书》及《股权转让补充协议》未能履行的责任问题。根据本案的事实,颜海雯与贝迅·米克于2012年10月29日签订一份《股权转让协议书》,主要内容是:颜海雯将其持有的欧力公司40%股权作价280万元转让给贝迅·米克。贝迅·米克在3日内支付50万元作为第一笔款,于中山市外经贸局批准之日起3日内,再支付转让款130万元为第二笔款。不管中山市外经贸局是否批准,第二次付款期限最迟不超过2013年2月28日;余款100万元在取得中山市工商局备案之营业执照后3日内支付。不管中山市工商局是否发出营业执照,第三次付款期限最迟不超过2013年2月28日。2012年11月23日,颜海雯与贝迅·米克又签订一份《股权转让补充协议》,该补充协议主要为贝迅·米克要求并委请颜海雯在办理股权转让手续时,将股权转入贝迅·米克或其指定的自然人或公司名下,目前暂定为贝迅·米克的侄子自然人或其名下公司及澳洲籍Karen Lorraine Duthie自然人或其名下公司。上述协议是双方平等、自愿、协商一致的基础上签订的,依法成立,双方当事人应按上述协议履行。但2012年12月12日,莫培刚拟交由中山市外经贸部门用于审核报批的资料及股权转让协议等文件中均载明,颜海雯将其所持有的欧力公司40%股权全部转让给香港Oz公司,该公司授权代表人是贝迅·米克,职务为董事长;转让价款为15万美元;Oz公司须于新营业执照签发之日起3个月内将转让款全部支付给颜海雯。从上述报批资料与原双方签订的股权转让协议及补充协议相比较,贝迅·米克除了将股权转让给香港Oz公司、转让价款为15万美元变更外,还将第二、第三期股权转让款的支付期限作了修改。此外,贝迅·米克提交的香港Oz公司的注册资料显示,该公司于2012年12月7日在香港注册成立,创办成员为贝迅·米克和莫培刚,其中贝迅·米克承购的股份数目为6000股,莫培刚承购的股份为4000股。莫培刚是颜海雯与贝迅·米克股权转让的中介代办律师,现又为股权转让的受让人,与双方签订的股权转让补充协议不相符,这是贝迅·米克对原股权转让协议的变更。由于贝迅·米克原没有向颜海雯披露香港Oz公司的资料信息和实际投资人,且颜海雯又不同意上述报批资料内容的变更,故没有在报批资料上签名。可见,颜海雯与贝迅·米克实质上是对原签订的股权转让协议及补充协议的变更未能协商一致达成新的协议,致使股权转让协议及补充协议未能履行。《合同法》第77条规定:"当事人协商一致,可以变更合同。"虽然双方后来通过电子邮件、电话和短信的方式进行协商沟通,但均未达成新的合意,由此说明双方原签订的股权转让协议书及补充协议未予变更。现双方均请求解除《股权转让协议书》及《股权转让补充协议》,依照《合同法》第93条第1款"当事人协商一致,可以解除合同"的规定,原审法院判决解除该股权转让协议及补充协议正确。由于股权转让协议及补充协议已解除,颜海雯原收取贝迅·米克50万元转让款及利息应予返还,颜海雯申诉认为是贝迅·米克违约,其无须返还50万元的理由不成立,不予采纳。

2. 关于原审判决对违约金处理是否正确的问题。本案导致股权转让协议及补充协议未能履行的主要原因是,莫培刚拟提交由中山市外经贸部门用于审核报批的资料及股权转让协议等文件中,将原股权转让协议及补充协议中的一些内容以及将香港Oz公司的股东进行了变更,而颜海雯作为股权的转让方不同意股权转让协议及补充协议修改的内容以及莫培刚作为香港Oz公司的股东提出异议,双方又未能进一步协商达成新的合议而造成的,故双方对此均有一定责任,并不是因一方的违约行为造成的,不能归责于一方。原审将股权转让协议未能履行的责任归责于颜海雯一方,认为颜海雯拒绝在拟报批的资料上签字,不履行报批义务的行为构成违约,应向贝迅·米克承担赔偿责任,并判决颜海雯向贝迅·米克支付赔偿金50万元不当,应予撤销。颜海雯申诉认为其没有违约,不应支付50万元赔偿金理由成立,予以支持。综上所述,原审判决认定事实清楚,但适用法律错误,处理不当,予以纠正。判决如下:一、撤销中山市中级人民法院(2014)中中法民四终字第19号民事判决和中山市第一人民法院(2013)中一法民三初字第53号民事判决第三项、第四项;二、维持中山市第一人民法院(2013)中一法民三初字第53号民事判决第一项;三、变更中山市第一人民法院(2013)中一法民三初字第53号民事判决第二项为:颜海雯于收到本判决之日起七日内返还50万元及该款利息给贝迅·米克。

【点评】

本案系股权受让方拒绝披露拟向行政部门报批的主体资料而引发的涉外涉台股权转让纠纷,主要焦点是报批受让主体超出限定范围能否成为不履行合同的合理抗辩。本案主要涉及三个方面的问题:

一、用于报批的股权受让主体超出限定范围是否影响转让方合同权益

意思表示为民事法律行为的核心,探究意思表示人的内心真意须立足合同

产生、签订以及实际履行动态综合来看。本案涉及两份股权转让协议分别是 2012 年 10 月 29 日签订的股权转让协议（包含 11 月 23 日签订的补充协议）与 2012 年 12 月 12 日贝迅·米克要求颜海雯签字并依照审批部门初审意见修改的股权转让协议，一、二审法院均认为前份协议系双方真实意思表示，第二份仅用于报批故并非双方实际履行的根据，股权受让主体即使变更为香港 Oz 公司但实际买受人仍为贝迅·米克，不影响颜海雯获取股权对价，也不会对报批协议中受让主体承担任何合同责任，因此，认定颜海雯坚持要求 Oz 公司主体资料及授权文件不具有合同依据或合理的理由，应就拒绝签署待签文件导致协议未能履行的违约责任。根据我国《外商投资企业法实施细则》以及最高人民法院《关于审理外商投资企业纠纷案件若干问题的规定》相关规定，涉外涉台股权转让协议应经外商投资企业审批机关批准后生效，实践中，当事人基于规避法律规定或行政监管等目的，就股权转让事宜签订两份不同版本合同，一份专用于报送审核批准，再签订一份双方真正履行的合同，也就是通常讲的"黑白合同"或"阴阳合同"。按建设工程纠纷"黑白合同"处理思路，应坚持把合同实质性内容的重大改变作为两类合同的界限，注重分析缔约当事人意思表示是否有实质演变。颜海雯与贝迅·米克于 2012 年 10 月 29 日签订股权转让协议到 11 月 23 日签订补充协议期间，双方多次、反复就股权受让主体沟通，最终达成的合意受让主体范围限定，有且只有六个，贝迅·米克不能任意指定受让主体，由此可见股权由谁受让是颜海雯特别在意并能影响其意思表示的重要因素，当颜海雯发现供其签字的报批协议中受让主体为香港 Oz 公司时坚持要求提供相关主体信息资料，进一步佐证了颜海雯在意股权受让主体的内心意思。贝迅·米克不如实披露香港 Oz 公司股东资料，颜海雯无从知悉是否超出受让人限定范围，根据庭审查明事实，香港 Oz 公司注册股东除贝迅·米克外竟包含中介律师莫培刚，即使香港 Oz 公司仅用于报送审核批准，不影响颜海雯从贝迅·米克处足额获取股权转让款，但也有悖股权转让补充协议所约定的限定范围和披露义务，是对原协议的实质变更，不属于颜海雯真实意思表示，对颜海雯合同权益存在重大影响，一、二审判决认定颜海雯拒绝签署报批文件并认定其承担合同不能履行的违约责任，确有不当，再审判决予以纠正。

二、终审判决就违约金过高问题应否释明

终审判决认为股权转让协议未履行的责任在颜海雯，因未举证其不构成违约且一审时亦未对违约金数额提出调整，故判决返还已收款 50 万元并加付违约金 50 万元。人民法院就违约金过高问题行使释明权，早在 2009 年最高人民法院《关于当前形势下审理民商事合同纠纷案件若干问题的指导意见》就有规定："如违约方以合同不成立、合同未生效、合同无效或者不构成违约进行免责抗辩而未提出违约金调整请求的,人民法院可以就当事人是否需要主张违约金过高问题进行释明。"在 2012 年最高人民法院《关于审理买卖合同纠纷案件适用法律问题的解释》第 27 条规定"买卖合同当事人一方以对方违约为由主张支付违约金,对方以合同不成立、合同未生效、合同无效或者不构成违约等为由进行免责抗辩而未主张调整过高的违约金的,人民法院应当就法院若不支持免责抗辩,当事人是否需要主张调整违约金进行释明"。对比上述规定中"可以"与"应当"释明的用词变化,可见我国司法解释在违约金问题上努力实现对国家干预与契约自由之间的合理安排。为避免违约方另外单独提起调整违约金之诉,减少诉累,节约资源,在当事人纠缠于是否构成违约而未对违约金过高主张权利时,人民法院应当依法行使释明权:假设违约成立,是否主张违约金过高。本案股权转让属有偿法律行为,根据我国《合同法》规定,"法律对其他有偿合同有规定的,依照其规定;没有规定的,参照买卖合同的有关规定",因此颜海雯以不构成违约进行免责抗辩并提出反诉,一、二审法院未依法释明而径直判决承担 50 万元违约金,存有不当。因再审认为股权转让协议未能履行的原因是双方未能进一步协商达成新的合意,并非颜海雯违约造成,无须支付违约金 50 万元,因此并未另外释明。

三、检察机关发现中介律师违法如何处理

根据庭审查明事实,莫培刚是颜海雯与贝迅·米克股权转让的中介代办律师,现又为股权转让的受让人,颜海雯向检察机关申请监督时认为莫培刚故意隐瞒真实情况、谋取私利,误导委托人。根据《中华人民共和国律师法》第 39 条规定,"律师不得在同一案件中为双方当事人担任代理人,不得代理与本人或者其近亲属有利益冲突的法律事务",莫培刚作为中介代办律师又成为股权受让人,代理了与其本人有利益冲突的法律事务,存在违法行为。鉴于颜海雯所反映问题涉及司法行政部门行行政职权范畴,因此,检察机关将案件情况向中山市司法局进行了通报,建议及时调查和处理。中山市司法局查明莫培刚对本案委托事项未以律所名义签订法律服务合同,收取律师代办费时也未开具合法票据,并从事了与本人有利益冲突的法律事务,依法对莫培刚作出没收违法所得人民币 15 万元及停止执业 3 个月的行政处罚。

广东省高级人民法院对检察机关的抗诉意见予以采纳,立足合同签订、修改、履行整个过程探求当事人真实意思表示,并未简单以转让方仍可获取股权对价为由,认定颜海雯合同权益不受实质影响,纠正了中山市中级人民法院错误判决,维护了台湾居民颜海雯的合法权益。中山市人民检察院在办理生效裁判结果监督案件时,注重全面审查原则,为准确查明事实,及时回应申请人诉求,将律师违法行为通报有关部门依法行政处罚,取得了较好的法律效果和社会效果,对同类监督案件的办理具有参考作用。

主合同与担保协议均解除的情况下担保方责任如何认定
——李明礼与重庆市北碚区小湾园区土地整治有限公司、杨大光、重庆市北碚区富盛织布厂借款合同纠纷抗诉案

崔天明　田翠兰[*]

【抗诉机关和受诉法院】

抗诉机关：重庆市人民检察院

受诉法院：重庆市高级人民法院

【基本案情】

申请人（一审原告、二审被上诉人、再审申请人）：李明礼。

其他当事人（一审被告、二审被上诉人、再审被申请人）：重庆市北碚区小湾园区土地整治有限公司。

法定代表人：杨大光，董事长。

其他当事人（一审被告、二审被上诉人、再审被申请人）：杨大光。

其他当事人（一审被告、二审上诉人、再审被申请人）：重庆市北碚区富盛织布厂。

法定代表人：张映梅，厂长。

2011年5月4日，李明礼与重庆市北碚区小湾园区土地整治有限公司（以下简称小湾公司）签订《借款协议》，该协议约定：小湾公司向李明礼借款261.25万元，并约定还款期限、违约金等事项。同日，重庆市北碚区富盛织布厂（以下简称富盛织布厂）向李明礼出具《承诺书》一份，该承诺书约定：就小湾公司向李明礼借款261.25万元一事，富盛织布厂自愿将其自有土地使用权及土地上的房屋产权及使用权作为抵押。届时小湾公司不能还款，该抵押土地归李明礼所有。该承诺书由富盛织布厂加盖公章，并将抵押土地的房

---

[*] 作者单位：崔天明，重庆市人民检察院第一分院；田翠兰，重庆市北碚区人民检察院。

地产权证交给李明礼，双方并没有办理抵押登记事宜。同日，李明礼从重庆金马物业公司账户通过银行支票转账形式向小湾公司打款250万元。借款到期后，小湾公司未按期还款。

2012年2月12日，李明礼、小湾公司和富盛织布厂三方签订《借款利息、违约金结算单》，结算后小湾公司还应支付利息、违约金及法院撤诉费用合计22万元。同日，李明礼（甲方）、小湾公司（乙方）、杨大光（乙方）、富盛织布厂（担保方）四方签订新的《借款协议》。该协议第1款、第5款约定甲、乙方将2011年5月4日的借款金额变更为250万元，并转为本协议的借款。2011年5月4日《借款协议》的二、三条约定作废。第2款约定借款期为一年，月利率1.5%。第3款约定该协议满12个月未还清借款，担保方应无条件配合甲方到北碚区房屋产权交易所办理签署协议约定的房地抵押登记手续。第4款约定借款到期后，若乙方未还250万元本金时，乙方和担保方同意将本协议约定的抵押物产权作价250万元作为借款归甲方所有并办理过户手续。本协议乙方中的小湾公司由杨大光私人承担借款责任。该协议签订后，小湾公司及杨大光支付了两个月的利息后从2012年4月12日起拒付利息至今。李明礼与富盛织布厂亦没有就抵押房屋办理抵押登记手续。

另查明，2012年5月，小湾公司停业，杨大光被重庆市公安局北碚区分局采取强制措施。同年6月18日，富盛织布厂向重庆市北碚区人民法院起诉李明礼、小湾公司、杨大光，要求撤销2012年2月12日《借款协议》中的不实担保行为。

还查明，杨大光与张映梅已经于1993年8月19日领取了碚民离（93）字第371号离婚证，解除了夫妻关系。

2012年6月4日，李明礼起诉至重庆市北碚区人民法院，请求判令：（1）小湾公司、杨大光偿还李明礼借款250万元及利息；（2）由小湾公司、杨大光支付2012年1月前的利息和违约金合计人民币22万元；（3）富盛织布厂对上述款项负连带清偿责任；（4）诉讼费由三被告承担。在第一次庭审中，李明礼增加一项诉讼请求为：解除原、被告之间的借款合同及该合同中的担保条款。

【原审裁判】

重庆市北碚区人民法院于2013年1月11日作出（2012）碚法民初字第03968号民事判决，认为：第一，小湾公司、杨大光仅支付了两个月的利息就再没有支付本息，以自己的行为表明不履行合同约定的每月付息义务，构成预期违约；此外，2012年5月，杨大光因经济问题被北碚区公安分局采取强制措施，小湾公司亦于同月停止营业的事实，使得李明礼有理由相信小湾公司、杨大光无法履行还本付息的义务。故应支持李明礼要求解除借款协议并要求提前还本付息的诉讼请求。第二，因结算单约定的 22 万元无物的担保条款，富盛织布厂对此承担的系保证担保。第三，《借款协议》中约定了不动产抵押，该抵押条款自双方签字或盖章时成立，但双方没有去相关部门办理登记手续，故抵押权没有设立生效，李明礼无权就约定抵押的房地产优先受偿。第四，借款协议中第 4 款的内容属于流质条款，应系无效，但该内容的无效不影响抵押合同其他部分内容的效力。综上，富盛织布厂应当在抵押房产的价值范围内对小湾公司及杨大光的借款承担连带责任。据此判决：一、解除 2012 年 2 月 12 日签订的《借款协议》；二、由小湾公司、杨大光偿还李明礼借款本金 250 万元及相应利息；三、由小湾公司向李明礼支付 22 万元；四、由富盛织布厂对以上第二项债务在抵押房产的价值范围内承担连带责任，对第三项债务承担连带责任；五、驳回李明礼的其他诉讼请求。

富盛织布厂不服上诉至重庆市第一中级人民法院。2013 年 7 月 15 日，二审法院作出（2013）渝一中法民终字第 01779 号民事判决，判决认为：第一，一审确认李明礼有权解除双方的借款合同关系正确，借款合同关系解除后，小湾公司与杨大光理应共同向李明礼偿还 250 万元借款本金及相应利息。关于李明礼在提出解除借款合同关系的同时还要求解除抵押担保合同关系的问题，该院认定鉴于主合同法律关系解除的效力及于从合同法律关系，故认定李明礼与富盛织布厂之间的抵押合同关系已随借款法律关系的解除而解除。在 2012 年 2 月 12 日《借款协议》（包括抵押担保条款）解除后，该协议的约定条款尚未履行的，不再履行。因此，即便富盛织布厂在《借款协议》所约定的借款期限届满之时不去办理抵押登记手续，富盛织布厂的行为也不构成违约。一审认定富盛织布厂应承担抵押房屋价值范围内的连带责任均无法律依据，不予支持。第二，结合前后两份借款协议来看，富盛织布厂以担保方身份在《借款利息、违约金结算单》的盖章行为也应认定为抵押担保，对小湾公司的前述付款义务，富盛织布厂虽提供抵押担保，但其与债权人李明礼并未约定办理抵押登记手续，故李明礼不享有抵押权。其要求富盛织布厂对 22 万元承担连带清偿责任既无合同依据，又无法律依据，亦不予支持。遂判决：维持一审判决第一项、第二项、第三项；撤销一审判决第四项；驳回李明礼的其他诉讼请求。

【抗诉理由】

李明礼不服向重庆市第一中级人民法院申请再审被驳回后向重庆市人民检察院第一分院申请监督。重庆市人民检察院第一分院审查后提请重庆市人民检察院抗诉。2015 年 10 月 14 日，重庆市人民检察院抗诉以渝检民监〔2015〕166 号民事抗诉书向重庆市高级人民法院提出抗诉。主要理由如下：

1. 李明礼与富盛织布厂在 2012 年 2 月 12 日的《借款协议》中签订的不动产抵押条款系双方的真实意思表示,且未违反法律法规的强制性和禁止性规定,该抵押协议合法有效,对双方当事人具有法律约束力。因双方未办理不动产抵押登记手续,抵押权没有设立,李明礼对抵押的房地产不享有优先受偿的权利,但是并不影响抵押协议的效力,富盛织布厂仍应依照抵押协议约定对其承诺担保的李明礼的债权承担担保责任。

2. 合同的解除并不是免除合同当事人的责任,当事人之间的应当履行的义务也不会因合同的解除而当然地消灭。《中华人民共和国合同法》第 97 条规定"合同解除后,尚未履行的,终止履行;已经履行的,根据履行情况和合同性质,当事人可以要求恢复原状、采取其他补救措施、并有权要求赔偿损失"。即合同解除后,合同当事人仍应当履行因合同解除而产生的附随义务。本案中,作为担保人的富盛织布厂,在合同解除前,其担保的债权已经发生,其已经开始按照协议约定负有担保该债权得以实现的责任,即负有担保该债务按约清偿的义务。因债务人违约导致借款协议解除,加之担保人富盛织布厂已表明不履行将土地使用权和房屋产权办理抵押登记的义务,但债务人负有向李明礼清偿债务的义务,富盛织布厂也仍需对偿还债务的义务承担责任,其责任不因担保条款的解除而消灭。结合最高人民法院《关于适用〈中华人民共和国担保法〉若干问题的解释》第 10 条的规定,主合同解除的情形下,只要债务人需要承担偿还债务等责任,担保人仍应对其担保的债务承担责任。该条并未明确规定担保合同解除后担保人即不承担责任,原审法院对此不应作缩小解释,而限制债权人的合法权益。原生效判决以李明礼与富盛织布厂之间的抵押合同关系已随借款法律关系的解除而解除,认定富盛织布厂不再对小湾公司所负债务承担责任于法无据。

【再审结果】

重庆市高级人民法院受理抗诉后,决定提审本案。并于 2016 年 9 月 30 日作出(2016)渝民再 5 号民事判决书。该院再审认为:第一,富盛织布厂对《借款利息、违约金结算单》载明的债权进行担保的行为,其法律性质应当认定为抵押担保。第二,本案担保合同因李明礼行使法定解除权而单方解除。因《借款协议》中的担保条款属于有效协议,富盛织布厂有义务办理抵押登记手续。富盛织布厂在双方约定办理抵押登记履行期限届满前向法院起诉要求撤销《借款协议》中的担保行为或确认其无效,在本案一审、二审中均称双方之间的抵押担保关系不能成立。上述行为包含拒绝办理抵押登记手续的意思,属于以自己行为表明不履行合同义务,构成预期违约;同时,拒绝办理抵押登记手续使抵押权不能产生,从而抵押合同目的落空,构成根本违约。根据《中华人民共和国合同法》第94条的规定，李明礼有权解除《借款协议》中的担保条款。第三，抵押担保合同解除后，富盛织布厂应当承担因其违约而不能实现抵押权的赔偿责任。根据《中华人民共和国民法通则》第115条以及《中华人民共和国合同法》第97条规定，李明礼与富盛织布厂的抵押合同解除后，李明礼有权根据上述规定要求违约人富盛织布厂赔偿因其行为造成不能实现抵押权的损失。即富盛织布厂应当在抵押房产的价值范围内对《借款协议》中小湾公司、杨大光不能清偿的款项承担赔偿责任。同理，富盛织布厂亦应当在抵押房产的价值范围内对《借款利息、违约金结算单》中小湾公司、杨大光不能清偿的款项承担赔偿责任。同时，根据《最高人民法院关于适用〈中华人民共和国担保法〉若干问题的解释》第56条第2款规定：法律规定登记生效的抵押合同签订后，抵押人违背诚实信用原则拒绝办理抵押登记致使债权人受到损失的，抵押人应当承担赔偿责任。因此李明礼有权根据上述规定要求富盛织布厂承担因其违约不能实现抵押权的赔偿责任。原二审判决简单地以无法律依据为由驳回李明礼要求富盛织布厂承担连带清偿责任的诉讼请求，适用法律不当。综上，原审判决认定基本事实清楚，但部分适用法律不当，应当予以改判。抗诉机关认为原生效判决适用法律错误的抗诉意见成立。判决：维持二审判决第一项，撤销二审判决第二、三项；变更原一审判决第四项为：由富盛织布厂在本案抵押财产价值范围内对小湾公司、杨大光不能清偿的债务承担赔偿责任；驳回李明礼的其他诉讼请求。

【点评】

本案争议焦点是主合同履行不能，债权人先后解除主合同与担保协议，担保方责任如何认定。本案经三级法院审理，三次判决在认定案涉担保关系以及担保协议解除后担保人责任的承担方面均有不同，充分体现出司法实践中对涉及担保关系的法律适用及证据认定的复杂性。

一、案涉《借款利息、违约金结算单》中富盛织布厂的签章应认定为抵押担保而非保证担保

原一、二审判决对案涉抵押借款协议签订后担保人富盛织布厂签章的《借款利息、违约金结算单》这一证据的认定明显不同，认定为保证担保还是抵押担保直接影响债权人利益的实现。"担保"是涉及《担保法》《物权法》以及《合同法》三大法律的概念，也是经济生活中最常用的保证债权人合法权益、提高资金合理配置和流动效率的有效方式。前述保证和抵押作为担保的两种方式，两者在担保的对象、生效要件、法律责任及诉讼顺序等方面其实是区别明显的，从形式上即可一目了然。为何在本案中关于《借款利息、违约金结算单》中富盛织布厂作为担保方，其担保性质会在两次判决中认定不一，

这里不仅仅是法律适用的问题，还涉及审判中法院对证据认定的整体性及证据之间关联性的考虑。

本案中，富盛织布厂在《借款利息、违约金结算单》担保人一栏盖章的行为，因没有物的担保条款，一审法院认定富盛织布厂系以保证人的身份签章，为人的担保即保证，富盛织布厂作为保证人应当对该笔款项承担连带责任。这一认定严格从这一证据本身来讲并非有误，但忽略了该结算单在双方约定借款及担保行为中的整体作用，一审法院的认定系孤立地看待这一证据中富盛织布厂的签章行为。虽然富盛织布厂在《借款利息、违约金结算单》中以担保方的身份签章时未注明自己提供的是何种性质的担保，但从其产生背景看，基于该结算单的主合同即2011年5月4日的《借款协议》提供的担保方式为抵押担保，并结合之后富盛织布厂在2012年2月12日《借款协议》中约定的担保方式也为抵押担保，该结算单是对本案借款本金这一主债的从债即利息、违约金及其他费用（法院撤诉费）进行的结算。依据《物权法》第173条之规定：担保物权的担保范围包括主债权及其利息、违约金、损害赔偿金、保管担保财产和实现担保物权的费用。当事人另有约定的，按照约定。故结算单中富盛织布厂的担保同属借款协议中的抵押担保性质。从证据本身在类似经济交往中的作用以及证据内容之间的相互联系，结合双方签订担保合同的整个过程及担保债权的主从关系认定结算单这一证据所体现的法律关系为抵押担保方才正当。

二、本案《借款协议》中担保条款解除后，担保人富盛织布厂仍应承担相应责任

（一）本案中担保条款的解除并非因借款合同的解除而随之解除，而是债权人李明礼在有法定解除事由情形下的单方主动解除

原二审中所谓的"主合同解除的效力及于从合同，抵押合同随借款合同的解除而解除"于法无据。本案中对于李明礼提出的解除担保条款并承担连带责任的要求，富盛织布厂作为担保方并未完全认可，相反在双方约定办理抵押登记履行期限届满前富盛织布厂向法院起诉要求撤销《借款协议》中的担保行为或确认其无效，以其行为表示不履行办理抵押登记的义务，有意致使抵押权不能设立，其符合《合同法》第94条规定的"在履行期限届满之前当事人一方明确表示或以自己的行为表明不履行主要债务的"情形，已构成根本违约，故李明礼提出解除《借款协议》中的担保条款应认定为单方法定解除性质。

（二）虽然担保条款系因李明礼行使单方法定解除权而解除，但担保人富盛织布厂应承担的责任并未消灭

首先，从立法条文规定来看，依据《合同法》第97条的规定，合同解除

后,未履行的终止履行。该条规定合同解除后尚未履行的合同义务终止履行,这仅是合同解除对将来义务发生的效力,其不能等同于合同解除所产生的相应责任承担与否的后果。如将该规定解释为合同解除后即不再承担相应责任,明显是对法律的曲解。最高人民法院《关于适用〈中华人民共和国担保法〉若干问题的解释》第10条规定"主合同解除后,担保人对债务人应当承担的民事责任仍应承担担保责任,但是,担保合同另有约定的除外",可见,主合同解除并不影响担保合同的效力,该条也并未明确规定借款合同及担保协议解除后担保人即不承担相应责任,除非系担保合同另有约定,否则担保方应承担的责任不会消灭。其次,从当事人诉请本意来看,本案中李明礼在诉讼请求及庭审中提出解除借款协议及担保协议的同时,要求富盛织布厂承担连带清偿责任,其该两项请求并列,互不矛盾。李明礼提出该诉请的根源在于债务人小湾公司拒付利息、经营状况严重恶化可能丧失履行能力出现预期违约的情形,其同时要求解除其与富盛织布厂之间的担保协议理由是富盛织布厂另行提起了撤销该借款协议中的担保行为的诉讼,可见富盛织布厂已表明其不履行担保义务,存在根本违约。李明礼在这种情形下提出解除借款合同及担保协议,其目的实质上是希望于通过解除合同达到要求债务人和担保人对该债务偿还承担责任的目的,并不意味着前述协议解除后,担保人应承担的责任即被免除。最后,从诚实信用原则及日常情理来看,我国《民法通则》及《合同法》规定的诚实信用原则要求民事主体在民事活动中行使民事权利和履行民事义务应当讲究信用,严守诺言,在不损害他人利益的前提下追求自己的利益,否则将获得不利的法律评价。就本案而言,债权人已按照合同约定交付借款给债务人,担保人自愿提供抵押担保。虽然未办理抵押登记手续,但并未影响抵押担保合同关系成立生效。当债务人以及担保人均违背了诚实信用原则,出现违约行为,债权人行使法定解除权的目的和后果不应认为是免除义务人任何责任。且从常理来讲,在债务人拒付利息、经营状况严重恶化可能丧失履行能力等情形已构成严重预期违约的情况下,如将债权人要求提前解除借款合同中的担保条款解释为是免除担保人的责任进而不利于自身债权的实现,不仅与常理相悖,亦对债权人不公。如按原二审法院判决以担保合同被解除为由免除担保人的责任,不仅是对法律的错误理解和适用,更是对民事活动中诚实信用原则的违背。

(三)本案中富盛织布厂承担的责任性质应是其违反抵押合同约定导致李明礼债权不能因抵押物受偿的赔偿责任

对于合同解除后债权债务的处理或者说责任的承担,无论是大陆法系和英美法系之间还是我国法学界都是有着不同的认识,我国民事立法在这方面承认合同的解除与损害赔偿是可以并存的。《合同法》从实际出发，遵循经济活动高效的原则，《合同法》第97条对合同解除的效力作了比较灵活的规定，《民法通则》也规定："合同的变更或者解除，不影响当事人要求赔偿损失的权利。"依据上述法律规定，一方当事人因他方根本违约或者经催告仍不履行义务而解除合同的，合同解除后，违约方或有过错的一方应当赔偿另一方因违反合同受到的损失，不能因合同解除而免除其应负的赔偿责任。如前所述，本案中富盛织布厂应当承担责任是确定的，按其原本抵押合同的约定，其作为担保方应承担担保责任，而因抵押合同解除致富盛织布厂办理抵押登记的义务不再履行，因此其承担担保责任就没有了法律依据，但富盛织布厂对于抵押合同的解除是有过错的，主要在于其不履行依约办理抵押登记的义务致使债权人李明礼不能实现抵押权。其所应承担的责任也有明确的法律依据即最高人民法院《关于适用〈中华人民共和国担保法〉若干问题的解释》第56条第2款规定的"法律规定登记生效的抵押合同签订后，抵押人违背诚实信用原则拒绝办理抵押登记致使债权人受到损失的，抵押人应当承担赔偿责任"。据此本案中富盛织布厂应当在本案抵押财产价值范围内对债务人不能清偿的债务承担赔偿责任。

如何理解民事诉讼证据规则中"生效民事裁判"所确认事实的范围与标准

——北京中航勘地基基础工程有限公司与北京安瑞房地产开发有限公司建设工程施工合同纠纷抗诉案

蒋 颖*

【抗诉机关和受诉法院】

抗诉机关：北京市人民检察院

受诉法院：北京市高级人民法院

【基本案情】

申请人（一审原告、反诉被告、二审上诉人、再审申请人）：北京中航勘地基基础工程有限公司，住所地北京市海淀区知春路56号。

法定代表人：马培贤，总经理。

委托代理人：檀中文，北京中航勘地基基础工程有限公司干部。

其他当事人（一审被告、反诉原告、二审被上诉人、再审被申请人）：北京安瑞房地产开发有限公司，住所地北京市平谷区兴谷经济开发区6区302－68号。

法定代表人：徐辉，总经理。

2010年7月7日，北京中航勘地基基础工程有限公司（以下简称中航公司）起诉至北京市东城区人民法院称，中航公司与北京安瑞房地产开发有限公司（以下简称安瑞公司）于2006年12月27日签订了《建设工程施工合同》（以下简称《施工合同》），约定安瑞公司将北京市东城区六铺炕4号住宅楼基坑支护工程发包给中航公司。合同履行过程中，中航公司分两次共向安瑞公司开具了160万元工程款发票，但安瑞公司仅付款100万元。工程完工后，

---

* 作者单位：北京市人民检察院。

双方于 2008 年 12 月 27 日对工程进行了结算，结算金额为 2515764.35 元，双方在结算书中约定该结算金额为最后审定金额，双方不得找补，没有遗留问题。但安瑞公司一直以经济紧张为由拒绝支付剩余工程款。故请求判令安瑞公司偿还工程欠款 1515764.35 元，支付逾期付款利息（按照中国人民银行同期贷款利率，自 2008 年 12 月 27 日起至实际付款日止，暂计至 2011 年 5 月 10 日为 177847 元），并承担本案诉讼费用。

安瑞公司反诉并辩称，安瑞公司为中航公司垫付了电费 64739.37 元，应当从剩余工程款中扣除。安瑞公司未支付剩余工程款的原因在于中航公司负责施工的北京市东城区六铺炕 4 号住宅楼基坑支护工程，对与工程相邻的案外人中国石油天然气集团公司（以下简称中石油公司）所有的位于北京市东城区旧鼓楼大街 18 号综合楼造成严重影响，经鉴定该楼已为危楼，无法继续使用。中石油公司已起诉安瑞公司要求赔偿财产损失。安瑞公司已将有关情况及时通知中航公司，故并不存在恶意拖欠工程款行为，不应当支付逾期付款利息。经北京市第二中级人民法院调解，确定由安瑞公司一次性赔偿中石油公司全部经济损失 2800000 元，并已实际履行。因负责工程实际施工的系中航公司，而中石油公司仅起诉了安瑞公司，故安瑞公司对中石油公司承担赔偿责任后，有权向中航公司追偿，故请求判令中航公司赔偿安瑞公司经济损失 2810973.25 元，并承担全部诉讼费用。

2011 年 6 月 20 日，北京市东城区人民法院作出（2010）东民初字第 06819 号民事判决。该院一审查明，2006 年 11 月 21 日，中航公司出具《六铺炕 4#住宅楼基坑降水、支护、土方工程施工组织设计》，此后，安瑞公司经评审、讨论通过了该设计方案。2006 年 12 月 27 日，中航公司与安瑞公司签订《施工合同》，约定安瑞公司将北京市东城区六铺炕 4 号住宅楼基坑支护工程（以下简称涉案工程）发包给中航公司，承包范围包括降水、护壁桩、土方，合同价款为 1990000 元。《施工合同》第二部分通用条款第 8 条第 8.1 款第（8）项约定，安瑞公司按专用条款约定的内容和时间完成以下工作：协调处理施工场地周围地下管线和邻近建筑物、构筑物（包括文物保护建筑）、古树名木的保护工作、承担有关费用；第 9 条第 9.1 款第（7）项约定，中航公司按专用条款约定做好施工场地地下管线和邻近建筑物、构筑物（包括文物保护建筑）、古树名木的保护工作；第 33 条第 33.3 款约定，安瑞公司收到竣工结算报告及结算资料后 28 天内无正当理由不支付工程竣工结算价款，从第 29 天起向原告按同期银行贷款利率支付拖欠工程价款的利息，并承担违约责任。《施工合同》第三部分专用条款第 2 条第 9 款第 9.1 项第（7）约定，施工场地周围地下管线和邻近建筑物、构筑物（含文物保护建筑）、古树名木的保护要求及费用承担；保护工作由中航公司负责；第 5 条第 2 款约定，土方施工时，所导致的对周边建筑物影响由中航公司承担责任及相关经济费用和赔偿，安瑞公司不承担。第 11 条第 47 款第 3 项约定，安瑞公司支付水电费，中航公司装表计量，结算时由定额中扣除。施工过程中，中航公司分别向安瑞公司开具 500000 元、1100000 元的工程款发票，安瑞公司向中航公司支付共计 1000000 元的工程款。2007 年 3 月 5 日，中航公司出具锚杆、土钉墙、排桩、降水与排水分项工程质量验收记录表，检查结论均为符合设计及施工质量验收规范要求、合格，并经监理工程师验收认可。2007 年 5 月 11 日，安瑞公司委托的北京城建勘测设计研究院有限责任公司对涉案工程基坑北侧的平房、基坑西南的 16 层民用住宅、基坑南侧的二层楼进行沉降观测后，出具编号为 2007 观测 001 号的《六铺炕 4#住宅楼工程周边建筑物沉降观测检测报告》，结论为在检测日期 2007 年 1 月 11 日至 2007 年 5 月 11 日期间，所监测的建筑物近期变形基本稳定。中航公司于 2007 年 1 月 20 日至 2007 年 3 月 28 日共进行 63 次基坑支护水平位移观测记录，均表明基坑支护的水平位移在规范允许的范围内，并经过监测单位北京智诚佳誉工程管理有限公司的确认。2008 年 12 月 27 日，中航公司与安瑞公司双方签订《关于六铺炕 4#住宅楼基坑降水、支护、土方工程结算说明》（以下简称《结算说明》），共同确认结算金额共计 2515764.35 元，该结算金额为最后审定金额，双方不得找补，没有遗留问题。安瑞公司因涉案工程垫付了多笔电费，并称有 64739.37 元电费未与中航公司进行结算。另，2007 年 11 月 1 日，案外人中石油公司因财产损失赔偿纠纷一案，将安瑞公司诉至北京市第二中级人民法院，称安瑞公司开发的涉案工程施工造成中石油公司所有的综合楼房体出现明显裂缝，要求安瑞公司赔偿财产损失。而在该案诉讼之前的 2007 年 2 月 6 日，安瑞公司与中石油公司就该综合楼房体损毁签署确认书，约定安瑞公司在组织 4 号住宅楼施工过程中，由于施工原因造成综合楼房体出现几十处疑似贯通性裂缝，并可能有继续发展扩大的趋势。同年 9 月 21 日，安瑞公司与中石油公司共同委托清华大学结构工程检测中心对该综合楼进行裂缝检测和安全性鉴定后出具清检 2007－02－03/总 004 号《检测报告》，检测日期为 2007 年 3 月 9 日至 4 月 29 日，检测结论为北侧 4 号住宅楼基坑开挖与降水施工是引起综合楼基础不均匀沉降与水平位移、导致综合楼上部承重墙体普遍开裂的直接原因，综合楼的安全性为 D 级，为整幢危房。据此，安瑞公司被确认对该综合楼的损毁负有责任。2010 年 10 月 21 日，北京市第二中级人民法院出具（2008）二中民初字第 500 号民事调解书，确定安瑞公司一次性赔偿中石油公司全部经济损失 2800000 元，并负担财产保全费 2500 元、案件受理费 10973.25 元。该民事调解书已经执行完毕。

在该案的审理过程中，北京市第二中级人民法院认可了《检测报告》，确认安瑞公司的涉案工程的施工与综合楼的损害之间具有因果关系。本案庭审中，中航公司提供了清华大学结构工程检测中心于 2007 年 5 月 21 日出具的《检测报告》，经比对该份报告与安瑞公司提供的清华大学结构工程检测中心于 2007 年 9 月 21 日出具的《检测报告》，得出两份报告有六处实质性改动，拟证明安瑞公司与清华大学结构工程检测中心串通，做出对中航公司不利的检测结论；此外，中航公司提供了北京市 24 家房屋安全鉴定机构名录，其中并不包括清华大学结构工程检测中心，据此否认清华大学结构工程检测中心出具的《检测报告》的法律效力。对此，安瑞公司认为，清华大学结构工程检测中心于 2007 年 9 月 21 日出具《检测报告》的同时，已注明"2007 年 5 月 21 日发送的编号为清检 2007－02－03/总 004 的报告作废"。安瑞公司还提供了中国国家认证认可监督管理委员会出具给北京市第二中级人民法院的回函，以证明清华大学结构工程检测中心具备计量认证资质，但是否具备房屋安全等级评估资质需要向负责房屋安全鉴定机构资质管理的北京市住房和城乡建设委员会咨询；清华大学房屋安全鉴定室系清华大学结构工程检测中心的下属机构，清华大学房屋安全鉴定室对清华大学结构工程检测中心出具的《检测报告》的检测与评定结果予以认可。

【原审裁判】

北京市东城区人民法院于 2011 年 6 月 20 日作出（2010）东民初字第 06819 号民事判决。该院一审认为，中航公司与安瑞公司签订的《施工合同》为双方当事人真实一致的意思表示，且不违反相关法律、行政法规的强制性规定，为有效协议，双方当事人均应严格按照合同约定履行各自的义务。关于安瑞公司垫付的电费是否应当从剩余工程款中扣除的一节，根据已查明的事实，中航公司与安瑞公司签订《结算说明》后，安瑞公司应支付中航公司剩余工程款 1515764.35 元，对此安瑞公司不持异议。尽管《施工合同》约定由安瑞公司支付电费，中航公司装表计量，结算时由定额中扣除；但是双方在《结算说明》中列明结算项目及具体金额后明确约定，该结算金额为最后审定金额，双方不得找补、没有遗留问题。因安瑞公司未提供相应的证据证明应在最后审定的结算金额之外单独扣除该部分电费，故对其该项抗辩意见，不予采纳。中航公司诉求安瑞公司偿还其工程欠款 1515764.35 元，于法有据，予以支持。关于安瑞公司是否有权就赔偿案外人中石油公司的经济损失向中航公司追偿一节。首先，安瑞公司根据清华大学结构工程检测中心出具的《检测报告》，对案外人中石油公司的经济损失进行了赔偿。现中航公司提供相关验收记录和技术报告等证据以证明其在施工过程中并不存在过错和违约之处，案外人中石油公司综合楼的裂缝与其施工过程无关；并且，中航公司认为清华大学结构工程检测中心不具备房屋安全鉴定资质，其出具的《检测报告》不具有法律效力。但是，上述质量验收记录和技术报告仅是对涉案工程本身的检测结果，并不涉及该工程对相邻建筑物是否造成损害的问题；尽管《六铺炕4#住宅楼工程周边建筑物沉降观测检测报告》的结论为周边所监测的建筑物变形基本稳定，但从案外人中石油公司综合楼受损的现状来看，该结论并不准确。关于清华大学结构工程检测中心是否具备房屋安全鉴定资质以及《检测报告》是否应当采纳一节，因在已经生效的北京市第二中级人民法院（2008）二中民初字第500号民事案件中已经认可并采纳了《检测报告》，依据《最高人民法院关于民事诉讼证据的若干规定》的相关规定，对《检测报告》予以采信。其次，根据《施工合同》通用条款的约定，安瑞公司负责协调处理施工场地周围地下管线和邻近建筑物、构筑物（包括文物保护建筑）、古树名木的保护工作、承担有关费用；而根据《施工合同》专用条款的约定，中航公司负责施工场地周围地下管线和邻近建筑物、构筑物（含文物保护建筑）、古树名木的保护工作；土方施工时，所导致的对周边建筑物影响由中航公司承担责任及相关经济费用和赔偿，安瑞公司不承担。据此，在进行土方施工过程中所导致的周边建筑物的损害问题，应由中航公司承担责任并进行赔偿，由安瑞公司负责协调工作并承担相关的协调费用。因此，在因涉案工程中的基坑开挖与降水施工导致案外人中石油公司所有的综合楼受损且安瑞公司承担经济赔偿责任之后，安瑞公司有权就此项赔偿向中航公司进行追偿。中航公司所持土方施工并不包括基坑开挖与降水施工等内容的抗辩意见，因从常理来讲，基坑开挖与降水施工均会涉及土方施工，且案外人中石油公司的综合楼的损害也是因为涉案工程的施工而导致，故对中航公司的此项抗辩意见，不予采纳。因此，对安瑞公司要求中航公司赔偿其2810973.25元经济损失的反诉请求，具有事实和法律依据，予以支持。综上，判决安瑞公司给付中航公司工程欠款1515764.35元；中航公司赔偿安瑞公司经济损失2810973.25元；驳回中航公司其他诉讼请求。

中航公司不服一审判决，向北京市第二中级人民法院提起上诉。二审庭审过程中，中航公司提供了北京市住房和城乡建设委员会于2011年10月13日出具的《信访答复意见书》，内容为：清华大学结构工程检测中心未在该委申办建设工程质量检测机构资质认定，出具的报告形式不符合该委检测报告、鉴定报告的要求，建议委托有鉴定资质的机构对报告的正确性进行评定。

2011年12月9日，北京市第二中级人民法院作出（2011）二中民终字第15861号民事判决。二审法院审查认定的事实与一审法院认定的事实一致。

该院二审认为，中航公司与安瑞公司签订的《施工合同》中约定，土方施工时，所导致的对周边建筑物影响由中航公司承担责任及相关经济费用和赔偿，安瑞公司不承担。安瑞公司根据清华大学结构工程检测中心出具的《检测报告》，对案外人中石油公司的经济损失进行了赔偿。现中航公司提供相关验收记录和技术报告等证据以证明其在施工过程中并不存在过错和违约之处，案外人中石油公司综合楼的裂缝与其施工过程无关，并且中航公司认为清华大学结构工程检测中心不具备房屋安全鉴定资质，其出具的《检测报告》不具有法律效力。但是，上述质量验收记录和技术报告仅是对涉案工程本身的检测结果，并不涉及该工程对相邻建筑物是否造成损害的问题，尽管《六铺炕4#住宅楼工程周边建筑物沉降观测检测报告》的结论为周边所监测的建筑物变形基本稳定，但从案外人中石油公司综合楼受损的状况看，该结论只能说明一个时间段建筑物的情况，并不能完全确定此后的变化。况且（2008）二中民初字第500号民事案件中已经认可并采纳了《检测报告》，因此，在进行土方施工过程中所导致的周边建筑物的损害问题，应由中航公司承担责任并进行赔偿。在因涉案工程中的基坑开挖与降水施工导致案外人中石油公司所有的综合楼受损且安瑞公司承担经济赔偿责任之后，安瑞公司有权就此项赔偿向中航公司进行追偿。安瑞公司要求中航公司赔偿其2810973.25元经济损失的反诉请求，有事实和法律依据。由于安瑞公司在法院于2010年10月21日出具民事调解书时才最终确定其经济损失，其向中航公司主张追偿权的诉讼时效亦应当自该时起计算。因双方对向案外人中石油公司承担经济赔偿责任者存在争议且该责任应当由中航公司承担，安瑞公司有正当理由暂缓支付剩余工程款，故安瑞公司不存在支付逾期付款利息的责任。中航公司的上诉请求，缺乏事实依据，遂驳回上诉，维持原判。

中航公司不服二审判决，向北京市高级人民法院申请再审。

2013年12月18日，北京市高级人民法院作出（2013）高民申字第01454号裁定驳回再审申请。

中航公司不服再审裁定，向检察机关申请监督。

【抗诉理由】

中航公司提交了北京市房屋安全管理事务中心于2011年7月26日出具的《关于对清华大学房屋安全鉴定室和清华大学结构检测中心出具〈检测报告〉及相关证明的答复意见书》，主要内容为：关于鉴定室是否参与争议房屋的现场勘查，鉴定室负责人自述曾去争议房屋现场，并对第二版检测报告的专业技术问题提出了相关意见；该中心的职责是受理对北京市房屋安全鉴定机构的咨询、投诉和举报等，检测中心不是北京市依法设立的房屋安全鉴定机构，不属于该中心的职权范围。

检察机关审查认定的事实与北京市第二中级人民法院认定的事实基本一致。另补充查明，2007年5月21日，清华大学结构工程检测中心出具清检2007－02－03/总004号《检测报告》，该报告检测日期为2007年3月9日至4月29日，检测结论为综合楼的安全性为D级，为整幢危房，建议对综合楼做拆除处理。2007年9月21日，清华大学结构工程检测中心再次出具清检2007－02－03/总004号《检测报告》，并注明2007年5月21日出具的《检测报告》作废。该报告检测结论为：（1）该综合楼为一座已建成32年的二层砖混结构建筑，砖与砂浆推定强度等级分别为MU10与M0.4，砂浆强度较低，该结构抵抗不均匀沉降等意外因素的能力偏低；（2）北侧4号住宅楼基坑开挖与降水施工，是引起综合楼基础不均匀沉降与水平位移，导致综合楼上部承重墙普遍开裂的直接原因；（3）依据《危险房屋鉴定标准》JGJ125－99（2001年修订版）进行综合楼的安全性鉴定，该建筑的安全性为D级，为整幢危房。应对该建筑立即采取有效措施进行加固，保障人员生命与财产安全。考虑到该建筑物建造年代及施工质量（属无抗震设防的老旧建筑），从技术经济、加固改造成本与加固后建筑的适用性的角度出发考虑，建议对该建筑采取整体翻建的方案。2009年11月2日，北京市第二中级人民法院在审理（2008）二中民初字第500号民事调解案件过程中，制作了《询问笔录》，部分内容为："合议庭评议后认为对因果关系的认定以清华大学的检测报告予以认可。下一步的鉴定是对损害后果的鉴定，是加固还是翻建，另外，对加固或翻建的费用也要作鉴定。"

北京市人民检察院于2015年11月11日作出京检民监（2015）11000000089号民事抗诉书，抗诉理由主要如下：

北京市第二中级人民法院（2011）二中民终字第15861号民事判决认定中航公司应对中石油公司综合楼损害承担赔偿责任，安瑞公司有权就损失赔偿额向中航公司追偿，且具体追偿数额为2810973.25元，认定的基本事实缺乏证据证明、适用法律确有错误。

1. 原判决依据《检测报告》结论，认定中航公司应对中石油综合楼损害承担赔偿责任，安瑞公司有权就损失赔偿额向中航公司追偿，认定的基本事实缺乏证据证明、适用法律确有错误。

（1）清华大学结构工程检测中心因缺乏房屋安全鉴定资质，其所出具的《检测报告》部分内容缺乏相应效力。中石油公司要求中航公司、安瑞公司承担侵权责任，中石油公司需要证明综合楼损害与中航公司的施工行为之间存在因果关系；安瑞公司要求中航公司承担合同责任，安瑞公司需要证明其承担赔偿责任后,有理由向中航公司追偿。《检测报告》结论为中航公司施工行为是导致综合楼受损的直接原因,该结论是证明因果关系的主要证据。关于该检测报告的证明力问题,依据国家认证认可监督管理委员会出具的《回函》,清华大学结构工程检测中心具备计量认证资质,但是否可以进行房屋安全等级评估工作,需向负责房屋安全鉴定机构资质管理的北京市住房和城乡建设委员会咨询;依据北京市住房和城乡建设委员会出具的《信访答复意见书》,清华大学结构工程检测中心未在该委申办建设工程质量检测机构资质认定,《检测报告》形式不符合该委检测报告、鉴定报告要求。因此,清华大学结构工程检测中心不具备房屋安全鉴定机构资格,不具备建设工程质量检测机构资质,亦未被列为北京市高级人民法院建筑工程质量司法鉴定机构名录,其作出的房屋安全等级评估缺乏相应效力;虽其下属机构鉴定室具备房屋安全鉴定机构资格,但也未被列为北京市高级人民法院建筑工程质量司法鉴定机构名录,且检测中心的检测结论不等同于鉴定室的鉴定结论,检测涉及具体检测人的现场勘查及计量等环节,以检测中心名义出具的《检测报告》,不能因鉴定室的事后认可而具备同鉴定室鉴定结论的同等效力。另,《检测报告》为安瑞公司与中石油公司诉前协议委托检测中心所作,无证据证明中航公司参与委托确定检测机构,亦无证据证明其参与了检测过程。因此,《检测报告》中关于中石油综合楼安全性为 D 级,为整栋危房,建议整体翻建的检测结论不具备相应效力。

(2)原判决以(2008)二中民初字第 500 号民事调解一案已认可并采纳《检测报告》为由,采信《检测报告》,无事实及法律依据。《最高人民法院关于民事诉讼证据的若干规定》第 9 条第 4 项规定:"已为人民法院发生法律效力的裁判所确认的事实,当事人无须举证证明。"根据该条规定,生效的民事裁判所确认的事实无须当事人举证证明,可为其他裁判直接援引。然而,(2008)二中民初字第 500 号民事调解一案中,生效的民事调解书仅是对安瑞公司与中石油公司达成赔偿协议的确认,并未对《检测报告》效力作出直接认定。因此,二审判决以(2008)二中民初字第 500 号民事调解一案认可并采纳《检测报告》为由,采信《检测报告》结论,无事实及法律依据。

2. 原判决依据已生效民事调解书确认中航公司给付安瑞公司的具体赔偿额为 2810973.25 元,认定的基本事实缺乏证据证明、适用法律确有错误。民事调解书的法律效力在于确认调解双方的民事权利义务关系,其内容不应对第三人的民事权益造成损害。中航公司并未参与安瑞公司与中石油公司的财产损害赔偿诉讼,没有机会行使自身诉讼权利,故不应因(2008)二中民初字第 500 号民事调解书而受到不利影响。安瑞公司单方面向中石油公司承诺的具体赔偿数额,不能作为确定本案损失赔偿数额的依据。

由于《检测报告》中关于中石油综合楼安全性为 D 级,为整栋危房,建议整体翻建的检测结论不具有相应效力,且中石油综合楼已建成 30 余年,因此不能将综合楼整体翻建的全部费用作为损失赔偿数额的考量基础;其所遭受的实际损失数额,无论是加固还是翻建,均应由专业机构通过鉴定方式予以确定,并确定最终赔偿数额。本案在未进行鉴定的情形下,原判决仅依据(2008)二中民初字第 500 号民事调解书内容,就确认中航公司的具体赔偿数额为 2810973.25 元,属认定的基本事实缺乏证据证明,适用法律确有错误。

综上,北京市第二中级人民法院(2011)二中民终字第 15861 号民事判决,认定的基本事实缺乏证据证明、适用法律确有错误,符合《中华人民共和国民事诉讼法》第 208 条第 1 款、第 200 条第 2 项及第 6 项之规定,特提出抗诉,请依法再审。

【再审结果】

北京市高级人民法院于 2015 年 12 月 28 日作出(2015)高民抗字第 04780 号民事裁定书,裁定将本案指令北京市第二中级人民法院再审。

北京市第二中级人民法院于 2016 年 5 月 30 日作出(2016)京 02 民再 50 号民事裁定书,该院再审认为,本案关于造成案外人中石油公司损害的原因事实需进一步查清。依据《中华人民共和国民事诉讼法》第 207 条第 1 款、第 170 条第 1 款第 3 项之规定,裁定如下:一、撤销本院(2011)二中民终字第 15861 号民事判决和北京市东城区人民法院(2010)东民初字第 06819 号民事判决;二、本案发回北京市东城区人民法院重审。

【点评】

结合本案的抗诉再审判决情况,本案涉及的关键问题有:

一、如何理解生效裁判已确认事实的预决力与生效裁判的既判力

本案最核心的焦点问题是另案民事调解书中对清华大学检测中心所出具的《检测报告》鉴定效力予以确认,并就安瑞公司对中石油公司的赔偿数额予以确定,本案中是否可以直接引用该另案民事调解书中所确认的事实和内容。就这一焦点问题,我们认为,首先应厘清生效裁判已确认事实的预决力与生效裁判的既判力等概念。

具体而言,已确认事实是指已为法院发生法律效力的裁判所确认的事实。已确认事实的预决力,是指已确认事实对涉及该事实的后诉法院、当事人的拘束力,即在涉及已确认事实的后诉中,对于已确认事实,当事人是否需要举证证明、法院能否直接认定以及是否须做一致认定的问题。对此,最高人民法院《关于民事诉讼证据的若干规定》(以下简称《证据规定》)第 9 条作了相应规

定,最高人民法院《关于适用〈中华人民共和国民事诉讼法〉的解释》第93条又进一步予以明确。根据前述两项规定,已确认事实的预决力有绝对预决力和相对预决力之分。绝对预决力,是对于已确认事实,当事人可以免证,法院可以直接认定。在此情况下,当事人只要提出记载该事实的前案判决文件,即完成对该事实的举证,并且这种举证不可被推翻。相对预决力,是对于已确认事实,法院在涉及该事实的后诉中一般应作一致的认定。但是,在当事人一方举证反驳,且反驳证据构成优势证明的情况下,法院对已确认事实可以做出不相一致的认定。然而,由于已确认事实的证明力很强,对方当事人如没有强有力的反证,就难以推翻前诉裁判已确认的事实。也就是说,生效裁判所确认的事实,应只是具有相对预决力,起到相对免证的效果,是一种可以用反证推翻的推定。立法及司法解释之所以确立免证事实,在于可以减轻当事人的证明负担,提高诉讼效率。在诉讼中,有些事实是显著事实,其真实性一目了然;有些已经法院生效裁判所确认或经公证机关所确认,法院可以直接认定其真实性。

　　生效裁判的既判力与已确认事实的预决力是两个本质不同的概念和制度。其区别在于,第一,既判力的客观范围为诉讼标的的范围,在形式上限于判决主文内容。预决力的客观范围为已确认事实的范围,在形式上既可能体现在判决主文中,也可能体现在判决理由中。第二,对于案件所涉事项是否具有既判力,法院应主动依职权进行调查,而无须当事人提出主张。而已确认事实的预决力则需由当事人主张援用。第三,既判力具有两方面的作用,一方面是既判力的消极作用,即禁止重复起诉,也即一事不再理。另一方面是既判力的积极作用,即禁止矛盾判决,法院应以确定判决就诉讼标的的判断作为后诉判决的基础,不得作出相反的判决。而已确认事实的预决力不具有既判力一事不再理的消极作用,其仅仅要求法院在认定事实上要一致,这和既判力的积极作用相似。第四,既判力强调前诉与后诉诉讼请求的同一性,其适用将导致后诉的完全禁止。而预决力则强调前诉与后诉事实的同一性,其适用并不禁止后诉的提起,也不禁止当事人在后诉主张前诉已确认的事实,而只是禁止当事人对已经确定的事实再行争议。第五,既判力是一个法律问题。对于具有既判力的事项,法院必须作出同一认定,法官没有自由裁量的余地。除了提起再审外,既判力是绝对不允许推翻的。而已确认事实的预决力是事实证明问题,不属于法律问题。对于已确认事实,后诉法院既可以做同一认定,也可以作出不同的认定,当事人亦可举证推翻。[①]

[①] 参见江伟主编:《民事诉讼法》,中国人民大学出版社2000年版,第159页。

二、从预决力和既判力的角度考量，本案能否直接引用另案民事调解书所确认的事实及内容

本案原一、二审判决均认为，另案民事调解书中确认了《检测报告》的效力，本案对于该事实可以直接确认；同时安瑞公司和中石油公司经调解确定了赔偿数额，本案对于该内容可以直接引用。我们不同意该种观点，我们认为中航公司并未参与安瑞公司与中石油公司的财产损害赔偿调解之诉，没有机会行使自身诉讼权利，故不应因民事调解书而受到不利影响，民事调解书所确认的事实和调解内容不能直接适用于案外第三方。

从预决力和既判力的角度考量，民事调解书所确认的事实是否具有预决力，涉及对《证据规定》第9条第4项及民诉法司法解释第93条第5项规定的理解问题，即已为人民法院发生法律效力的裁判所确认的事实中"裁判"是否包括民事调解书。《证据规定》第67条规定："在诉讼中，当事人为达成调解协议或者和解目的作出妥协所涉及的对案件事实的认可，不得在其后的诉讼中作为对其不利的证据。"根据上述规定，可见，我国民事诉讼中，生效的民事裁判所确认的事实无须当事人举证证明，可为其他裁判直接援引。然而，生效的民事裁判所确认的事实是否包括"民事调解书"所确认的事实，需要进一步分析。司法实践中，生效的民事调解书中形式上包含经审理查明部分内容的很少，主要涉及的是调解书中确认双方权利义务部分的内容。对于是否能为其他裁判所援引的问题，我们认为，民事调解书不同于已发生法律效力的判决、裁定，其内容并不当然地为其他判决所援引。民事调解书系调解各方相互协商一致自愿达成的协议，人民法院更多的是进行形式审查，其法律效力在于确认调解各方的民事权利义务关系，其内容不应对第三人的民事权益造成损害。因此，民事调解书所确认的事实，应仅限于调解书中所确认的并非因调解各方当事人妥协而承认的事实，其预决力和既判力均只能约束接受调解的各方当事人，不能约束案外第三人。

我们认为，审判机关在援引民事调解书内容时，应尽到审查注意义务，尤其是在审理合同纠纷和侵权纠纷交叉案件时，在将另案侵权纠纷的民事调解书作为确定合同纠纷赔偿数额依据时，应具体审查民事调解书所确定的赔偿数额是否有合理依据，不能将当事人未参与的另案民事调解书直接作为确定当事人赔偿责任的依据，以避免他人通过虚假恶意调解行为随意转嫁诉讼结果。正如在本案中，生效判决在确定施工方中航公司对相邻案外第三方中石油公司建筑物损失赔偿数额时，未通过专业机构评定损失数额，也未对另案民事调解书所确认的事实予以审查，而是直接援引了另案发包方安瑞公司与第三方中石油公司的民事调解书确定的赔偿数额。该案导致施工方中航公司在未参与另案诉

讼，没有机会行使自身诉讼权利的情形下，受到了另案生效民事调解书的不利影响，发包方安瑞公司将其单方面向第三方中石油公司承诺的赔偿数额，转嫁于了无过错的施工方中航公司身上。

三、如何理解民事诉讼证据规则中"生效民事裁判"所确认事实的范围与标准

作为免证的"生效民事裁判"所确认的事实，在内容上应限于生效裁判文书中对案件的处理产生实质影响的事实，纯粹情况性或叙述性的事实不应产生预决的免证效力；在形式上应限于生效裁判文书中所确认的事实，即应涵盖在生效裁判文书"本院审理查明部分"和"裁判文书主文部分"，对于在法庭审判过程中如法庭询问、法庭谈话等环节中审判人员所表示和认可的内容不能等同于生效民事裁判所确定的内容。本案即存在这样的问题，后案中将前案的民事调解中庭审询问笔录中合议庭表示的认可内容等同于生效民事调解书所确认的内容。民事调解合议庭仅是在法庭询问中表示认可作为主要证据检测报告的效力，而在另案民事调解文书中并未提及检测报告的效力评定，最终该案生效判决却以另案民事调解一案认可并采纳检测报告为由，未进行审查核实，直接采信了该检测报告，将法庭询问中合议庭表示的认可内容简单地等同于生效民事调解书所确认的内容，肆意扩大了作为免证事实的"生效民事裁判所确认的事实"范围。司法实务中，应严格把握"生效民事裁判"所确认事实的范围，以免免证事实的肆意扩大。

四、不具有房屋安全鉴定资质的机构所出具的《检测报告》是否具有司法鉴定的相应效力

本案，中石油公司要求中航公司、安瑞公司承担侵权责任，中石油公司需要证明综合楼损害与中航公司的施工行为之间存在因果关系；安瑞公司要求中航公司承担合同责任，安瑞公司需要证明其承担赔偿责任后，有理由向中航公司追偿。因此，造成案外人中石油公司综合楼损害的原因事实是本案争议的实质性焦点问题。原审法院采信了不具有鉴定资质的清华大学检测中心出具的《检测报告》，该《检测报告》结论为中航公司施工行为是导致综合楼受损的直接原因，关于该检测报告的证明力问题，我们认为，其不具有司法鉴定的相应效力，不足以证明中航公司的施工行为是导致中石油综合楼受损的直接原因。从证据上分析，依据国家认证认可监督管理委员会出具的《回函》，清华大学结构工程检测中心具备计量认证资质，但是否可以进行房屋安全等级评估工作，需向负责房屋安全鉴定机构资质管理的北京市住房和城乡建设委员会咨询；依据北京市住房和城乡建设委员会出具的《信访答复意见书》，清华大学结构工程检测中心未在该委申办建设工程质量检测机构资质认定，《检测报

告》形式不符合该委检测报告、鉴定报告要求。因此，清华大学结构工程检测中心不具备房屋安全鉴定机构资格，不具备建设工程质量检测机构资质，亦未被列为北京市高级人民法院建筑工程质量司法鉴定机构名录，其作出的房屋安全等级评估缺乏相应效力；虽其下属机构鉴定室具备房屋安全鉴定机构资格，但也未被列为北京市高级人民法院建筑工程质量司法鉴定机构名录，且检测中心的检测结论不等同于鉴定室的鉴定结论，检测涉及具体检测人的现场勘查及计量等环节，以检测中心名义出具的《检测报告》，不能因鉴定室的事后认可而具备同鉴定室鉴定结论的同等效力。因此，《检测报告》中关于中石油综合楼安全性为D级，为整栋危房，建议整体翻建的检测结论不具备相应效力，且中石油综合楼已建成三十余年，因此不能将综合楼整体翻建的全部费用作为损失赔偿数额的考量基础；其所遭受的实际损失数额，无论是加固还是翻建，均应由专业机构通过鉴定方式予以确定，并确定最终赔偿数额。本案在未进行鉴定的情形下，原一、二审判决仅依据民事调解书内容，就确认了中航公司的具体赔偿数额，认定的基本事实明显缺乏证据证明，适用法律确有错误。

在缺乏书面约定的情况下如何正确界定医方的合同义务
——杜某与锦州医学院附属第一医院医疗服务合同纠纷抗诉案

潘 松[*]

【抗诉机关和受诉法院】

抗诉机关：辽宁省人民检察院

受诉法院：辽宁省高级人民法院

【基本案情】

申请人（一审原告、二审上诉人、再审申请人）：杜克，男。

其他当事人（一审被告、二审上诉人、再审被申请人）：锦州医学院附属第一医院，住所地锦州市古塔区人民街5段2号。

法定代表人：王伟，院长。

原告杜克于2000年8月22日出生后，因患缺氧、缺血性脑病、颅内出血，在锦州市妇婴医院医治。住院期间，于2000年8月31日，应该院医生要求到被告处做头部CT检查，被告作出的CT诊断为：（1）脑乏氧水肿；（2）蛛网膜下腔出血。9月11日原告在锦州市妇婴医院办理出院手续，但仍在该院接受治疗。后又应妇婴医院医生要求于2000年9月25日到被告处做MRI检查，诊断结论为"头部MRI扫描未见异常"。原告家属提出疑议，要求被告对该片予以会诊，被告放射线科于2000年11月28日作出会诊，结合头颅CT和头颅MRI扫描，诊断结论为"脑水肿、脑乏氧、蛛网膜下腔出血，现已吸收好转"。原告家属认为原告病情越来越坏，不可能出现好转现象，对该诊断结论产生怀疑，随即先后到沈阳中国医科大学附属第二医院、北京儿童医院、北京医科大学人民医院检查，均诊断为脑软化、萎缩。原告法定代理人杜晓光于2002年3月28日向被告信访处提出投诉，被告以该医疗纠纷超过受理时效，于4月1日作出医院不再受理答复。在庭审过程中，被告申请做医疗事故技

---
[*] 作者单位：辽宁省人民检察院。

鉴定。经一审法院委托，锦州市医学会于 2003 年 1 月 20 日作出结论为：未构成医疗事故。MRI 检查诊断有误，但因有临床和 CT 检查，不影响诊治，故无任何因果关系。另查，原告于 2000 年 9 月 25 日在被告处为 MRI 检查支出 800 元，到沈阳中国医科大学附属第二医院看后支出看片费 80 元、交通费 300 元、食宿费 200 元，到北京儿童医院、北京医科大学人民医院检查，滞留 4 天，支出挂号费 200 元、交通费 639 元、食宿费 1193 元。

【原审裁判】

2002 年 6 月 26 日，杜克以锦州医学院附属第一医院为被告诉至锦州市古塔区人民法院，请求法院判令被告向原告赔礼道歉并赔偿原告经济损失 5000 元及精神损害抚慰金 3000 元。

2003 年 6 月 5 日锦州市古塔区人民法院作出（2002）古民初字第 688 号民事判决。该一审法院认为：原告因病情需要在被告放射科作磁共振扫描，双方之间形成了医疗服务关系。原告支付了较高额的照像诊断费用，被告应为原告提供相应的服务。而被告为原告作出的磁共振扫描照像诊断结论为：头部 MRI 扫描未见异常。该诊断结论经锦州市医学会鉴定为错误诊断，被告的行为违反了医疗服务合同的约定，该行为与原告因此到异地看片形成的经济损失之间存在必然的因果关系，故原告要求被告赔偿到异地看片形成的经济损失的主张系合理请求，本院予以支持。但原告要求的赔偿范围过宽，应限于第一次到异地看片确诊的经济损失，即到中国医科大学附属第二医院扫看片费 80 元，原告家属 1 人的交通费 300 元，食宿费 200 元，超过部分不予保护。至于原告要求被告退回 MRI 照像费一节，虽然被告提供的医疗服务行为存在瑕疵，但被告收费与其照像拍片的付出是对等的，且由其瑕疵行为引起的经济损失已确定由被告承担，故被告的收费不应退回。因为原告家属及时到异地看片，得到了磁共振扫描照像的确切诊断，所以被告的误诊并未影响原告的及时治疗，对原告没有造成严重后果，故原告要求被告赔偿精神损失费 3000 元的主张，本院不予支持。综上所述，依照《中华人民共和国民事诉讼法》第 128 条，《中华人民共和国合同法》第 60 条、第 107 条之规定，判决如下：一、被告锦州市医学院附属第一医院于本判决生效后 10 日内赔偿给原告杜克经济损失 580 元。如逾期则按中国人民银行流动资金同期贷款利率双倍支付迟延履行期间的债务利息；二、驳回原、被告其他诉讼请求。

一审判决后，原、被告均不服该判决，均向锦州市中级人民法院提出上诉。

锦州市中级人民法院于 2003 年 10 月 10 日作出（2003）锦民一权终字第 316 号民事判决。该二审法院确认了一审法院认定的事实。二审认为：依上诉人附属医院申请，原审法院委托锦州市医学会对双方争议的事项做出医疗事故技术鉴定，结论为附属医院 MRI 诊断有误，但有临床和 CT 诊断，不影响诊治，无任何因果关系；附属医院无责任。依此鉴定，附属医院做出的 MRI 错误影像诊断没有过错责任。上诉人杜克的法定代理人提出带 MRI 片到沈阳等医院找专家看片、会诊，但其未能提供各医疗单位的医疗病志、诊断报告等相关证据。原审判决附属医院赔偿杜克到沈阳就医的费用，证据不足。杜克未受 MRI 影像诊断的影响停止治疗，故不存在延误治疗问题。上诉人之间形成医疗服务关系，附属医院依合同履行了义务，虽然影像诊断错误，但非主观因素所为，且双方在服务合同中并未对影像诊断的准确率有特殊的约定，附属医院亦未有违法违规行为，附属医院不构成违约，不应承担违约责任。上诉人附属医院的上诉请求，证据充分，应予支持。综上所述，依照《中华人民共和国民事诉讼法》第 64 条、第 153 条第 1 款第 3 项的规定，判决如下：一、撤销锦州市古塔区人民法院（2002）古民初字第 688 号民事判决。二、驳回原审原告的诉讼请求。

杜克对锦州市中级人民法院作出的（2003）锦民一权终字第 316 号民事判决不服，向锦州市中级人民法院申请再审。

锦州市中级人民法院于 2008 年 3 月 13 日作出（2005）锦立民监字第 99 号驳回申请再审通知书，以"虽然最初的影像诊断有误，但非主观因素所为，杜克未受 MRT 影像诊断的影响停止治疗，且双方在服务合同中并未对影像诊断的准确率有特殊的约定，附属医院亦未有违规行为，附属医院不构成违约，不应承担违约责任"为由，驳回了杜克及其法院代理人杜晓光的再审申请。

【抗诉理由】

杜克不服，向锦州市人民检察院申请监督。该院提请辽宁省人民检察院抗诉。

辽宁省人民检察院于 2015 年 5 月 7 日作出辽检民监（2015）21000000040 号民事抗诉书，向辽宁省高级人民法院提出抗诉。辽宁省人民检察院认为，锦州市中级人民法院（2003）锦民一权终字第 316 号民事判决认定案件的基本事实缺乏证据证明，理由主要为：杜克到锦州医学院附属第一医院进行医疗检查，双方之间形成医疗服务合同关系。锦州医学院附属第一医院虽然对杜克进行了 MRI 检查，但经锦州市医学会鉴定，结论为"附属医院 MRI 诊断有误"。虽医患双方未对检查准确率进行事先约定，但依据《合同法》第 62 条的规定，当事人就质量要求不明确的，可按照符合合同目的的标准履行。本案病人到医院检查就是为了得到正确的检查结论，现已经医学会鉴定，该检查结论错误，未实现患方签订医疗服务合同的目的，因此医方构成违约。锦州市中级人民法院在无证据支持的情况下认定"附属医院不构成违约"系认定的基本事实缺乏证据证明。

【再审结果】

辽宁省高级人民法院于 2015 年 8 月 11 日作出（2015）辽立一民抗字第 00091 号民事裁定书，指令锦州市中级人民法院再审。

该院再审认为，杜某因病情需要应妇婴医院要求到附属医院进行 MRI 检查，双方形成了医疗服务合同关系，此应予确认，抗诉机关的抗诉理由成立。关于申诉人杜某主张因附属医院 MRI 检查结论有误，被申诉人附属医院应承担医疗损害赔偿责任的问题。经审查，虽然附属医院 MRI 检查结论有误，但是据申诉人的法定代理人陈述，在拿到附属医院的 MRI 检查结论后其认为杜某的病情很严重，不可能是"未见异常"的检查结果，于是连夜赶往各大医院，从各大医院获得的都是病情比较严重的口头检查结论，而且 MRI 诊断并非病情唯一诊断依据，除此之外还有临床检查和 CT 诊断辅助，在这种情况下杜某并没有因为附属医院做出的 MRI 检查结论而影响诊断和耽误治疗并造成损害。故本院认为被申诉人附属医院不构成侵权。

关于抗诉机关认为附属医院因未能做出正确的检查结论而没有实现申诉人订立医疗服务合同的目的，应构成违约的问题。经审查，申诉人杜某应妇婴医院的要求到附属医院拍摄 MRI 片，确与被申诉人附属医院之间形成医疗服务合同关系。杜某到附属医院拍 MRI 片的目的是为了通过拍 MRI 片更准确地了解病情，辅助临床诊断和治疗。而经医学会鉴定，结论是附属医院 MRI 诊断有误，因此附属医院履行医疗服务合同的行为具有瑕疵，没有实现当事人到医院做检查的目的，被申诉人附属医院应构成违约，抗诉机关的抗诉理由正确，应予支持。原二审判决附属医院不构成违约，不应承担违约责任不当，应予纠正。关于被申诉人认为因当时医疗客观条件所限，以及医疗工作人员的诊断经验不充分，没有正确诊断出病情是正常的观点，本院认为虽然医疗技术的发展是一个循序渐进的过程，但是医疗机构作为特殊的医疗服务行业，肩负着治病救人的神圣职责，在引入先进设备辅助诊疗的同时应该对相关工作人员进行必要且与之相匹配的业务培训，在相关工作人员能够熟练掌握工作技能、达到相应诊疗水平的基础上才允许从事相应的诊疗行为。毕竟患者去医院进行检查，支付了较高额的检查费用，是希望通过先进的设备和准确的诊断结论辅助诊断病情、进行治疗。且医学会已根据附属医院当时拍摄的 MRI 片出具鉴定意见是 MRI 片诊断有误，被申诉人附属医院没有提供证据证明在当时的客观条件下是不可能作出正确的检查结论，因此，被申诉人不能以客观条件和主观水平有限而免除履行合同行为有瑕疵的违约责任。据此，附属医院应承担医疗服务合同的违约责任，违约责任的承担应该以赔偿损失为主，损失赔偿额应当相当于因违约所造成的损失，但不得超过违反合同一方订立合同时预见到或者应当预见到的因违反合同可能造成的损失。申诉人支付了较高额的照相诊断费用却没有获得相应的服务质量，因此附属医院收取的磁共振照相费用800元为申诉人的损失应由被申诉人承担。关于申诉人主张的其他经济损失，则不应该由被申诉人承担。首先，被申诉人检查结论有误没有延误、影响申诉人治疗，申诉人为治病所产生的费用与被申诉人无直接因果关系。其次，关于申诉人支出的去外地看片的费用和申诉人主张到被申诉人处上访支出的费用。据申诉人的法定代理人陈述其在得知附属医院的检查结论后根本不相信被申诉人出具的结果，又到本地的其他医院咨询相关医生，得出的均是病情严重的口头结果，而不是"未见异常"。因此在申诉人的法定代理人如此确信附属医院"未见异常"结论不正确的情况下，其再到全国各地不辞辛劳的寻医问药，表现的是一种坚持、不放弃治疗的积极态度，而且其到各地医院诊疗也并不是以验证MRI检查结论是否有误为唯一目的，其是希望找到更好的治疗办法，因此，申诉人主张的去外地看病的相关费用与检查结论有误本身无因果关系。另外，去外地看片的费用和申诉人主张的到被申诉人处上访支出的费用是申诉人与被申诉人订立合同时被申诉人一方不能预见到的损失，因此申诉人主张的该项费用不应由被申诉人承担。最后，关于申诉人主张的精神损失费因本案不构成医疗侵权，属于合同纠纷，且被申诉人检查结论有误并未影响申诉人的及时治疗，因此被申诉人不应承担精神损失费。综上，依照《中华人民共和国合同法》第60条、第62条1项、第107条、第113条，《中华人民共和国民事诉讼法》第207条、第175条，最高人民法院《关于适用〈中华人民共和国民事诉讼法〉的解释》第407条第1款之规定，判决如下：一、撤销本院（2003）锦民一权终字第316号民事判决及辽宁省锦州市古塔区人民法院（2002）古民一初字第688号民事判决；二、被申诉人辽宁医学院附属第一医院（原锦州医学院附属第一医院）于本判决生效后10日内赔偿给付申诉人杜某经济损失800元；三、驳回申诉人杜某其他诉讼请求。如果未按本判决指定的期间履行给付金钱义务，应当按照《中华人民共和国民事诉讼法》第253条之规定，加倍支付迟延履行期间的债务利息。一、二审案件受理费及其他诉讼费1260元，鉴定费2200元，共计3460元，由被申诉人辽宁医学院附属第一医院（原锦州医学院附属第一医院）负担。

【点评】

本案关键问题在于如何确定医方的合同义务。即患方就诊时对将接受的某种医疗行为有明确具体的要求，但并未明确约定应到达的医疗效果，在此种情况下，如果医方已履行患者要求的医疗行为，但效果不佳，可否认定医方构成违约？可否要求医方对医疗行为的费用以及其他相关损失给予赔偿？

医疗服务合同纠纷作为司法实务中的案由，在合同法中并无相应的合同种类，因此缺乏具体的法律规定，实务中通常将之作为无名合同，比照合同法的有关规定适用法律。目前关于医疗服务合同的属性学界并未达成一致，争议较大。

对于医方的合同义务，目前有观点认为由于受患者个体体质差异化、医学知识的不完善性、医疗结果的不确定性等因素影响，医方履行医疗行为仅是完成"手段义务"而非"结果义务"，即医方的合同义务仅是尽"善良管理人"且本着"最大诚信原则"，"尽力而为"地履行其医疗行为，不能将实现某种医疗结果视为合同义务的内容。通俗来说就是医院不能对来就诊的病人承诺一定将其治愈。在本案的情况下，此种观点一般认为，医方已正确实施MRI（核磁共振）检查技术操作，虽然对结果诊断错误，但医方并未承诺MRI诊断的准确率，其已尽努力完成其"手段义务"，对结果错误不应承担违约责任（检察机关抗诉前，法院的裁判观点）。

但也有观点认为，在医疗服务合同中，医疗行为是"手段义务"还是"结果义务"不能一概而论，在某些医疗合同中，可以认可存在对结果的实现承诺，比如安装假牙、某些整形矫正手术等。在医患双方对结果有明确的要约与承诺的情况下，医疗行为的不确定因素较小，如果未实现预期的医疗结果可以认定医方构成违约，即对"结果义务"的违反。

本案案情的特殊之处在于，医疗行为内容明确，但双方并未对医疗结局（即确保MRI诊断准确）予以事先约定。因此在无法律法规明确规定的情况下，能否认为医方承担的是"结果义务"并认定其违约以及如何确定赔偿范围需要具体分析。

一、医疗服务合同的医方义务通常为"手段义务"，但在特殊情况下可依约定或医疗合同的特征特定化为"结果义务"，对医方义务的审查应予以区别化对待

1. 通常情况下如果患者仅到医院就诊，其诊疗过程需要医患双方多次协商，医疗计划也可能多次变更，医疗结果存在相当程度的不确定性，在此情况下应该认定医方义务属于"手段义务"。只要医方正确履行其医疗行为，只有在医方行为明显不当（相当于委托合同违约的过错责任），或者医方私自变更医疗行为未尽告知义务，才能认定医方违约，否则医疗结果如何不是违约责任的确定要素。由于在一般就诊行为中，双方对合同约定并不明确，医方履行义务是否适格，可依据《合同法》第62条，按照国家标准、行业标准履行，即

考虑卫生法律法规及规章、卫生行业标准，没有上述标准则按照通常标准履行，即考虑医疗行业一般常规为依据予以判断。

2. 对于特定化的医疗或个别化的医疗服务，医患双方一般事先明确约定医疗行为的内容及医疗结果的可实现程度并签订书面的服务合同。在此种情况下则应尊重双方约定，依据合同约定的条款来确定是否违约，即医方义务为"结果义务"，即按照合同有明确约定的情形来处理。

3. 对于虽无明确约定医疗结局的医疗服务合同，但患者是为实现特定目的而就医，需要依据案件的具体情形来判断医方义务的属性。

二、对于患者为实现特定目的而就医，需要注意审查以下几种情况，如果符合这几种条件，一般可以认定医方义务已经特定化为"结果义务"

1. 患者就诊是否具有明确、具体的目的性。如果患者就医的目的性不明确，仅是模糊的"看病或看医生"则一般排除医方义务为"结果义务"的可能。如果就医目的非常明确具体，则不能排除"结果义务"的可能。比如，本案患者杜某就诊时就明确提出：要求对颅内病变进行 MRI 诊断，患者来该院就医只是为了做 MRI 检查，其订立医疗合同的目的性非常明确，限定为进行某种特殊的检查诊断，因此不宜认为医方仅负有"手段义务"。

2. 医患双方是否已就诊疗具体过程及详细步骤予以明确。如果不能预先明确，只能根据医方的要求随时调整诊疗内容则排除"结果义务"的可能；如果根据患者的要求，基本可以对医疗行为的步骤方法乃至医疗次数完全确定，则不易排除存在"结果义务"的可能。比如在本案中，杜某为明确诊断病情，且为避免 CT 等技术的误诊，明确要求进行准确度更高的 MRI 检查，其对医疗技术的具体内容已经进行了选定，医方应保障患者选择的医疗技术的合理实施，因此可以排除仅为"手段义务"的可能。

3. 医疗行为的标准化程度是否较高、医疗结局通常情况下可预见程度是否较高。在患者个人体质因素以及其他干扰因素影响较小时，患者选择的医疗技术的结果是医患双方可以共同预期的，除非发生不可抗力等情形，医疗服务合同的结果是可期待的，在此条件下，则医方义务可进一步确定为"结果义务"。比如本案 MRI 属于高度自动化的诊断技术，只要是合格的影像学医师一般都会做出正确的诊断，其结果的正确性在通常情况下是可预期的，且医学会的鉴定意见也明确说明了医院的诊断是错误的，并不排除医生人为因素的可能。因此本案无法排除"结果义务"的可能。

综上，在具备上述三种情况下，医方义务已经特定化为"结果义务"，如果医方无法实现合同的预期结果，即使双方没有明确医疗结局的内容，也应依据《合同法》第 62 条第 1 项，质量要求虽不明，应依据符合合同目的要求予以履行。故本案医方不能实现合同目的，即无法实现患方所需要的医疗结局，因此应认定构成违约。

三、违反医疗服务合同中的"结果义务"应构成违约，但医方应承担的违约责任的具体范围仍需具体分析

1. 关于支出的医疗费用是否退还的问题。由于医方违反了"结果义务"，医疗服务合同的目的显然没有实现，作为预定医疗结果的对价，患方支出的医疗费用属于《合同法》规定的因违约所造成损失的范围，应予以退还。因此本案抗诉后法院最终判决医方退还患者的 MRI 检查费用，较为公平合理。

2. 造成合理的、可预期的损失。《合同法》第 113 条确立了"可预见性原则"对损失赔偿予以限定，即违约方对其订立合同时不可能预见的损失不承担赔偿责任。在有"结果义务"的医疗服务合同中，需要分析违约而导致的不良医疗结局是否对患者造成其他可预见的损失。本案医方虽然构成违约，但其医疗服务合同仅是进行 MRI 检查，并不同于普通的就医行为，诊疗不具有连续性，医方无法预见患者的后续行为，因此法院并未判决医方承担其他费用比较公平合理。

3. 关于精神损失赔偿。目前我国法律仅在侵权法中规定有精神损害赔偿，在合同法中并未予以规定。民法理论通说也认为精神损害赔偿应主要存在于侵权责任领域，违约责任一般不应包括精神损失。近年来，我国部分关于医疗服务合同的民事判例支持了患者的精神损失赔偿要求，但一般仅限于在有患者死亡的比较严重的情形下，对家属的精神损失予以赔偿。本案总体上来看，医疗行为对患者造成的损失并不严重，患者也未因此而耽误治疗并致伤致残，因此本案不支持精神损失诉求并无不当。

如何运用诚实信用原则解释合同条款

——重庆市江津区宝元通百货商行与重庆力铎农业发展有限公司土地承包经营权转包合同纠纷抗诉案

何 超 毛耀波[*]

【抗诉机关和受诉法院】

抗诉机关：重庆市人民检察院

受诉法院：重庆市高级人民法院

【基本案情】

申请人（一审原告、再审被申请人）：重庆市江津区宝元通百货商行，住所地重庆市江津区几江街道相府路241号。

法定代表人：帅新渝，经理。

其他当事人（一审被告、再审申请人）：重庆力铎农业发展有限公司，住所地重庆市江津区几江街道南干道鹏程花园1号。

法定代表人：邹勇，董事长。

2008年，重庆市江津区宝元通百货商行（以下简称宝元通商行）与重庆力铎农业发展有限公司（以下简称力铎公司）签订《土地转包合同》，约定宝元通商行将其承包的重庆市德感街道中渡社区高坪经济合作社（以下简称高坪合作社）的537.05亩土地转包给力铎公司进行生产经营；力铎公司补偿宝元通商行405万元，除保证金5万元外，分别于完成资产移交并同时完成土地转包登记备案手续后3日内，支付宝元通商行补偿费300万元；进场后3个月内，合同约定的承包土地范围等标的物不受第三人的任何权利主张或请求对抗时，清付宝元通商行补偿费100万元。合同签订后力铎公司分多次支付宝元通商行共计89万元，后因合同履行发生纠纷，宝元通商行向法院提起诉讼，请

---

[*] 作者单位：重庆市江津区人民检察院。

求法院判决力铎公司严格履行合同条款、支付补偿费216万元及违约金40.5万元。案经一审、二审、重庆市人民检察院抗诉,法院再审判决力铎公司支付宝元通商行补偿费216万元、违约金40.5万元。至此力铎公司尚有补偿款100万元未支付。2012年9月,宝元通商行以力铎公司未支付余下的100万元补偿费为由,向重庆市江津区人民法院提起本案之诉。

【原审裁判】

重庆市江津区人民法院于2013年1月18日作出(2012)津法民初字第7435号民事判决。该院审理认为,原大局合作社(现高坪合作社)经农户授权委托与宝元通商行签订的《土地转包合同》合法有效,经高坪合作社同意,宝元通商行再次土地流转,与力铎公司签订的《土地转包合同》应属合法有效。审理中,力铎公司没有举示充分的证据证明其进场3个月内,有第三人就合同约定的承包土地范围和转让资产等所有标的物受到第三人的任何权利主张或请求对抗,应由力铎公司承担举证不能的不利后果。因此力铎公司给付该100万元补偿费的条件已于2009年6月12日成就,遂判决力铎公司给付宝元通商行补偿费100万元及逾期利息。

力铎公司不服一审生效判决,向重庆市第五中级人民法院申请再审。重庆市第五中级人民法院于2014年1月13日作出(2013)渝五中法民提字第00042号民事判决,该院再审认为,宝元通商行出具的《关于承包地情况说明》、高坪经济合作社出具的《关于我社土地再流转有关情况证明》《德感中渡社区高坪经济合作社二组农村土地承包户代表会议决议》均反映出,土地初始承包人因租金太低等,采取了提出与宝元通商行解除土地承包合同、要求增加租金、阻扰力铎公司生产经营等行为,此情况符合合同约定的"受到第三人权利主张或请求对抗"的情形。因此,该100万元补偿金的付款条件尚未成就。经该院审判委员会讨论决定,判决撤销重庆市江津区人民法院(2012)津法民初字第7435号民事判决、驳回宝元通公司的诉讼请求。

【抗诉理由】

宝元通商行不服再审判决,向检察机关申请监督。重庆市人民检察院于2015年5月25日作出重庆市人民检察院渝检民监(2015)50000000099号民事抗诉书。

重庆市人民检察院抗诉认为,宝元通商行与力铎公司于2008年签订的《土地转包合同》约定,力铎公司进场后3个月内,当本合同约定的承包土地范围和转让资产等标的物不受第三人的任何权利主张或请求对抗时,清付宝元通商行补偿费100万元。该约定是一个附延缓条件的约定,但绝不是对力铎公司该笔债务的免除,即只有在约定的延缓付款条件存在时,力铎公司才享有暂缓付款的权利，而延缓条件一旦消失，力铎公司则应及时按照合同约定履行付款义务，否则就违反了该合同的对等性以及诚实信用原则，也会严重损害履约另一方的利益。本案中，力铎公司为了证明存在延缓付款的情形，在庭审时提交了高坪经济合作社出具的《关于我社土地再流转有关情况证明》《德感街道中渡社区高坪经济合作社二组农村土地承包户代表会议决议》《关于承包地情况说明》三份证据，但从时间上看，前述三份证据均为2009年形成，仅能够证明2009年存在过延缓付款的情形，却不能证明该延缓付款的情形直到2012年本案起诉时仍然存在。故力铎公司尚需举示阻碍其付款的条件仍然存在的相关证据，以抗辩宝元通商行的付款请求，原二审仅凭该三份证据认定本案中100万元补偿金的付款条件尚未成就显然证据不足。另力铎公司提供的《德感街道中渡社区高坪经济合作社二组农村土地承包户代表会议决议》承包户代表签名中有"赵忠诚"的签名，经向公安机关查询户籍信息，赵忠诚已于1992年3月3日死亡，不属于第二轮土地承包的承包人，更不可能在上述决议中签字，该份证据明显存在瑕疵。

本案有新的证据证明前述力铎公司延缓付款的情形已不存在，力铎公司给付剩余补偿费的条件已成就。经检察机关调查，江津区德感街道办事处中渡社区居民委员会于2015年2月3日出具了《证明》一份，该证据证实了力铎公司从中渡社区高坪经济合作社土地流转之后，目前经营正常。力铎公司于2009年接手经营流转的土地及资产，迄今，因宝元通商行与力铎公司签订的合同所约定的承包土地范围和转让资产等所有标的物引起的第三人权利主张或对抗已不存在，公司经营状态为正常，力铎公司应当给付宝元通商行补偿费。

【再审结果】

重庆市高级人民法院于2016年7月11日作出（2016）渝民再64号民事判决书。该院再审认为，本案争议的焦点是关于100万元补偿费的付款条件是否成就的问题。关于本案《土地转包合同》的合同主体，本案涉及的土地是高坪经济合作社发包给该社农户的承包地。农户依法委托高坪经济合作社集中统一流转承包地，上述土地于2003年8月流转给宝元通商行，后由宝元通商行转包给力铎公司，因此2008年12月2日签订的《土地转包合同》应视为宝元通商行将合同中的权利义务概括转让给力铎公司，宝元通商行从土地流转合同法律关系中退出，力铎公司作为受让人代替其成为合同相对方，该土地流转合同的合同当事人即变更为发包方高坪经济合作社、承包方农户及受让人力铎公司。《土地转包合同》约定，力铎公司进场后3个月内，当本合同约定的承包土地范围和转让资产等标的物不受第三人的任何权利主张或请求对抗时，清付宝元通商行补偿费100万元。其中"第三人"应理解为合同当事人之外的第三人,如前所述,本案所述土地流转合同的当事人为发包方高坪经济合作社、承包方农户及受转包方力铎公司,则"第三人"应理解为发包方高坪经济合作社、承包方农户及受转包方力铎公司之外的人。因此,农户要求上涨租金之事,系合同一方当事人要求变更合同原权利义务,属于合同履行中出现的纠纷,不应认定为合同约定的"第三人的任何权利主张或请求对抗"之情形。经查,力铎公司至迟于2009年3月12日进场经营流转的土地,至2009年6月12日即进场届满3个月。在此期间,没有证据证明有所谓的"第三人"作任何权利主张或请求对抗。从农户要求上涨租金事由发生的时间看,皆是在该期间之后,因此,力铎清偿宝元通商行补偿费100万元的付款条件已于2009年6月13日成就。综上,作为合同义务履行方力铎公司应谨守诚实信用原则,全面履行合同义务。判决:一、撤销重庆市第五中级人民法院(2013)渝五中法民提字第00042号民事判决;二、维持重庆市江津区人民法院(2012)津法民初字第7435号民事判决。

【点评】

本案《土地转包合同》涉及的重庆市第五中级人民法院(2009)渝五中法民终字第4902号、(2013)渝五中法民提字第00042号2份终审判决均因检察机关抗诉而改判,最终为当事人挽回经济损失400余万元。两起抗诉案中,检察机关和再审法院充分运用诚实信用原则和公平原则,力求探寻当事人内心的真实意思表示,对合同约定的条款准确把握,最终取得了良好的监督效果,有力地维护了当事人的合法权益和诚实守信的社会风尚。笔者以诚实信用原则在探求双方当事人的真实意思表示中的运用为视角,对本案作以下点评:

诚实信用原则是一项极其重要的民事原则,兼具道德规范和法律规范的双重调节功能,并且具有较大的弹性,能够适应社会的不断变化,因此,诚实信用原则成为现代民法,特别是现代合同法的基本原则,被称为"帝王条款",是适用于整个民商事合同的基本原则。我国《合同法》第6条规定了诚实信用原则;第125条规定诚实信用原则在合同解释中的具体应用。

回归本案的争议焦点,对于100万元补偿款支付期限相关约定的理解成为各级法院和检察机关办理本案的关键。诉讼中,力铎公司以存在第三人主张权利为由不愿支付剩余100万元补偿款。但本案现实的情形是力铎公司进场后除2009年农户要求提高租金发生纠纷外一直正常经营至今。在宝元通商行已履行全部合同义务后,力铎公司不予支付剩余的100万元补偿费显然有违诚实信用原则和公平原则。检察机关结合合同相关条款和文义,综合运用诚实信用原则认为关于100万元补偿费付款期限的约定是一个附延缓条件的约定,而不是对力铎公司该笔债务的免除,当延缓条件消失时,力铎公司仍应履行100万元付款义务,而现有证据证明延缓条件已经消失,力铎公司对流转土地一直正常经营至今,应当支付剩余 100 万元补偿款,而并非 3 个月内只要有第三人提出了权利主张且不管其权利主张是否合法、是否应得到支持的情况下就免除力铎公司付款义务。

再审法院在本案审理过程中着重对《土地转包合同》第 5 条提及的"第三人"进行了解释,其中同样包含了诚实信用原则在合同解释中的运用。土地流转法律关系中包含发包方、承包方、受让方三方当事人,本案《土地转包合同》签订后,宝元通商行即从土地流转法律关系中退出,该土地流转合同的合同当事人即变更为发包方高坪经济合作社、承包方农户转包方宝元通商行以及受让方力铎公司。在此情形下,农户要求提高租金系新形成的土地流转合同一方当事人要求变更原合同权利义务的诉求,属于合同履行中出现的纠纷。至于在合同履行期内,力铎公司是否同意提高租金均不影响已经生效的《土地转包合同》的效力,也未对力铎公司受让的合同权利义务产生实际影响。故力铎公司在实际正常经营的情况下,以农户曾经要求上涨租金为由,不予支付《土地转包合同》约定的补偿费显然是违背诚实信用原则的违约行为。再审法院将上述"第三人"理解为发包方高坪经济合作社、承包方农户、转包人宝元通商行及受转包方力铎公司之外的人,并依据诚实信用原则撤销原终审判决,要求力铎公司支付 100 万元补偿款符合法律规定和合同约定。

本案中,检察机关和再审法院运用诚实信用原则分别从不同角度对合同争议条款进行了理解和解释。笔者认为,两种路径对合同本意和当事人内心的真实表示的探寻都是正确的。其一,该条款是附延缓条件的约定,并非债务免除;其二,农户在合同履行过程中要求提高租金的请求不属于第三人权利主张或对抗。两种路径的探寻均最终认为力铎公司在完整享有合同权利并正常经营的情况下拒不支付合同剩余款项是违背诚实信用和公平原则的,处理结果可谓是殊途同归,检法两家观点的整合正是对该合同争议条款的全面解读。

工程造价管理部门发布的定额勘误是否影响工程结算
——磐石市利通机械工程有限公司与吉林吉恩镍业股份有限公司建设工程施工合同纠纷抗诉案

冯文娟*

【抗诉机关和受诉法院】

抗诉机关：吉林省人民检察院

受诉法院：吉林省高级人民法院

【基本案情】

申请人（一审原告、二审上诉人、再审申请人）：磐石市利通机械工程有限公司，住址吉林省磐石市红旗岭镇世纪综合楼。

法定代表人：许春钢，董事长。

其他当事人（一审被告、二审被上诉人、再审被申请人）：吉林吉恩镍业股份有限公司，住址吉林省磐石市红旗岭镇。

法定代表人：吴术，董事长。

2013年10月23日，磐石市利通机械工程有限公司（以下简称利通公司）起诉吉林吉恩镍业股份有限公司（以下简称吉恩公司）至磐石市人民法院，请求：（1）判令吉恩公司给付利通公司工程差价款708739元；（2）判令吉恩公司承担诉讼费用。

磐石市人民法院于2013年11月29日作出（2013）磐民一初字第1020号民事判决。该院一审查明，2006年11月2日，吉恩公司为磐石市红旗岭镇的镍系列改扩建工程场地平整土方工程发布了招标文件，其中第三篇合同专用条款中第23.2条规定："本合同采用固定单价合同，风险范围：（1）法律、行政法规和国家有关政策变化；（2）市场价格变化以及工程造价管理部门公布

---

* 作者单位：吉林省人民检察院。

的价格调整。"后利通公司投标并中标。2006年12月，双方通过招、投标签订了一份《建设工程施工合同》，合同约定："吉恩公司将位于磐石市红旗岭镇的镍系列改扩建工程场地平整土方工程一标段工程发包给利通公司，工程内容为土方开挖、外运、回填。如遇地下特殊障碍物及岩石按实际发生工程量进行现场签证，执行公司相关结算规定，其他规定执行招标文件。"工程竣工后，吉恩公司进行了工程验收并与利通公司进行结算。2007年12月20日，双方签订了工程（结）算书，结算工程的总量为28735.90立方米，总造价为2500582.00元，岩石与强风化岩及土方比例按6:4结算。其中岩石结算双方约定：按吉林省造价管理站公布的定额价格4.55元/100m^3结算。后吉恩公司按工程结算书全额支付了利通公司工程总价款2500582.00元。2010年4月19日，吉林省造价管理站为利通公司出具了吉建造字函字（2010）06号《关于2006年定额中破碎岩石价格是否有勘误的复函》，明确为液压岩石破碎机破碎普坚石或砼100㎡错误的基价为4.55元，正确的基价应为46.4482元。利通公司据此要求吉恩公司按此基价补给岩石结算工程差价款，后该文件被吉林省造价管理站出具的吉建造字函字（2012）14号文件予以撤销。2011年9月26日，吉林省造价管理站为吉恩公司出具了吉建造字函字（2011）44号《关于工程结算结束后机械破岩石定额公布勘误是否进行调整的复函》，载明2007年已结算完的土石方工程中机械破岩石项目不再执行勘误调整，后该文件被吉林省造价管理站以吉建造字函字（2012）13号文件予以撤销。

【原审裁判】

磐石市人民法院一审认为，建设工程合同是承包人进行工程建设，发包人支付价款的合同。依法成立的合同，对合同当事人具有法律约束力，当事人应当按照约定全面履行自己的义务。本案原、被告间所签订的建设工程施工合同，系双方当事人的真实意思表示，未违反法律、法规的强制性规定，合法有效，原、被告均应按合同约定行使权利并履行义务。本案原告已按合同履行义务，即完成合同约定的建设工程。被告作为发包人，亦按照施工图纸及说明书、国家颁发的施工验收规范和质量检验标准及时接收该建设工程，且已经验收并支付了原告相应的工程价款。据此，应认定原、被告均已履行了自己的义务，该建设工程施工合同的权利义务终止。被告在建设工程招标文件中，已经明确工程造价管理部门公布的价格调整属于风险范围，双方签订的建设工程施工合同中也约定其他规定执行招标文件，故原告应明确自己对价格调整所应负担的风险。工程结算时，本案争议工程结算的定额价格4.55元/100m^3是工程造价管理部门的指导价，工程结算时工程造价管理部门并未调整价格，原、被告双方按此价格结算应视为双方对该价格明知，对该工程结算按定额价格计算是双方均予以认可的。原告在结算后,接受了被告给付的工程总价款,且原告当时未就该价款提出异议,应认定为原告对被告应给付的工程价款数额以及被告依约履行价款给付义务并无异议。因此,合同双方的权利义务均已履行完毕,合同的权利义务终止,合同当事人之间不再互负权利义务。原告要求被告按工程造价管理部门调整或勘误的价格再行支付工程差价款708739.00元的诉讼请求,本院无法支持。综上,根据《中华人民共和国合同法》第8条、第44条、第63条、第91条、第269条、第279条之规定,判决如下:驳回原告磐石市利通机械工程有限公司的诉讼请求。

利通公司不服一审判决,向吉林市中级人民法院提起上诉,利通公司的请求为:请求依法撤销一审判决,判令被上诉人按正确的定额标准计算工程款,将工程差价款708739元给付上诉人,并由被上诉人承担一切费用。

吉林市中级人民法院于2014年5月8日作出(2014)吉中民一终字第197号民事判决。该院二审查明的事实与原审判决认定的事实一致。该院二审认为,2006年12月利通公司与吉恩公司签订合同约定按吉林省造价管理站公布的2006年定额标准结算时,该定额标准已公布,利通公司作为施工单位对机械破岩石一项的定额标准应已知晓,其仍与吉恩公司约定按定额结算,且2007年利通公司与吉恩公司按该定额标准实际进行了结算,双方当事人均签字确认,吉恩公司也按结算向利通公司支付了工程款,双方均已按合同约定履行了合同的义务,在此情况下,应视为利通公司对该定额标准的认可。《中华人民共和国合同法》第91条第1项规定:"有下列情形之一的,合同的权利义务终止:(一)债务已经按照约定履行……"第55条第1项规定:"有下列情形之一的,撤销权消灭:(一)具有撤销权的当事人自知道或者应当知道撤销事由之日起一年内没有行使撤销权……"现因吉林省造价管理站公布的2006年定额标准有误,利通公司要求吉恩公司以勘误后的定额标准支付工程款,该请求不是双方合同约定的数额,利通公司该请求没有事实及法律依据。虽利通公司主张该数额明显低于正确标准,双方存在重大误解,但利通公司没有在一年内要求撤销该合同及结算,双方均已按合同约定履行了各自义务,故利通公司要求吉恩公司按勘误后标准给付工程款的请求不能成立,本院不予支持。综上,原审判决认定事实清楚,适用法律正确,程序合法。经本院审判委员会讨论决定,依照《中华人民共和国民事诉讼法》第170条第1款第1项之规定,判决如下:驳回上诉,维持原判。

利通公司不服二审判决,向吉林省高级人民法院申请再审。吉林省高级人民法院于2014年10月28日作出(2014)吉民申字第945号民事裁定,该院认为:利通公司与吉恩公司签订的《建设工程施工合同》有效,对此,双方未提出异议。根据合同约定，案涉机械破岩石一项工程款应按吉林省造价管理站公布的2006年定额标准结算，故利通公司在签订合同时即应当知道该项工程定额标准，且2007年双方按该定额标准实际进行了结算，吉恩公司已按结算向利通公司支付了工程款。故不论此后定额勘误还是价格调整，均应视为利通公司对合同约定时的定额标准的认可。且根据《中华人民共和国合同法》第55条第1项规定："有些列情形之一的，撤销权消灭：（一）具有撤销权的当事人自知道或者应当知道撤销事由之日起一年内没有行使撤销权……"利通公司没有在一年内要求撤销与吉恩公司签订的《建设工程施工合同》及结算，其主张权利已超过法定行使撤销权的期间，其撤销权消灭。原审认定事实清楚，适用法律正确。综上，利通公司的再审申请不符合《中华人民共和国民事诉讼法》第200条规定的情形。依照《中华人民共和国民事诉讼法》第204条第1款之规定，裁定如下：驳回磐石市利通机械工程有限公司的再审申请。

利通公司不服再审裁定，向检察机关申请监督。

【抗诉理由】

吉林省人民检察院于2015年10月30日作出吉检民监（2015）22000000070号民事抗诉书，向吉林省高级人民法院提出抗诉。吉林省人民检察院认为，吉林市中级人民法院作出的（2014）吉中民一终字第197号民事判决认定事实错误、适用法律错误。理由如下：

1. 原审法院认定利通公司与吉恩公司签订的《建设工程施工合同》已履行完毕，存在事实认定错误。首先，利通公司与吉恩公司签订《建设工程施工合同》时，双方均认可机械破岩石一项按2006年定额标准进行结算，且签约时不知定额标准存在错误，故双方签订的《建设工程施工合同》系双方真实意思表示，应认定合法、有效。基此，本案的争议焦点并非《建设工程施工合同》应否撤销或变更的问题，而是合同是否已履行完毕的问题。其次，根据《中华人民共和国合同法》第60条之规定："当事人应当按照约定全面履行自己的义务。"2007年12月20日利通公司与吉恩公司进行的工程结算以错误的定额标准为计算依据，其结算结果与双方在签订合同时的真实意思表示相悖，亦显失公平，故不能做为合同已全面履行的依据。利通公司已依约全面履行了合同义务，吉恩公司亦应按真实、有效的定额标准与利通公司进行工程结算，承担继续履行的责任。最后，利通公司起诉符合法律规定的诉讼时效。利通公司于工程结算时，以机械破岩石定额价格过低为由提出异议，并向吉林省造价管理站请示是否存在勘误以及其后的诉讼行为，均表明利通公司并不认可结算结果，其不存在怠于行使权利的情形。另，本案双方当事人在订立合同时无法预见定额是否存在勘误，2010年至2012年间，吉林省住房和城乡建设厅针对本案涉及定额勘误分别为利通公司与吉恩公司发布复函，2012年8月27日吉林省住房和城乡建设厅撤销了吉建造字（2011）44号复函，利通公司的诉讼时效应自该日起算，其于2013年8月26日起诉，未超过法定的诉讼时效。

2. 原审判决以《中华人民共和国合同法》第63条为裁判依据，属适用法律错误。《合同法》第63条规定："执行政府定价或者政府指导价的，在合同约定的交付期限内政府价格调整时，按照交付时的价格计价。逾期交付标的物的，遇价格上涨时，按照原价格执行；价格下降时，按照新价格执行。逾期提取标的物或者逾期付款的，遇价格上涨时，按照新价格执行；价格下降时，按照原价格执行。"该条适用于执行政府指导价的合同，系合同履行过程中遇价格调整的执行依据。本案诉争合同在性质上并非执行政府指导价的合同，另，吉林省造价管理站为利通公司出具的《关于2006年定额中破碎岩石价格是否有勘误的复函》，该函将液压岩石破碎机破碎普坚石或砼的基价由4.55元纠正为46.4482元每立方米，系纠错性质的定额勘误，并非价格调整类的定额勘误，故法院判决存在适用法律错误。

综上所述，吉林市中级人民法院（2014）吉中民一终字第197号民事判决存在认定事实错误、适用法律错误，符合法定监督情形。根据《中华人民共和国民事诉讼法》第200条第2项、第6项，第208条第1款的规定，特提出抗诉，请依法再审。

【再审结果】

吉林省高级人民法院于2015年12月8日作出（2015）吉民抗字第70号民事裁定，指令吉林省吉林市中级人民法院再审本案。吉林省吉林市中级人民法院于2016年4月7日作出（2016）吉02民再26号民事判决书。除原审查明事实外，该院另查明，利通公司曾于2013年8月26日起诉吉恩公司，后于2013年10月23日撤回起诉。再审庭审中，吉恩公司陈述定额勘误确实存在，但认为建筑行为有惯例，即使定额有错误，结算后也不予调整；吉恩公司对利通公司诉请的708739元是按照正确的基价计算得出的差额没有异议。

该院再审认为：《中华人民共和国合同法》第54条规定："下列合同，当事人一方有权请求人民法院或者仲裁机构变更或者撤销：（一）因重大误解订立的；（二）在订立合同时显失公平的。一方以欺诈、胁迫的手段或者乘人之危，使对方在违背真实意思的情况下订立的合同，受损害方有权请求人民法院或者仲裁机构变更或者撤销。当事人请求变更的，人民法院或者仲裁机构不得撤销。"第55条规定："有下列情形之一的，撤销权消灭：（一）具有撤销权的当事人自知道或者应当知道撤销事由之日起1年内没有行使撤销权；（二）具有撤销权的当事人知道撤销事由后明确表示或者以自己的行为放弃撤销权。"可见，上述法律条款规定的撤销权针对的是合同的订立。本案中，双方当事人对所签订的建设工程施工合同没有异议，对合同约定执行2006年定额标准亦没有异议。按合同约定，进行施工是利通公司的合同义务，支付工程价款是吉恩公司的合同义务。2007年12月20日双方签订工程结算书是在履行上述建设工程施工合同，并不是订立合同的行为。双方的争议并非合同本身，而是对合同的履行产生争议，故本案不适用《中华人民共和国合同法》第54条、第55条行使撤销权的法律规定。

本案中，吉林省造价管理站于2010年4月19日给利通公司复函对2006年定额中液压岩石破碎机破碎普坚石或砼的基价进行了勘误即由每立方米4.55元纠正为46.4482元，并非对2006年的定额标准予以调整，而是对之前公布的错误基价予以纠正，对此双方当事人均无异议。2007年利通公司与吉恩公司结算系依据合同约定进行的结算，应认定为利通公司对吉林省造价管理站公布的正确定额的认可，不能认定为对错误标准即每立方米4.55元的认可。因存在勘误，双方应本着诚实信用原则全面履行义务，依据正确的定额标准结算，吉恩公司应承担继续履行的责任。《中华人民共和国合同法》第60条规定："当事人应当按照约定全面履行自己的义务。"第107条规定："当事人一方不履行合同义务或者履行合同义务不符合约定的，应担承担继续履行、采取补救措施或者赔偿损失等违约责任。"利通公司要求吉恩公司给付工程差价款的主张符合法律规定，应予支持。

吉恩公司称"在招投标文件及合同中明确价格为每立方米4.55元，利通公司对合同价格是明知的"一节，因缺乏证据证实，不予采信。关于诉讼时效，双方当事人在订立合同时无法预见定额是否存在勘误，2010年至2012年间吉林省住房和城乡建设厅针对本案涉及勘误分别向利通公司与吉恩公司发布复函，直至2012年8月27日撤销了吉建造字（2011）44号复函，利通公司的诉讼时效应自该日起算，其于2013年8月26日起诉，未超过法定的诉讼时效。

综上，利通公司的诉讼请求有理，本院再审予以支持。本案经本院审判委员会讨论决定，依照《中华人民共和国合同法》第60条、第107条、第109条，《中华人民共和国民事诉讼法》第207条、第170条第1款第2项之规定，判决如下：一、撤销本院（2014）吉中民一终字第197号民事判决及吉林省磐石市人民法院（2013）磐民一初字第1020号民事判决；二、吉林吉恩镍业股份有限公司于本判决生效后10日内给付磐石市利通机械工程有限公司工程差价款708739元。

【点评】

结合本案的抗诉再审判决情况，本案涉及的主要法律问题有：

一、定额勘误是否属于市场风险范畴，对建设工程合同结算能否产生影响

工程造价问题是审理建设工程施工合同纠纷的核心问题，厘清工程造价的关键是明确计价标准。实践中，当事人常采用固定总价、固定单价、可调价格、按定额计价等工程价款结算方式。工程定额是指在规定工作条件下，完成合格的单位建筑安装产品所需要用的劳动、材料、机具、设备以及有关费用的数量标准。定额勘误是指对错误定额所进行的更改。发生定额勘误的原因有多种，通常情形是基于人力成本、原材料等价格上涨，导致工程定额不能准确反映现实工程成本而进行的定额勘误，此种类型可称之为价格调整型定额勘误；另一种较典型的情形是由于人为原因或其他客观原因导致发布的定额标准与实际不符，可称之为纠错型定额勘误。

当事人约定采用定额计价的工程，如定额勘误发生于工程结算之前，双方可参照定额勘误进行工程结算，自不待言。如工程结算后发生定额勘误，定额勘误是否对工程结算产生影响，在司法实践中不无争议。有观点认为，工程定额对于合同双方而言，属于政府指导价，可以适用，也可以不适用，如果合同双方认为定额标准于己不利，可另行约定工程价款的计算方式，此系现代民法倡导意思自治原则的应有之义。既然双方选择定额作为计价标准，此后的定额勘误应属于市场风险范畴，不应对工程结算产生影响。上述观点有一定道理，但难免失之偏颇，盖因建设工程结算应遵循合法、平等、诚信原则，定额勘误系对错误定额的纠正，定额勘误对工程结算的影响不应一概而论，应结合建设工程合同的履行情况、定额勘误的发布时间、定额勘误的原因类型等因素综合考量，方能兼顾意思自治原则与公平原则。

本案原审法院认为，利通公司在签订合同时即应当知道该项工程定额标准，且2007年双方按该定额标准实际进行了结算，吉恩公司已按结算向利通公司支付了工程款。故不论此后定额勘误还是价格调整，均应视为利通公司对合同约定时的定额标准的认可。我们认为，原审法院的观点有误，理由如下：（1）本案诉争合同系采固定单价的建设工程施工合同，双方约定机械破岩石一项按2006年度吉林省造价管理站公布的定额结算。工程定额虽属公众可知悉的数据，但实践中，建设工程合同签订之时，双方往往并未对定额标准进行逐项核对，故按定额计价的约定应理解为合同双方对工程计价标准的约定，而非对工程具体单价的约定，亦不能由利通公司应知该项定额标准推导对其特定定额数据的认可。合同双方的真实意思表示是按造价管理部门发布的真实、有

效的定额标准进行工程计价。司法裁判过程中，对合同内容的解释，应围绕合同文本、合同签订的目的等因素展开，本案所涉及正确的定额标准与错误的定额标准相差十倍，法院将当事人对计价标准的认可解释为对具体价格的认可，不符合市场经济条件下缔约主体趋利性的实际。（2）双方虽在招标文件中规定风险范围包括："市场价格变化以及工程造价管理部门公布的价格调整。"但本案中所涉及的定额勘误是纠错型的定额勘误，不属于价格调整的范畴，故不属于双方约定的风险范围。原审法院未区分定额勘误的原因及类型，将结算后发生的定额勘误均划入市场风险的范畴，由承包方单方承担定额勘误所造成的损失，有违公平原则。（3）利通公司与吉恩公司于2007年进行的工程结算以错误的定额标准为计算依据，且合同双方于结算时不知定额标准有误，工程结算结果与双方签订合同时的真实意思表示相悖，应视为工程施工合同履行过程中的阶段性结算，而非最终的工程决算。故不能做为合同已全面履行的依据。

综上所述，司法实践中涉及定额勘误对工程结算的影响问题，应辩证看待。在承包方已履行合同约定的主要义务的前提下，如果属于纠错型的定额勘误，且按错误定额计价对承包方造成重大的损失，从合同应全面履行的原则出发，应判决发包方按真实、有效的定额标准与承包方进行工程结算，承担继续履行的责任。当然，实践中不乏承包方以较低的价格拿到工程，施工完成后以定额勘误主张调高价格的情形，如定额勘误属于价格调整型的勘误，此类定额勘误应属于价格风险范围，司法权不应主动介入。

二、本案诉争《建设工程施工合同》及《结算协议》是否存在重大误解情形，是否属于可变更、可撤销合同

意思表示作为法律行为制度的核心，其效果意思与表示行为的一致性是法律行为制度能够发挥自身功能，实现私法自治的前提和基础。然而，民事生活的复杂性决定了内心意思与表示行为并不总能保持一致，重大误解制度是纠正此种不一致的重要法律制度。本案在历次审理中，均将诉争《建设工程施工合同》及工程结算书是否存在重大误解事由作为争议焦点。然何谓"重大误解"，在立法层面仅有概念，而无具体内涵的表述。最高人民法院《关于贯彻执行〈中华人民共和国民法通则〉若干问题的意见（试行）》第71条规定："行为人因对行为的性质、对方当事人、标的物的品种、质量、规格和数量等的错误认识，使行为的后果与自己的意思相悖，并造成较大损失的，可以认定为重大误解。"因重大误解而订立的合同系可变更、可撤销合同，其立法目的在于纠正因重大误解而导致的权利、义务严重失衡，亦包含合同目的能否真正实现的考量。司法实践中，若一方主张合同构成重大误解，应重点审查在合同

订立过程中，是否出现表意人意思表示不真实的情形。

本案中利通公司虽在诉状中主张工程结算数额明显低于正确标准，双方存在重大误解，但在诉讼请求中未要求撤销与吉恩公司签订的《建设工程施工合同》及工程结算书，而诉请判令吉恩公司给付工程差价款708739元，其真正请求权基础是要求吉恩公司继续履行付款义务。原审法院在双方均认可《建设工程施工合同》及工程结算书效力的情况下，以利通公司未在一年内行使撤销权为由，驳回利通公司的诉讼请求，存在审理方向上的错误。检察机关从原告的诉讼请求出发，厘清本案的真正争议焦点，是抗诉成功的关键因素。

本案中，如果利通公司诉讼请求撤销《建设工程施工合同》及工程结算书，是否有法律依据，仍有探讨之必要。学界通说认为，重大误解的构成要件有三：（1）表意人对合同内容发生重大误解；（2）因为误解，致使表意人表示出来的意思与其内心真意不一致；（3）表意人因误解遭受较大损失。可见，重大误解事由的发生系合同订立过程中产生的表意错误。在本案《建设工程施工合同》及工程结算书签订过程中，双方均认可机械破岩石一项按2006年定额标准进行结算，双方均不知亦无法预见约定的计价标准存在错误，不存在表意错误的可能性，实践中双方签订合同时，不可能也无必要对定额标准进行逐项核对，故不能以嗣后存在定额勘误，否认合同双方按定额结算的真实意思表示。综上所述，本案诉争的《建设工程施工合同》及工程结算书均属有效，不构成重大误解。

本案争议焦点不是《建设工程施工合同》及《结算协议》应否撤销或变更的问题，而是合同是否已履行完毕的问题。建设工程施工合同是承包人进行工程建设，发包人支付工程价款的合同。纵观本案合同的履行情况，利通公司作为承包方已全面履行了合同约定的义务，工程业已验收合格，双方对施工的工程量并无异议，争议在于吉恩公司是否履行完毕付款义务。民法理论认为，在合同履行过程中，出现当事人于缔约时所不可预见的且不属于不可抗力或者商业风险的情势异常变动的事实，导致继续履行原合同将显失公平，受有不利益的一方可诉请法院判决变更或者解除合同，此系情势变更规则。本案发生的定额勘误系工程造价管理部门人为错误造成，属于合同双方于缔约时无法预见亦无法避免的重大情势，因此可类推适用情势变更的处理规则。综上，再审法院采纳检察机关的抗诉意见，判决吉恩公司承担继续履行付款义务，较好地兼顾了意思自治原则与公平原则，体现了良好的法律效果和社会效果。

如何认定承包人放弃优先受偿承诺的效力

——重庆市潼南第四建筑工程有限公司与重庆银顺房地产开发有限公司、重庆农村商业银行股份有限公司潼南支行建设工程施工合同纠纷抗诉案

蔡良毅　黎小锋[*]

【抗诉机关和受诉法院】

抗诉机关：重庆市人民检察院

受诉法院：重庆市高级人民法院

【基本案情】

申请人（一审原告、一审再审被申请人、二审上诉人）：重庆市潼南第四建筑工程有限公司，住所地重庆市潼南区塘坝镇新北街195号。

法定代表人：张清，经理。

其他当事人（一审再审申请人，二审被上诉人）：重庆农村商业银行股份有限公司潼南支行，住所地重庆市潼南区桂林街道办事处兴潼大道4号。

法定代表人：江富强，行长。

其他当事人（一审被申请人）：重庆银顺房地产开发有限公司，住所地重庆市潼南区花岩镇街村。

法定代表人：龚燕琼，经理。

2002年四川炬鑫建设投资有限公司（以下简称炬鑫公司）依法取得了潼南县凉风垭经济开发区25号地块的开发权后，设立了银鑫源项目部对外发包银鑫源商住楼工程，重庆市潼南第四建筑工程有限公司（以下简称四建司）于2004年与炬鑫公司签订了建设工程合同并与银鑫源项目部签订了关于银鑫源2号楼工程承包补充协议，承建了银鑫源2号楼的土建工程。其间，炬鑫公

---

[*] 作者单位：重庆市人民检察院第一分院。

司与重庆银顺房地产开发有限公司（以下简称银顺公司）协议将银鑫源商住小区的开发业主变更为银顺公司，该小区的资产权益及债权债务由银顺公司享受和承担。双方协议于2006年3月获主管部门批准，银顺公司亦取得了银鑫源项目的商品房预售（预租）许可证。四建司承建的2号楼工程按银顺公司要求整改后，于2007年3月竣工。经结算该工程总价款为3721449.8元，银顺公司已付工程款2403000元，尚欠1318449.8元。银鑫源2号楼未出售房屋为底层1~19号商业门面19通及1-6-2、1-6-3、2-6-2、3-6-2、3-6-3、2-7-1、2-7-3、3-7-1、3-7-4住房9套。

重庆农村商业银行股份有限公司潼南支行（以下简称潼南农商行）原为重庆市潼南县农村信用合作联社（以下简称潼南信用社），2005年9月5日，四建司向潼南信用社出具了盖有四建司印章的《放弃优先权的承诺书》。该《承诺书》载明："潼南县农村信用合作联社：重庆银顺房地产开发有限公司在你单位借款人民币捌佰捌拾万圆整，重庆银顺房地产开发有限公司和陈加前以我承建银鑫源小区的房产作抵押，我自愿放弃承建房产的工程款优先于抵押贷款受偿的权利。"落款有银顺公司、四建司、重庆市通达建筑工程公司。徐成国是银鑫源小区2号楼的实际承包人。2005年8月31日，银顺公司向潼南信用社贷款880万元。同日双方又签订了《重庆市预购商品房抵押贷款合同》，并由陈春成（又名陈加前）、龚燕琼承担保证责任。同日，潼南信用社与银顺公司签订（2005）按揭第00270号《重庆市预售商品房抵押贷款合同》，约定银顺公司用位于重庆市潼南县梓潼镇凉风垭银鑫源的在建房屋为上述贷款提供抵押担保，并办理了抵押登记。之后，潼南信用社按约发放了借款。借款到期后，银顺公司未按约偿还，陈春成、龚燕琼也未履行担保义务。截至2007年11月2日尚欠贷款本金836万元，利息1371797.28元。该借款纠纷合同一案，于2007年11月12日经（2007）渝一中法民初字第226号民事判决书判决银顺公司在判决生效后10日内偿还潼南信用社本金836万元及其利息，若到期未清偿上述债务，潼南信用社有权对银顺公司抵押物依法予以折价或者拍卖、变价，并在上述欠款本息范围内对价款享有优先受偿权；陈春成、龚燕琼对该贷款的本金及利息承担抵押物担保范围之外的连带保证责任。

四建司于2007年诉至潼南县人民法院，请求判令重庆银顺公司支付尚欠的1318449.8元工程款，该工程款对其承建的银鑫源2号楼尚未出售的房屋享有优先受偿权。

【原审裁判】

潼南县人民法院审理后，于2007年6月8日作出（2007）潼法民初字第234号民事判决书。该院一审认为：（1）合同权利义务的转让。四建司与炬鑫公司签订的施工合同及与其银鑫源项目部签订的补充协议是当事人的真实意思表示,不违反法律强制性规定,合法有效,当事人应当依合同全面履行自己的义务。其后,银顺公司与炬鑫公司协商,该项目业主变更为银顺公司,且已经相关主管部门审核批准。银顺公司取得了该项目的商品房预售许可证,成为银鑫源项目业主,实际享有和履行了上述施工合同及补充协议中炬鑫公司的权利义务,其性质为合同权利义务的概况转让,不违反法律强制性规定,银顺公司和四建司对此均未提出异议,予以确认。(2)尚欠工程款。银顺公司和四建司对尚欠工程款 1318449.80 元没有异议,该院予以确认。根据补充协议约定,银顺公司应予结算后三月内付清此款。(3)竣工时间。四建司承建的 2 号楼工程按银顺公司的要求整改,于 2007 年 3 月整改完毕,按照上述施工合同第 9 条 32.4 项约定"工程竣工验收通过,承包人送交竣工验收报告的日期为实际竣工日期。工程按发包人要求修改后通过竣工验收的,实际竣工日期为承包人修改后提请发包人验收的日期"。四建司及银顺公司均认可 2007 年 3 月为四建司整改完成提请银顺公司验收并通过竣工验收的最后日期,此日期应为工程实际竣工日期,对此该院予以确认。(4)优先受偿权及其受偿范围。四建司主张其尚欠工程款对银鑫源 2 号楼未售出房产享有优先受偿权。根据《中华人民共和国合同法》第 286 条及最高人民法院《关于建设工程价款优先受偿权问题的批复》第 4 条规定:建设工程承包人行使优先受偿权的期限为 6 个月,自建设工程竣工之日或者建设工程合同约定竣工之日起计算。四建司主张优先受偿权尚未超出 6 个月期限,符合法律规定,该院予以支持。四建司主张对银顺公司其他资产行使优先受偿权的主张,于法无据不予支持。综上判决:一、银顺公司于 2007 年 7 月 14 日前一次性支付四建司尚欠的工程价款 1318449.8 元;二、四建司应获得的 1318449.8 元工程款对银鑫源 2 号楼尚未出售的房产享有优先受偿权;三、驳回四建司其他诉求。

该判决生效后,第三人重庆农村商业银行股份有限公司潼南支行(以下简称潼南农商行)对此判决不服,认为侵害了其合法利益,于 2010 年 2 月 5 日申请再审。2010 年 10 月 19 日,重庆市第一中级人民法院作出(2010)渝一中法民监字第 18 号民事裁定书裁定,指令重庆市铜梁县人民法院对本案进行再审。

2011 年 7 月 13 日,铜梁县人民法院于作出(2011)铜法民再初字第 5 号民事判决书。该院再审认为,四建司在放弃建筑工程价款优先受偿权的承诺书加盖了单位印章,符合法人意思表示的形式要件,其放弃工程价款优先受偿权是真实的意思表示。四建司关于放弃建筑工程价款优先受偿权的承诺书上仅有法人印章不符合该承诺书的生效要件的辩解理由不成立。建筑工程价款优先受偿权虽为法定权,但属民事权利,权利人可以进行处分,潼南农商行在向银顺公司签订借款合同时已获得四建司放弃工程款优先权的承诺,又签订了以涉案工程的抵押担保协议,并办理了抵押登记,享有抵押物权。虽然银顺公司在四建司向潼南支行签订《放弃优先受偿权承诺书》之前向四建司签订了另一份附条件的《承诺书》,由于银顺公司未出庭质证,该承诺书的真实性存疑,且即便具有真实性,四建司在向潼南农商行所作出的放弃建筑工程价款优先受偿权的承诺书中并没有附条件的内容,潼南农商行也不予认可,四建司亦未举证证明其向潼南农商行所作承诺时潼南农商行知道银顺公司对其有附条件的承诺,因此银顺公司向四建司所作承诺,对潼南农商行没有约束力。综上,原判决关于四建司享有工程款优先受偿因案外人提出新证据致事实有误,导致适用法律错误,应予纠正,潼南农商行关于四建司对涉案建筑工程款不享有优先受偿权的理由承诺,予以支持。判决:一、维持潼南县人民法院(2007)潼法民初字第234号民事判决书第一项和第三项,即银顺公司一次性支付欠款和驳回四建司其他诉求;二、撤销潼南县人民法院原判决的第二项,即四建司对其所承建的银鑫源2号楼的19通门面及9套住房享有优先受偿权。

四建司不服再审判决,认为潼南农商行不是本案件的当事人,无权申请再审;且优先权是法定的,当事人无权处分,其出具的优先权承诺不具法律效力,故提出上诉。重庆市第一中级人民法院于2011年12月8日作出(2011)渝一中法民终字第06640号民事判决书。该院二审认为,四建司在潼南农商行与银顺公司的贷款活动中,作出了放弃工程价款优先受偿权的意思表示,促使双方贷款完成,该放弃优先受偿权的意思表示应当具有法律效力。潼南支行据此申诉撤销潼南县人民法院判决中关于四建司享有优先受偿权内容的诉讼请求,符合法律规定,应予支持。四建司提出潼南支行不具申请再审主体资格的意见,该院认为潼南支行在相关生效裁判的执行过程中发现了判决结果的冲突,即已提出予以纠正的异议,经相应程序的确认属于对本案原审判决的申诉,故其作为本案再审申请人的主体资格符合法律规定,四建司的该意见不能成立,不予采纳。四建司提出潼南支行知道银顺公司向其承诺贷款用于支付其工程款的意见,四建司并未证实潼南支行知晓该事实,而银顺公司对四建司的承诺不具有约束潼南支行的效力,该上诉意见亦不能成立。四建司还提出工程价款优先受偿权其无权放弃的意见,该院认为工程价款优先受偿权属于当事人享有的民事权利,法律设立该项权利的目的在于优先保障民工工资等合法权益的实现,但该项权益的保障也可以通过当事人的其他措施予以实现,而四建司已明确表示了放弃优先受偿权并促使相关的贷款完成,对作出该项承诺的相应法律后果四建司应予承担,至于依法保障民工工资等权益是另一法律问题,并不影响四建司放弃优先受偿权承诺的效力,故该上诉意见不予采纳。原审认定事实清楚,适用法律正确,审判程序合法。依照《中华人民共和国民事诉讼法》第 153 条第 1 款第 1 项规定,判决驳回上诉,维持原判。

四建司仍然不服,认为潼南农商行与银顺公司签订的抵押贷款合同无效,放弃工程款优先受偿权背离立法目的,承诺应当无效,遂向重庆市高级人民法院申请再审,该院于 2013 年 7 月 17 日作出 (2013) 渝高法民申字第 00689 号民事裁定,驳回了其再审申请。四建司遂向检察机关申请监督,请求抗诉。

【抗诉理由】

2015 年 4 月 13 日,重庆市人民检察院作出渝检民监 (2015) 073 号民事抗诉书。重庆市人民检察院经审查认为:重庆市第一中级人民法院作出的 (2011) 渝一中法民终字第 06640 号民事判决适用法律确有错误,判决结果确有不当。理由如下:

1. 四建司的放弃承诺若有效只是针对抵押权优先的"相对放弃",而不是对优先受偿权的"绝对放弃",即对其他普通债权来说,四建司仍应享有优先受偿权。《中华人民共和国合同法》第 286 条规定"承包人可以与发包人将工程折价,也可以申请人民法院将工程依法拍卖,建设工程的价款就该项工程折价或者拍卖的价款优先受偿",最高人民法院《关于建设工程价款优先受偿权问题的批复》第 1 条规定,"人民法院在审理房地产纠纷案件和办理执行案件中,应当依照《中华人民共和国合同法》第二百八十六条的规定,认定建筑工程的承包人的优先受偿权优于抵押权和其他债权"。从四建司在《放弃优先权的承诺书》中写明"我自愿放弃承建房产的工程款优先于抵押贷款受偿的权利"内容看,其处分范围仅为放弃优先于抵押贷款受偿的权利,而非优于所有其他债权受偿的权利,加上抵押权本身也优于普通债权,四建司放弃自己的优先权顺位让潼南农商行优先于其受偿,对其他债权既无影响,又未违反法律的禁止性规定。故四建司放弃对抵押权受偿的优先顺位,对于其他普通债权仍应当享有优先受偿权。原二审判决未深入分析承诺书的具体内容,而笼统认为该放弃行为系放弃整个工程价款优先受偿权,确属不当。

2. 四建司享有的建设工程款优先受偿权与潼南农商行的抵押物优先受偿权优先顺位问题不应当在本案建设工程施工合同纠纷处理。四建司就抵押建筑物的建设工程价款优先受偿权和案外人潼南农商行就抵押建筑物的抵押物优先受偿权皆为各自依法应享有的权利,二者间的冲突只是关于抵押物优先受偿权的优先顺位问题。而此优先顺位与本案建设工程施工合同的权利义务无关联性,案外人潼南农商行不是施工合同当事人,且潼南农商行与本案也不具有法律关系牵连性,因此案外人潼南农商行在四建司和银顺公司建设工程施工合同纠纷一案中不属必要的共同诉讼人或其他利害关系人。关于抵押物优先受偿权的顺位问题包括双方争执的放弃优先权的承诺是否有效等问题，潼南农商行可通过提起新的诉讼解决。

3. 重庆市第一中级人民法院对本案的判决与重庆市高级人民法院作出的（2012）渝高法民提字第00270号民事判决构成同案不同判局面，且此两案皆与潼南农商行有利害关系，从统一法律适用标准，切实维护司法裁判的公正性、权威性角度看，本案得依法再审纠正。

【再审结果】

重庆市高级人民法院受理并完全采纳了检察机关的抗诉意见，并于2016年10月28日作出（2015）渝高法民抗字第024号民事判决书认为，本案系建设工程施工合同纠纷，潼南四建司一审诉讼请求为判令银顺公司支付所欠工程款，并主张该工程款对其所建工程未售房屋享有优先受偿权。经查，银顺公司尚欠潼南四建司工程款的事实清楚，各方当事人对此亦不持异议。据此，根据《中华人民共和国合同法》第286条"……发包人逾期不支付的，除按照建设工程的性质不宜折价、拍卖的以外，承包人可以与发包人协议将工程折价，也可以申请人民法院将该工程依法拍卖。建设工程的价款就该项工程折价或者拍卖的价款优先受偿"以及最高人民法院《关于建设工程价款优先受偿权问题的批复》第4条"建设工程承包人行使优先权的期限为六个月，自建设工程竣工之日或者建设工程合同约定的竣工之日起计算"的规定，潼南四建司关于涉案工程款就其所建银鑫源2号楼未售房屋折价或者拍卖的价款享有优先受偿权的主张符合法律规定，对其诉讼请求应予以支持。虽然潼南四建司曾经向潼南农商行出具过《放弃优先权的承诺书》，银顺公司亦以潼南四建司在建工程部分房屋作抵押担保向潼南农商行进行贷款，但针对抵押担保所涉房屋，潼南四建司享有的建设工程价款优先权和潼南农商行享有的抵押物优先受偿权皆为各自依法应享有的权利，二者间的冲突仅限于优先顺位问题。潼南农商行不是本案建设工程施工合同一方当事人，前述顺位问题不宜在本案中进行处理，潼南农商行可通过提起新的诉讼解决相关争议。根据《中华人民共和国民事诉讼法》第207条第1款、第170条第1款第2项的规定，判决：一、撤销重庆市第一中级人民法院（2011）渝一中法民终字第06640号民事判决、铜梁县人民法院（2011）铜法民再初字第00005号民事判决；二、维持潼南县人民法院（2007）潼民初字第234号民事判决。

【点评】

此案涉及两个问题，一是建筑工程的承包人放弃优先受偿承诺的效力；二是优先受偿的顺位问题是否必须在建设施工合同纠纷中一并解决。

一、承包人向抵押权人放弃优先受偿的承诺,是对优先受偿顺位的相对放弃,而不是对优先受偿权的绝对放弃

(一)建设工程价款受偿权优先于抵押权

为解决工程欠款问题,保障社会稳定,维护农民工的合法权益,《合同法》第286条确定了工程价款的优先受偿权的法律地位,2002年6月27日,又出台了最高人民法院《关于建设工程价款优先受偿权问题的批复》(以下简称《批复》),对建筑工程承包人的优先受偿权的性质、效力等级及范围、行使条件及期限等作出了进一步的规定。该《批复》第1条、第2条分别规定,人民法院在审理房地产纠纷案件和办理执行案件中,应当依照《合同法》第286条的规定,认定建设工程承包人的优先受偿权优于抵押权和其他债权。消费者交付购买商品房的全部或者大部分款项后,承包人就该商品房享有的工程价款优先受偿权不得对抗买受人。从该《批复》条文理解,对于建筑物的优先受偿权顺序为购房消费者、承包人、抵押权人、其他普通债权。承包人的建设工程价款受偿权优先于抵押权。

(二)建设工程价款优先受偿权可以放弃

为了保障资金安全,各大银行随即针对上述《批复》采取措施,即在对开发商贷款时要求承包人承诺放弃建设工程的优先受偿权。为取得贷款,在建设工程施工合同的补充协议中,开发商作为发包人就会设立要求承包人承诺放弃优先权的条款。但是承包人的优先受偿权是否可以放弃却颇具争议。该判决在某种程度上对该争议下了结论,即建设工程价款优先受偿权是可以放弃的。

1. 优先受偿权属于私权,当事人可以自由处分。优先受偿权的性质在学理上存在着法定抵押权说、留置权说、优先权说等观点,但不管何种观点,不可否认的是优先受偿权属于民事权利。民事权利的行使应当遵循意思自治原则。建筑施工企业放弃优先受偿权系对自身权利的处分,符合意思自治原则。

2. 建筑施工企业放弃优先受偿权之后又主张放弃无效的,有违诚实信用原则。当事人以协议形式明确表示放弃优先受偿权后,应当受其限制。承包人放弃权利后又主张放弃无效,违背了交易过程中的禁反言原则,因此应当从民法的诚实信用原则出发,承认放弃优先受偿权的有效性。

3. 虽然涉及多个承包人、农民工工资等问题,但是现有法律对此已经有了救济途径。上述款项的支付,受到劳动法、劳动合同法、合同法等法律保护,自有其救济途径,将其完全归于优先受偿权的实现,过分夸大了该权利的效应,也弱化了其他法律对民事权利的救济。

(三)优先受偿权人可以放弃"优先顺位"或者"优先受偿权"

1. 优先受偿权顺位的放弃,分为相对放弃与绝对放弃。在先顺位优先受

偿权人为了特定的后顺位优先受偿权利人的利益而放弃其优先受偿顺位的情形，在学理上称之为"相对放弃"。在此场合，强调的是各优先受偿权利人的归属与顺位并无变动，放弃顺位的结果是放弃优先权顺位的人与接受放弃利益的优先权人成为同一顺位，应将其所得受分配的金额共同合计后，按两者债权额的比例予以分配。

先顺位的优先受偿权人并非专为某一特定的后顺位优先受偿权人的利益而放弃优先受偿顺位的情形，在学理上称之为"绝对放弃"。在此场合，放弃人的优先受偿权退处于最后的顺位，所有后顺位优先受偿权人的顺位依次递进。

2. 优先受偿权的绝对放弃。此种行为发生绝对效力，因此优先受偿权人放弃其优先受偿权后，其债权就变为普通债权。

本案中，四建司为了所建项目活动潼南信用社的贷款，向其承诺"放弃承建房产的工程款优先于抵押贷款受偿的权利"，该承诺仅能看做是四建司为了潼南信用社的抵押权，放弃其在先的建设工程款的顺位，是对权利顺位的"相对放弃"。而原审生效判决认为"四建司在潼南农商行与银顺公司的贷款活动中，作出了放弃工程价款优先受偿权的意思表示，促使双方贷款完成，该放弃优先受偿权的意思表示应当具有法律效力。潼南支行据此申诉撤销潼南县人民法院判决中关于四建司享有优先受偿权内容的诉讼请求，符合法律规定，应予支持"，混淆了对权利顺位的相对放弃和对权利的放弃二者间的区别，属于适用法律错误。抗诉机关准确抓住了二者的区别进行抗诉，依法纠正了法院的错误。

二、优先受偿的顺位问题不必在建设施工合同纠纷中一并解决

本案系建设工程施工合同纠纷，四建司一审诉讼请求为判令银顺公司支付所欠工程款，并主张该工程款对其所建工程未售房屋享有优先受偿权。根据最高人民法院《关于建设工程价款优先受偿权问题的批复》第4条"建设工程承包人行使优先权的期限为六个月，自建设工程竣工之日或者建设工程合同约定的竣工之日起计算"的规定，四建司关于涉案工程款就其所建银鑫源2号楼未售房屋折价或者拍卖的价款享有优先受偿权的主张符合法律规定。

虽然潼南四建司曾经向潼南农商行出具过《放弃优先权的承诺书》，银顺公司亦以四建司在建工程部分房屋作抵押担保向潼南农商行进行贷款，但针对抵押担保所涉房屋，四建司享有的建设工程价款优先权和潼南农商行享有的抵押物优先受偿权皆为各自依法应享有的权利，二者间的冲突仅限于优先顺位问题。

潼南农商行不是本案建设工程施工合同一方当事人，前述顺位问题可以在执行过程中解决，在执行过程中直接将四建司、潼南信用社纳入第一顺位，在

四建司享有优先权份额内按债权比例清偿，亦可通过提起新的诉讼解决相关争议。纳入本案一并解决于法无据，且在现实生活中，类似于本案的建设工程出现多个优先受偿权人，是不会在每个诉讼过程中都将这些优先权人纳入一并诉讼的。再审判决完全采纳了检察机关的抗诉意见，取得良好的监督效果。

劳动者非因本人原因被安排到新用人单位工作的工龄计算法律问题

——刘静与辉门（大连）有限公司劳动合同纠纷抗诉案

徐 阳[*]

【抗诉机关和受诉法院】

抗诉机关：辽宁省人民检察院

受诉法院：辽宁省高级人民法院

【基本案情】

申请人（一审原告、二审上诉人、再审申请人）：刘静，女。

其他当事人（一审被告、二审上诉人、再审被申请人）：辉门（大连）有限公司，住所地大连市金州区西门外164号。

法定代表人：安德鲁，董事长。

刘静自1996年5月起在大连瑞星船用产品有限公司（以下简称瑞星公司）工作，双方于2008年4月15日起订立无固定期限劳动合同且无固定期限自2008年1月1日起。2012年4月20日，瑞星公司更名为辉门（大连）有限公司（以下简称辉门公司）。2013年3月4日，辉门公司以刘静严重违反用人单位规章制度为由解除与刘静的劳动合同。根据刘静提供的工资条记载，刘静被解除劳动合同前12个月应发工资额平均为3232.86元。刘静2012年已休带薪年假6.75天，辉门公司未支付刘静2013年2月26日、27日、28日及3月1日共4天的劳动报酬，刘静2013年3月4日到辉门公司处，但未提供劳动。

2013年3月6日，刘静向大连金州新区劳动人事争议仲裁委员会提出仲裁申请，请求辉门公司支付：（1）赔偿金116383元（1995年5月至2013年3

[*] 作者单位：辽宁省大连市人民检察院。

月）；（2）7.5 天带薪年休假工资 3345 元（2012 年至 2013 年 2 月）；（3）5 天工资 743 元（2013 年 2 月 26 日、27 日、28 日、3 月 1 日、4 日）。该委于 2013 年 4 月 10 日作出大金劳人仲裁字（2013）629 号仲裁裁决书。裁决：辉门公司自本裁决书生效起 10 日内一次性支付刘静违法解除劳动合同赔偿金 109917.24 元，2012 年至 2013 年 2 月带薪年休假工资 1189.10 元，2013 年 2 月 26 日、27 日、28 日及 3 月 1 日共 4 天的劳动报酬 594.55 元。

刘静不服该仲裁裁决，起诉至大连市金州区人民法院，请求：（1）在计算赔偿金的工作年限时，把原用人单位的工作年限合并计算为新用人单位工作年限内，即从 1989 年 8 月至 2013 年 3 月共 24 年，应支付 155184 元；（2）支付带薪年假工资 7.5 天，计 2096.32 元；（3）支付 5 日工资 743 元。

【原审裁判】

大连市金州区人民法院于 2013 年 10 月 10 日作出（2013）金民初字第 1285 号民事判决。该院一审认为，合法的劳动合同关系应受法律保护。针对刘静的工作年限，大连金州新区劳动人事争议仲裁委员会大金劳人仲裁字（2013）629 号仲裁裁决书认定："刘静提供保险缴费单据中记载 1995 年刘静的单位名称系金州船机厂，用以证明刘静与辉门公司的劳动关系建立于 1995 年，但并未提供其他证据证明金州船机厂与刘静的关系。故对刘静主张劳动关系建立于 1995 年的观点不采信。而辉门公司对于刘静 1996 年 5 月起在辉门公司处工作无异议。故认定双方劳动关系建立的时间始于 1996 年 5 月，因此刘静在辉门公司处的工作时间为 16 年零 10 个月。"刘静在对仲裁决定不服，起诉至法院后，又要求赔偿自 1989 年 8 月至 2013 年 3 月的赔偿金，而刘静在劳动仲裁时自诉称"其本人于 1995 年 5 月初到辉门公司处工作"，庭审中提供了《全民所有制劳动合同制工人录用书存根》证明其于 1989 年 8 月入职金州船机厂，但未有劳动合同等证明，而在刘静之后提供的《合资合同》中第 12 条第 1 项规定了"公司职员的雇用、招聘、解雇、辞退和他们的工资福利、劳动保险、劳动纪律等事宜均依照中华人民共和国外资劳动管理条例及其补充规定办理。经董事会讨论、公司认可后，由公司和公司职员签订雇用合同。劳动合同签订后到当地劳动部门备案"，而《租赁合同》中雇用职工条款，也未明确体现出刘静与辉门公司之间的劳动关系。另有，大连金州船机有限公司成立于 1998 年 8 月 28 日，于 2010 年 8 月 5 日变更企业名称为大连金航船机有限公司，该公司并非本案当事人，其出具的证明内容无法确认，该院亦不予采信。关于辉门公司辩称的其解除与刘静的劳动合同系合法的意见，因辉门公司提供的证人与辉门公司存在密切关系，且刘静不认可该证言所述的事实，而辉门公司又未能提供其他证据证明刘静有违反辉门公司规章制度的行为，故该解除合同的行为应为违法,辉门公司的辩解意见该院不予采纳。综上,刘静主张其自 1989 年 8 月始至 1996 年 5 月前的赔偿金请求,因其证据不足,因而要承担举证不能的法律后果。关于带薪年休假的工资及劳动报酬的诉请,该院经开庭审理查明的事实与劳动仲裁裁决书认定的内容一致,故对此予以确认。综上,依照《中华人民共和国劳动法》第 3 条、《中华人民共和国劳动合同法》第 47 条、第 48 条、第 87 条,《最高人民法院关于民事诉讼证据的若干规定》第 2 条、第 76 条,《职工带薪年休假条例》第 3 条第 1 款、第 5 条第 3 款,《企业职工带薪年休假实施办法》第 12 条之规定,判决:辉门公司自本判决书生效之日起 10 日内一次性支付刘静违法解除劳动合同赔偿金 109917.24 元,2012 年至 2013 年 2 月带薪年休假工资 1189.10 元,2013 年 2 月 26 日、27、28 日及 3 月 1 日共 4 天的劳动报酬 594.55 元。如果未按本判决指定的期间给付金钱义务,应当依照《中华人民共和国民事诉讼法》第 229 条之规定,加倍支付延迟履行期间的债务利息。

  刘静、辉门公司均不服一审判决,向大连市中级人民法院提起上诉。刘静请求依法改判辉门公司支付违法解除劳动合同赔偿金 155177.28 元。辉门公司认为其解除与刘静的劳动合同是合法的,不应当支付刘静赔偿金;刘静解除劳动合同前 12 个月的平均工资计算错误;公司已支付了年休假工资和 4 天的工资,法院仍判决支付有误。

  大连市中级人民法院于 2013 年 12 月 9 日作出(2013)大民五终字第 1314 号民事判决书。该院二审认为,刘静主张其与辉门公司 1989 年 8 月至 2013 年 3 月存在劳动关系,但刘静在原审及二审诉讼期间,所提供的证据不能证明其于 1989 年 8 月入职金州船机厂,且在劳动仲裁阶段自认是 1995 年 5 月初到辉门公司(前身)工作的,与其主张 1989 年 8 月就与辉门公司存在劳动关系不一致。另有,大连金州船机有限公司成立于 1998 年 8 月 28 日,于 2010 年 8 月 5 日变更企业名称为大连金航船机有限公司,该公司并非本案的辉门公司。故该院对刘静主张其与辉门公司 1989 年 8 月就存在劳动关系不予确认。虽刘静未能提供与辉门公司建立劳动关系的确切日期,但辉门公司认可刘静 1996 年 5 月起在其单位处工作。故原审法院认定双方劳动关系建立的时间,自 1996 年 5 月至 2013 年 3 月止,共 16 年零 10 个月并无不当。刘静主张其自 1989 年 8 月至 1996 年 5 月前的赔偿金该院不予支持。关于辉门公司主张其解除与刘静的劳动合同是因为刘静无故谩骂并殴打其部门经理汪群,其行为已经严重违反了单位的规章制度,解除劳动合同是合法解除一节的,因辉门公司未提供刘静无故谩骂并殴打其部门经理汪群的确切证据予以证明其主张,刘静也不予认可谩骂并殴打其部门经理汪群的事实,故该院对辉门公司的该节事实主张不予采信。关于刘静解除劳动合同前 12 个月的工资总额中包括过节费、洗理费、午餐费及采暖费等应扣除该部分及单位已经将年休假工资和四天的工作日工资支付给刘静一节，辉门公司未提供刘静解除劳动合同前 12 个月的工资总额中包括过节费、洗理费、午餐费及采暖费及其已经将年休假工资和四天的工作日工资支付给刘静的具体明细及有效证据，辉门公司的上诉意见该院不予采纳。综上，刘静、辉门公司的上诉请求及所依据的事实理由，因无法律依据，该院对此不予支持。原判认定事实清楚，适用法律正确，应予维持。依据《中华人民共和国民事诉讼法》第 170 条第 1 款第 1 项之规定，判决：驳回刘静、辉门公司的上诉，维持原判。

刘静不服二审判决，向辽宁省高级人民法院申请再审，认为原判认定原审判决认定事实的主要证据不足，辉门公司应按照 24 年工龄向刘静支付违法解除劳动合同赔偿金 15 万余元。

辽宁省高级人民法院于 2014 年 8 月 20 日作出（2014）辽审四民申字第 545 号民事裁定驳回再审申请。

刘静不服二审判决，向检察机关申请监督。

【抗诉理由】

大连市人民检察院审查后，提请辽宁省人民检察院抗诉。辽宁省人民检察院向辽宁省高级人民法院提出抗诉，理由是：

1. 关于法律适用问题。最高人民法院《关于审理劳动争议案件适用法律若干问题的解释（四）》第 5 条规定："劳动者非因本人原因从原用人单位被安排到新用人单位工作，原用人单位未支付经济补偿，劳动者依照劳动合同法第三十八条规定与新用人单位解除劳动合同，或新用人单位向劳动者提出解除、终止劳动合同，在计算支付经济补偿或赔偿金的工作年限时，劳动者请求把在原用人单位的工作年限合并计算为新用人单位工作年限的，人民法院应予支持。用人单位符合下列情形之一的，应当认定属于'劳动者非因本人原因从原用人单位被安排到新用人单位工作'：（一）劳动者仍在原工作场所、工作岗应工作，劳动合同主体由原用人单位变更为新用人单位；（二）用人单位以组织委派或任命形式对劳动者进行工作调动；（三）因用人单位合并、分立等原因导致劳动者工作调动；（四）用人单位及其关联企业与劳动者轮流订立劳动合同；（五）其他合理情形。"现有的《全民所有制劳动合同制工人录用书存根》《劳动合同书》《解除劳动合同证明书》《租赁合同》等证据足以证明，刘静符合上述规定。且根据最高人民法院《关于审理劳动争议案件适用法律若干问题的解释》"因用人单位作出的开除、除名、辞退、解除劳动合同、减少劳动酬、计算劳动者工作年限等决定而发生的劳动争议，用人单位负举证责任",在刘静主张记付违法解除劳动合同赔偿金的年限为 1989 年 8 月至 2013 年 3 月,且提供证据证明其与辉门公司存在劳动关系后,应由辉门公司提供证据证明刘静劳动关系变化情况,及经济补偿金领取情况。原审法院将举证责任分配给刘静,进而认为刘静不适用最高人民法院《关于审理劳动争议案件适用法律若干问题的解释(四)》第 5 条,属于适用法律错误。

2. 关于事实认定问题。本案中,辉门公司与金州船机厂签订的《租赁合同》约定,金州船机厂将其部分土地、厂房、设备租赁给辉门公司,并将部分职工安排到辉门公司工作,以上各项明细分别列于租赁合同附录 1~4 中。刘静在申请监督阶段提供的新证据——附录 4 名单,刘静名列其中。该证据足以证明刘静系非因本人原因被其原用人单位金州船机厂安排至新用人单位辉门公司工作的,现辉门公司与其解除了劳动合同,刘静依据上述司法解释的规定,要求将在金州船机厂的工作年限合并计算赔偿金的诉讼请求理应得到支持。

【再审结果】

辽宁省高级人民法院于 2016 年 2 月 22 日作出(2015)辽审一民抗字第 140 号民事判决。该院再审认为,本案争议的焦点的问题是,在计算刘静的赔偿金时,其在原用人单位的工作年限能否与新用人单位的工作年限合并计算。

《中华人民共和国劳动合同法》第 47 条规定:"经济补偿按劳动者在本单位工作的年限,每满一年支付一个月工资的标准向劳动者支付。六个月以上不满一年的,按一年计算;不满六个月的,向劳动者支付半个月工资的经济补偿。"第 87 条规定:"用人单位违反本法规定解除或者终止劳动合同的,应当依照本法第四十七条规定的经济补偿标准的二倍向劳动者支付赔偿金。"最高人民法院《关于审理劳动争议案件适用法律若干问题的解释(四)》第 5 条规定:"劳动者非因本人原因从原用人单位被安排到新用人单位工作,原用人单位未支付经济补偿,劳动者依照劳动合同法第三十八条规定与新用人单位解除劳动合同,或新用人单位向劳动者提出解除、终止劳动合同,在计算支付经济补偿或赔偿金的工作年限时,劳动者请求把在原用人单位的工作年限合并计算为新用人单位工作年限的,人民法院应予支持。用人单位符合下列情形之一的,应当认定属于'劳动者非因本人原因从原用人单位被安排到新用人单位工作':(一)劳动者仍在原工作场所、工作岗位工作,劳动合同主体由原用人单位变更为新用人单位;(二)用人单位以组织委派或任命形式对劳动者进行工作调动;(三)因用人单位合并、分立等原因导致劳动者工作调动;(四)用人单位及其关联企业与劳动者轮流订立劳动合同;(五)其他合理情形。"

本案中,刘静于 1989 年 8 月入职金船机厂。1996 年 5 月,刘静到辉门公司工作。2013年3月4日，辉门公司以刘静严重违反用人单位规章制度为由解除与刘静的劳动合同。1996年3月31日，金州船机厂、大连瑞星船用产品有限公司（现辉门公司）、瑞典达劳斯投资有限公司签订《租赁合同》。其中3.1条约定：金州船机厂在此将以下内容租赁或授予瑞星使用权：（1）如在附录1中描述和展示的不动产（即"土地"）的使用；（2）如在附录2中描述和展示的座落在土地上的建筑物和房屋；（3）如在附录3中描述和展示的船机厂现在的用于活塞环生产的设备；（4）船机厂有关活塞环生产销售的所有经营活动。9.1条约定：瑞星初期所需的职工和人力的清单在附录4内，瑞星有权根据其人员的资格及需要自己决定职工的更换或增减。刘静、辉门公司对该份《租赁合同》均无异议。

该院审理过程中，刘静提供一份盖有大连金航船机有限公司公章的附录4，用以证明其本人在附录4名单内，系非因本人原因被原用人单位安排到辉门公司工作。辉门公司如对刘静提供的附录4不予认可，应当提供证据加以证明。而辉门公司作为涉案《租赁合同》的当事人之一，始终未予提供其持有的《租赁合同》所载明的附录4，且辉门公司亦未提供证据证明刘静如何入职辉门公司工作，辉门公司应承担举证不利的后果。故该院依据双方当事人所举证据情况，对刘静提供的附录4依法予以采信。依据刘静提供的《全民所有制劳动合同制工人录用书存根》《劳动合同书》《租赁合同》、附录4等证据，足以认定刘静系非因本人原因从原用人单位被安排到新用人单位即辉门公司工作。因无证据证明刘静的原用人单位向其支付过经济补偿，故刘静请求在计算赔偿金时应把原用人单位的工作年限与在辉门公司的工作年限合并计算，于法有据，该院予以支持。辉门公司应向刘静支付违法解除劳动合同赔偿金的数额为3232.86元/月×24个月（1989年8月–2013年3月）×2倍=155177.28元。

综上，检察机关的抗诉意见成立，该院予以支持。依照《中华人民共和国民事诉讼法》第207条第1款、第170条第1款第2项之规定，判决：一、撤销大连市中级人民法院（2013）大民五终字第1314号民事判决；二、变更大连市金州区人民法院（2013）金民初字第1285号民事判决主文为：辉门（大连）有限公司自本判决书生效之日起十日内一次性支付刘静违法解除劳动合同赔偿金155177.28元，2012年至2013年2月带薪年休假工资1189.10元，2013年2月26日、27日、28日及3月1日共4天的劳动报酬594.55元。如果未按本判决指定的期间履行给付金钱义务，应当依照《中华人民共和国民事诉讼法》第253条之规定，加倍支付迟延履行期间的债务利息。

【点评】

本案主要涉及在解除劳动合同计算经济补偿金时，劳动者在原用人单位的工作年限能否与新用人单位工作年限合并计算的问题。

经济补偿金是劳动合同解除或终止时，用人单位按劳动者的工作年限一次性支付给劳动者经济上的补助。在通常情况下用人单位是按照劳动者在本单位的工作年限计算经济补偿金。但若劳动者因用人单位资产业务划转、部分并购、重组等原因被转移至新单位工作，由于劳动者被动变更了工作单位，劳动合同的主体也随之发生了改变，劳资三方就会出现经济补偿金由谁支付，工作年限如何计算的疑问。若原单位已经向劳动者支付了经济补偿，根据《劳动合同法实施条例》第10条"劳动者非因本人原因从原用人单位被安排到新用人单位工作的，劳动者在原用人单位的工作年限合并计算为新用人单位的工作年限。原用人单位已经向劳动者支付经济补偿的，新用人单位在依法解除、终止劳动合同计算支付经济补偿的工作年限时，不再计算劳动者在原用人单位的工作年限"之规定，劳动者的工作年限将不再计入新用人单位。但是，若原单位没有向劳动者支付经济补偿金，在劳动合同解除或终止时，劳动者的工作年限能否连续计算，该条例未作规定，在实践中产生了较大争议。为此，最高人民法院出台的《关于审理劳动争议案件适用法律若干问题的解释（四）》第5条规定："劳动者非因本人原因从原用人单位被安排到新用人单位工作，原用人单位未支付经济补偿，劳动者依照劳动合同法第三十八条规定与新用人单位解除劳动合同，或新用人单位向劳动者提出解除、终止劳动合同，在计算支付经济补偿或赔偿金的工作年限时，劳动者请求把在原用人单位的工作年限合并计算为新用人单位工作年限的，人民法院应予支持。"

本案中，劳动者主张原工作单位——金州船机厂将其安排到辉门公司工作，由于金州船机厂未支付过经济补偿，现辉门公司提出解除劳动合同，其在金州船机厂的工作年限理应合并计算。因此本案的关键点有二：一是刘静是否曾入职金州船机厂；二是刘静是否被金州船机厂安排至辉门公司处工作。对于第一个关键问题，虽然大连市中级人民法院认为刘静所提供的证据不能证明其于1989年8月入职金州船机厂。但检察机关经审查认为根据以下三项证据能证明该主张：一是从大连金州新区档案局调取的大连市金州区劳动局于1984年8月14日出具的《全民所有制劳动合同制工人录用书存根》可以证明，刘静被录用为金州船机厂合同制工人，合同期限为30年，自1989年8月14日至2019年8月14日止；二是在大连金州新区劳动就业管理中心调取的大连金航船机有限公司（原金州船机厂）于2013年4月2日出具的证明也认可了这一事实；三是辽宁省高级人民法院在（2014）辽审四民申字第545号民事裁定认为刘静在二审时提交的《职工基本养老保险个人账户明细单》《劳动合同书》及一审提交的证据，能证明刘静1989年8月与大连金州船机厂建立了劳动关系。对于第二个关键问题，刘静虽坚称其主张，但未能提供有效证据证明其主张。检察机关经审查了解到，金州船机厂现仍存在，只是更名为大连金航船机有限公司，金州船机厂将包括刘静在内的多名职工安排至另一单位工作，该厂应有书面文件留存，遂引导刘静到金州船机厂取证。最终刘静从大连金航船机有限公司处调取了一份金州船机厂、瑞星公司（辉门公司前身）、瑞典达劳斯投资有限公司于1996年3月31日共同签订的一份《租赁合同》。该合同约定：金州船机厂将部分厂房和活塞环生产设备租赁或授予瑞星公司使用权；瑞星公司初期所需的职工和人力的清单。刘静被列入活塞环项下名单内。正是这份关键证据，证明了刘静是由原单位安排至新单位工作的，其原单位的工作年限应合并计算。再审法院也是由于采信了该份证据，最终撤销原判，改判支持了刘静的诉讼请求。

　　民事案件中实行"谁主张，谁举证"原则，举证不力将承担败诉风险。人民法院有调查取证的权力，但最高人民法院通过司法解释进行了严格限定，只有涉及损害国家利益和社会公共利益、虚假诉讼、身份关系等证据，人民法院才进行调查收集证据。虽然2012年《民事诉讼法》以立法形式赋予了检察机关调查核实权，但《人民检察院民事诉讼监督规则（试行）》对检察机关行使调查核实权的范围和条件作出了明确规定。实践中，社会弱势群体参与诉讼活动时，由于自身法律知识匮乏等原因，缺乏收集保存证据的意识和能力，容易因证据不足而导致败诉。对不符合法定调查核实条件的案件，检察机关虽不能越俎代庖替当事人取证，但可以帮助当事人了解案件所需证据的类型、内容及取得方式、途径，对其进行适当指导，从而更好地查明案件事实，还原案件真相，既可以保护弱势群体的合法权益，也可以弥补法院审判中未查清案件事实所造成的个案不公，维护了法律的公平、正义及社会稳定。

串通骗取担保情形应如何认定

——林荣孙与林杰、张金标民间借贷纠纷抗诉案

范志鸿[*]

【抗诉机关和受诉法院】

抗诉机关：福建省莆田市人民检察院

受诉法院：福建省莆田市中级人民法院

【基本案情】

申请人（一审被告、再审申请人）：林荣孙，男。

其他当事人（一审原告、再审被申请人）：林杰，男。

其他当事人（一审被告、再审被申请人）：张金标，男。

2012年5月11日，林杰起诉至莆田市城厢区人民法院，请求判决张金标、林荣孙连带偿还原告借款人民币50万元及其自起诉之日起至还款之日止按银行同期贷款利率计算的利息，并承担诉讼费用。

莆田市城厢区人民法院一审查明，2010年9月1日，张金标因酒店装修需要资金向林杰借款50万元，并出具给林杰借条一份，双方未约定借款利率及期限，林荣孙作为担保人在该借条上签名，未约定担保方式。后经林杰催讨，张金标没有还款。林杰遂向法院起诉。

【原审裁判】

莆田市城厢区人民法院于2012年7月24日作出（2012）城民初字第1769号民事判决。该院认为，张金标由林荣孙担保向林杰借款人民币50万元并拖欠至今未还，有原告据以主张权利的由张金标出具的借条为据，事实清楚，证据充分，双方债权债务关系明确，足以认定。林荣孙为借款提供保证担保，双方未约定保证方式，应当依照连带责任保证承担保证责任，故原告要求二被告连带偿还借款合法有据，应予以支持。林荣孙作为完全民事行为能力

---

[*] 作者单位：福建省莆田市人民检察院。

人，应当知道为借款提供担保所应承担的法律责任，其主张受欺骗在借条上签字，但没有提供任何证据证实，故对其该主张，依法不予采纳。借条作为借款方向出借方出具的书面凭证，具有证明借条项下的款项已经交付的效力，并且通常情况下交付款项的时间即与出具借条的时间一致，故借条即为借款已经交付的直接证据，且亦无证据证实本案借款人与出借人约定通过银行转账交付借款，故林荣孙以林杰未提供银行转账凭证为由主张不承担还款责任依据不足，不予采纳。由于双方未约定借款利率，借款人经催告不还，现林杰请求自起诉之日起按银行同类贷款利率计息合法，予以支持。张金标经法院传票传唤，无正当理由拒不到庭，又未在举证期限内提出书面异议和提交证据，视为放弃诉讼权利，法院依法进行缺席审理和判决。依照《中华人民共和国民法通则》第90条、第108条，《中华人民共和国担保法》第18条、第19条、第21条，最高人民法院《关于人民法院审理借贷案件的若干意见》第9条，最高人民法院《关于民事诉讼证据的若干规定》第2条和《中华人民共和国民事诉讼法》第130条之规定，判决张金标应在判决生效之日起10日内偿还林杰借款人民币50万元及该款自2012年5月11日起至还清之日止按中国人民银行规定的同期贷款利率计算的利息；林荣孙对上述借款本息承担连带清偿责任；案件受理费人民币8800元由张金标、林荣孙负担。

林荣孙不服一审判决，向莆田市城厢区人民法院申请再审称：出借人与借款人恶意串通，其受欺骗在借条上签字后离开，没有见到借款现金支付。莆田市城厢区人民法院于2013年12月11日作出（2013）城民申字第2号民事裁定书驳回林荣孙的再审申请。

林荣孙不服一审判决，向检察机关申请监督。

【抗诉理由】

莆田市人民检察院于2015年1月6日以莆检民监（2015）1号民事抗诉书向莆田市中级人民法院提出抗诉。莆田市人民检察院认为，莆田市城厢区人民法院（2012）城民初字第1769号民事判决书存在送达程序违法、认定的基本事实缺乏证据证明、适用法律确有错误、有新的证据足以推翻原判决的情形。理由如下：

1. 送达法律文书违反法律规定，影响当事人行使上诉权。经查，本案一审宣判后，法院通过邮寄方式送达本案民事判决书，但该邮件因申请人林荣孙外出而在2010年8月24日和8月25日两次投递未果后退回法院。一审法院案件承办人收到邮递退件后曾先后两次电话联系林荣孙，但林荣孙均没有接听，法院也没有再次进行送达。林荣孙在一审期间填写了《当事人送达地址确认书》，确认了其送达地址为城厢区中特阳光棕榈××号楼××室。法院虽在《当事人送达地址确认书》上载明了"根据最高人民法院《关于适用简易程序审理民事案件的若干规定》第九条、第十条的规定,邮寄送达的,邮件回执上注明的退回之日为送达之日"的事项,告知了申请人相关诉讼风险,但本案系适用普通程序审理的民事案件,并不适用上述司法解释规定。一审法院在邮件退回后没有再履行送达程序,林荣孙也没有收到裁判文书,故一审法院送达程序明显违反法律规定,影响了当事人行使上诉权。

2. 原审法院认定的基本事实缺乏证据证明。根据我国《合同法》规定,自然人之间的借款合同是实践合同,自贷款人提供贷款时合同生效。本案中,出借人与借款人均缺席法院庭审,出借人的委托代理人在庭审回答审判人员提问时称"根据当事人现在的回忆是现金支付、支付时原告及二被告在场、在原告南门经营的宾馆里支付"等,但作为担保人的林荣孙对此予以否认,在此情况下,借款是否交付、以何种交付成为本案当事人讼争焦点,而一审法院对此讼争焦点既未要求原告提交证据进行补强,也未依职权对本案借款的交付等事实进行调查,以"借条即为借款已经交付的直接证据"为由径行认定本案借款已经交付,明显缺乏证据证明。

3. 原审法院适用法律确有错误。保证担保系担保人基于真实意思表示,在债务人不履行债务的情况下,其对债务承担偿还责任的法律行为。担保人进行担保的意思表示应是真实,所担保的债务也应是特定。在本案中,借款担保合同成立于2010年9月1日,所依据的借条并无对担保人所担保的特定债务的交付方式、交付时间等进行明确约定。出借人林杰在担保人申请再审期间向法院提交了中国建设银行"DCC历史流水",以证明本案借款系林杰于2010年8月11日通过银行转账方式交付给张金标的主张,但根据"谁主张,谁举证"的举证责任分配原则,林杰负有对其2010年8月11日的转账与2010年9月1日所达成的民间借贷合同存在关联的主张进行举证的义务,否则就应承担举证不能的法律后果。但原审法院在案件审理和再审审查过程中均未行使释明权,也未要求林杰提供证据进行补强,而是直接认定两者之间存在关联,应属举证责任分配错误,适用法律确有错误。

4. 本案有新的证据证实原审法院判决确有错误。根据民间借贷交易习惯,借款的交付有现金交付和转账支付等方式。原审法院判决认定"借条作为借款方向出借方出具的书面凭证,具有证明借条下的款项已经交付的效力,并且通常情况下交付款项的时间即与出具借条的时间一致,故借条即为借款已经交付的直接证据"。但出借人林杰在申请人再审期间向法院提交了中国建设银行"DCC历史流水",主张本案借款系其于2010年8月11日通过银行转账方式交付给张金标,该主张经莆田市城厢区人民法院(2013)城民申字第2号民事裁定书予以认定。该"DCC 历史流水"为原审庭审结束前已客观存在庭审结束后新发现的证据,应属于"新的证据",且对原审判决的结果有实质影响,足以推翻原审判决。

【再审结果】

莆田市中级人民法院于 2015 年 2 月 5 日作出(2015)莆民监字第 1 号民事裁定书,裁定如下:一、指令莆田市城厢区人民法院对本案进行再审;二、在审理期间,中止原判决的执行。

莆田市城厢区人民法院于 2015 年 11 月 3 日作出(2015)城民再字第 1 号民事判决书。除原审查明事实外,该院再审补充查明,本案原审期间,林荣孙主张当日其未见到林杰支付现金给张金标,而是约定其签字后通过银行转账。该院审查再审申请期间(2013 年 9 月 3 日),林杰主张 2010 年 9 月 1 日其并未当场支付现金给张金标,而是部分支付现金,部分通过建行转账。之后,林杰向该院提供银行转账单据,证明本案讼争借款系 2010 年 8 月 11 日其通过银行转账给张金标。再审期间,林杰又主张在原期间因记忆不清而陈述借款系以现金形式支付,并确认本案讼争借款系 2010 年 8 月 11 日通过银行转账给张金标,整个过程林荣孙均知情等。林荣孙主张其担保的系 2010 年 9 月 1 日的借款,之前林杰与张金标之间的资金往来其均不知情。该院再审一审认为,本案张金标向林杰借款人民币 50 万元,有银行转账凭证及借条为凭,事实清楚,证据充分,足以认定。故林杰要求张金标偿还借款人民币 50 万元并支付该款自起诉之日起按银行同期贷款利率计算的利息合法有据,予以支持。但林杰要求支付利息至还款之日止,缺乏依据,按有关规定,张金标应支付利息至本判决指定的还款之日止。本案借款林杰系在林荣孙提供担保之前已通过银行转账至张金标账户。林杰主张林荣孙在知情的情况下仍为该借款提供担保,但林荣孙对此予以否认。因林杰未能提供证据证明林荣孙在知情的情况下为本案借款提供担保,且本案原审期间林杰一直主张该借款系当日现金支付,故可以推定林荣孙对其提供担保前,林杰已将 50 万元借款汇至张金标账户并不知情。综上,林杰、张金标存在串通,骗取林荣孙提供保证的情形,故林荣孙不应对本案借款承担担保责任。张金标经该院传票传唤,无正当理由拒不到庭,又未在举证期限内提出书面异议和提交证据,视为放弃诉讼权利,该院依法进行缺席审理和判决。本案经该院审判委员会讨论决定,依照《中华人民共和国民法通则》第 90 条、第 108 条,《中华人民共和国担保法》第 30 条第 1 项,最高人民法院《关于人民法院审理借贷案件的若干意见》第 9 条,《中华人民共和国民事诉讼法》第 64 条、第 144 条、第 207 条,最高人民法院《关于适用〈中华人民共和国民事诉讼法〉的解释》第 90 条,最高人民法院《关于适用

《中华人民共和国民事诉讼法》审判监督程序若干问题的解释》第 39 条第 1 款之规定，判决如下：一、撤销该院（2012）城民初字第 1769 号民事判决；二、被申诉人张金标应在该判决生效之日起十日内偿还被申诉人林杰借款人民币 50 万元及该款自 2012 年 5 月 11 日起至该判决指定的还款之日止按中国人民银行发布的银行同期贷款利率计算的利息；三、驳回被申诉人林杰对申诉人林荣孙的诉讼请求。

　　林杰不服再审一审判决，向莆田市中级人民法院提起上诉。莆田市中级人民法院于 2016 年 7 月 26 日作出（2016）闽 03 民再 4 号民事判决书。该院对再审一审查明的事实予以确认。该院再审二审认为，对于上诉人林杰及其代理人提出的 2010 年 9 月 1 日借条所载明的借款 50 万元就是 2010 年 8 月 11 日转账给张金标的款项 50 万元，林荣孙明知该情况的上诉、代理意见，经查：借条和银行转账凭证两份证据客观存在，双方对此无异议，借款人张金标也拒不对此作出答辩，因此，对上诉人林杰主张 2010 年 9 月 1 日借条的借款 50 万元就是 2010 年 8 月 11 日转账给张金标的款项 50 万元的意见予以支持。但从林杰在原审庭审时称借款系写条当日现金支付的，再审一审时称系 2010 年 8 月 11 日转账给张金标的前后不一致的说法来看，林杰并不愿意将该借款的支付方式告知林荣孙，现也没有证据证实林杰、张金标有告诉林荣孙该情况，所以林杰及其代理人称林荣孙在担保签名时已明知借款于 2010 年 8 月 11 日支付的意见不能成立，不予采纳。对于上诉人林杰提出再审一审在已认定张金标于 2010 年 9 月 1 日出具给林杰的借条上的借款 50 万元即为 2010 年 8 月 11 日林杰通过银行转账的方式支付给张金标的 50 万元的情况下，不判决担保人承担担保责任，自相矛盾的上诉意见，经查，本案借条的款项是立条前支付还是立条后才支付的，出借人前后陈述不一致，莆田市城厢区人民法院考虑借款人张金标没有对借款事实及支付时间提出异议，按照林杰的主张认定该借款即为林杰 2010 年 8 月 11 日转账给张金标的 50 万元，并无不当，但没有证据证实担保人林荣孙对此知情，且林杰在原审时也隐瞒此借款的支付方式和时间，所以林杰与张金标存在相互串通骗取担保人林荣孙为借款提供担保的情形，根据《中华人民共和国担保法》第 30 条的规定，保证人不承担保证责任。故上诉人林杰认为再审一审判决自相矛盾的意见不能成立，不予采纳。综上，被上诉人张金标向上诉人林杰借款人民币 50 万元，有银行转账凭证及借条为凭，事实清楚，证据充分，足以认定。上诉人林杰与被上诉人张金标串通，隐瞒借款支付方式和时间，骗取被上诉人林荣孙提供担保，根据《中华人民共和国担保法》第 30 条的规定，保证人林荣孙不承担保证责任。上诉人林杰及其代理人的上诉、代理意见均不能成立，不予采纳。被上诉人张金标经该院传票传唤，无正当理由拒不到庭，依法进行缺席审理和判决。一审判决认定事实清楚，证据确实充分，审判程序合法，适用法律正确。本案经该院审判委员会讨论决定，依照《中华人民共和国民事诉讼法》第207条、第170条第1款第1项之规定，判决驳回上诉，维持原判。

【点评】

结合本案的抗诉再审判决情况，本案涉及的关键问题有：

一、检察机关对一审生效裁判应如何监督

《中华人民共和国民事诉讼法》第208条第2款规定，"地方各级人民检察院对同级人民法院已经发生法律效力的判决、裁定，发现有本法第二百条规定情形之一的，或者发现调解书损害国家利益、社会公共利益的，可以向同级人民法院提出检察建议，并报上级人民检察院备案；也可以提请上级人民检察院向同级人民法院提出抗诉"，可见，我国民事诉讼法对一审生效的民事诉讼进行监督并无禁止性规定，最高人民法院的相关司法解释对此问题也基本采此立场。

对一审生效的民事诉讼监督的严格把握，始于《人民检察院民事诉讼监督规则（试行）》。该规则第32条设定了"不受理是原则，受理是例外"的监督规则，并对例外情形予以明确。笔者认为，对该条规定，应结合制定规则的历史背景进行全面正确的理解。在制定《人民检察院民事诉讼监督规则（试行）》前，在司法实践中，一些当事人出于规避诉讼费用等目的，滥用申请监督权利，应当上诉而没有上诉；而极个别检察机关为了拓展案源，主动提前介入诉讼程序，这些行为极大损害了检察机关监督权威。有鉴于此，《人民检察院民事诉讼监督规则（试行）》根据全国检察机关第二次民事行政检察工作会议确定的"有限监督"原则作了收紧监督受理范围的规定。

《人民检察院民事诉讼监督规则（试行）》第32条规定："对人民法院作出的一审民事判决、裁定，当事人依法可以上诉但未提出上诉，而依照《中华人民共和国民事诉讼法》第二百零九条第一款第一项、第二项的规定向人民检察院申请监督的，人民检察院不予受理，但有下列情形之一的除外……（三）人民法院送达法律文书违反法律规定，影响当事人行使上诉权的……"本案中，经调阅原审卷宗，原审法院在裁判文书通过邮寄送达方式送达未果的情况下，没有再次进行送达，致使林荣孙未能及时知晓裁判结果，没有在法定期间内提起上诉。考虑林荣孙在一审诉讼中的参与程度，并结合其在一审判决生效后不断申诉的历程，可以认定其确因法律文书送达未到位影响其行使上诉权利，且裁判结果对其权利造成较大影响。有鉴于此，检察机关决定受理其监督申请，契合我国民事诉讼法的立法本意，也符合《人民检察院民事诉讼监督规则（试行）》第32条的规定。

二、串通骗取担保情形应如何认定

《中华人民共和国担保法》第30条规定："有下列情形之一的，保证人不承担民事责任：（一）主合同当事人双方串通，骗取保证人提供保证的；（二）主合同债权人采取欺诈、胁迫等手段，使保证人在违背真实意思的情况下提供保证的。"由于借贷、担保具有一定的封闭性，导致当事人往往"各执一词"，使得串通骗取担保的认定成为司法实践难题。

我们认为，认定串通骗取担保，应结合举证责任分配进行综合判断。《中华人民共和国民事诉讼法》第64条规定："当事人对自己提出的主张，有责任提供证据。"在担保法律关系中，出借人对借款合同和保证合同的成立承担举证责任，保证人主张其受欺骗提供保证，也应提供证据证明。在案件事实、当事人陈述及证据材料对可能存在的骗取担保产生合理怀疑时，应由出借人对保证合同的成立进行证据补强，必要时法院也应进行释明或依职权调查，而不宜将该举证责任全部交由保证人承担。

本案中，借款交付时间和交付方式成为双方当事人争议焦点，双方对此各执一词。出借人林杰在原审庭审时主张该笔借款系当场现金支付给借款人，在审查再审期间又自认该笔借款是部分支付现金、部分通过建行转账，其后却又向法院提交了全额借款的银行转账凭证。就日常生活经验法则而言，以现金方式交付50万元的大额借款并不常见，且保证人对此提出质疑，在此情形下仅凭借条进行定案，证据明显不够充分。另外，一般而言，出借人对借款时间、交付方式等借款成立的关键要素应负有必要的注意义务，也应向法庭如实进行陈述。从出借人林杰前后三次自认均自相矛盾的情况看，可以认定本案出借人与借款人隐瞒事实真相、串通骗取保证具有高度可能性。基于上述分析，检察机关准确抓住本案抗诉要点，依法向法院提出抗诉，并为法院最终所采纳，监督纠正了原审错误判决，维护了当事人的合法权益。

接受了与约定不符的实际履行后又反悔的是否应予以支持

——宁波盈德工程机械有限公司与中国民生银行股份有限公司宁波分行借款合同担保纠纷抗诉案

赵 勇 向凯雄*

【抗诉机关和受诉法院】

抗诉机关：浙江省宁波市人民检察院

受诉法院：浙江省宁波市中级人民法院

【基本案情】

申请人（一审被告、二审上诉人、再审申请人）：宁波盈德工程机械有限公司，住所地宁波市江东区新天地东区1幢1－3号民安路1018号。

法定代表人：范淼淼，执行董事。

其他当事人（一审原告、二审被上诉人、再审被申请人）：中国民生银行股份有限公司宁波分行，住所地宁波保税区商务大厦1216室。

法定代表人：万恩平，行长。

其他当事人（一审被告）：宁波海富船务有限公司，住所地宁波市海曙区解放南路63号6幢。

法定代表人：张宽富，董事长。

其他当事人（一审被告）：马宁，男。

其他当事人（一审被告）：陈依子沁，曾用名陈敏，女。

其他当事人（一审被告）：马元忠，男。

其他当事人（一审被告）：朱玲娣，女。

2011年12月13日，中国民生银行股份有限公司宁波分行（以下简称民生银行）与宁波海富船务有限公司（以下简称海富公司）签订公授信字第甬

---

* 作者单位：浙江省宁波市北仑区人民检察院。

2011361 号《中小企业金融服务合同（综合授信）》1 份，约定海富公司在授信有效期限内可向民生银行申请使用的最高授信额度为 3300 万元，授信额度有效使用期限自 2011 年 12 月 13 日至 2012 年 12 月 12 日，可分次累计使用，并就违约责任、还款方式、还款期限等相关事项做了约定。当日，民生银行与马宁、陈依子沁、马元忠、朱玲娣签订了《最高额保证合同》1 份、与马宁、陈依子沁签订抵押合同 1 份，约定马宁、陈依子沁、马元忠、朱玲娣为上述《中小企业金融服务合同（综合授信）》项下产生的债权提供连带保证担保；以马宁、陈依子沁所有的两处房产提供抵押担保。担保的最高债权额为 3300 万元，保证期间为债务履行期限届满后两年。上述抵押合同于 2011 年 12 月 16 日办理了抵押登记手续。

在办理上述抵押合同的抵押登记手续期间，因马宁、陈依子沁所有的其中一处房产先前已为他人的债权设定抵押登记，民生银行便与海富公司约定，由民生银行贷款 1000 万元给海富公司用以偿还他人债务，以便解除该房产上所设定的抵押登记手续；并与盈德公司口头约定，由盈德公司为该 1000 万元贷款提供保证担保。2011 年 12 月 13 日，民生银行与盈德公司签订公高保字第甬 2011315 号《最高额保证合同》1 份，约定民生银行与海富公司签订的公授信字第甬 2011361 号《中小企业金融服务合同（综合授信）》项下全部业务合同或者协议、申请书及借款凭证提供担保，所担保的最高债权额为 1000 万元，被担保的主债权发生期间为 2011 年 12 月 13 日至 2012 年 2 月 12 日，保证方式为连带责任保证担保，保证期间为债务履行期限届满后两年。

2011 年 12 月 13 日，民生银行发放给海富公司贷款 1000 万元，双方未约定利息及还款期限，后海富公司于 2011 年 12 月 22 日向民生银行偿还 1000.22875 万元，结清了 2011 年 12 月 13 日的 1000 万元贷款本金及利息。2011 年 12 月，民生银行经办人（客户经理）金春燕出具给马宁《对公信贷系统数据修改单》（复印件）一份，该修改单载明"宁波海富船务有限公司已办妥抵押，现要求撤销宁波盈德工程机械有限公司过渡担保"，并有经办人金春燕的签字和民生银行企业金融一部总经理俞克海的签章。后民生银行于当月撤销了盈德公司为民生银行提供的 1000 万元债权担保，经民生银行申请，中国人民银行亦在其企业征信系统中删除了盈德公司担保信息。2011 年 12 月 16 日，民生银行贷款 1500 万元给海富公司，约定年利率为 7.544%，还款日期为 2012 年 12 月 12 日。2011 年 12 月 20 日，民生银行为海富公司承兑 1000 万元的银行汇票一张；2011 年 12 月 21 日，民生银行为海富公司承兑 600 万元的银行汇票一张。2011 年 12 月 22 日，民生银行贷款 1000 万元给海富公司，约定年利率为 7.544%，还款日期为 2012 年 12 月 12 日。2012 年 1 月 13 日，海富公司向民生银行提前还款49.4236万元；2012年2月16日海富公司向民生银行提前还款234.1456万元。2012年3月20日，民生银行为海富公司垫付了银行承兑汇票款793.474135万元。

后民生银行与海富公司发生纠纷，将海富公司、盈德公司等人起诉至宁波市北仑区人民法院，要求海富公司提前还款并要求盈德公司、马宁等人承担担保责任。

【原审裁判】

宁波市北仑区人民法院于2012年7月19日作出（2012）甬仑商初字第120号民事判决书，支持了民生银行的诉讼请求。判决认为：第一，涉案综合授信合同、抵押合同、保证合同、借款合同及银行承兑汇票均系合同当事人真实意思表示，合法有效，作为合同当事人均应依约履行。一审原告依约放贷、承兑汇票、垫付汇票款后，有权依照合同约定要求海富公司承担还款责任。第二，一审被告马宁、陈依子沁、马元忠、朱玲娣、盈德公司作为连带责任保证人，理应依约履行保证责任。一审原告诉请的借款均发生在盈德公司担保期间，尚未还清。故马宁、陈依子沁、马元忠、朱玲娣关于盈德公司担保的债务已归还、盈德公司不应承担保证责任的辩解不能成立。马宁、陈依子沁以各自名下房产为海富公司涉案债务进行了抵押担保，民生银行要求在抵押范围内就抵押物行使抵押权的诉求应予以支持。判决：一、海富公司于判决发生法律效力之日起7日内归还民生银行借款22164305元及按合同约定的利率自2012年2月21日起算至判决确定履行之日止的利息和银行承兑汇票款7934741.35元及按日万分之五标准自2012年3月21日起计算至判决确定履行之日止的利息，并支付律师费496000元；二、马宁、陈依子沁、马元忠、朱玲娣对海富公司上述债务承担连带清偿责任；三、盈德公司在10000000元的额度内对海富公司上述债务承担连带清偿责任；四、如海富公司未能如期履行债务，则民生银行有权对马宁抵押的房产（房屋所有权证号：甬江东字20101031291）及陈依子沁的房产（房屋所有权证号：甬江东字20110054853）在抵押范围内行使抵押权，就上述抵押物以折价、拍卖或者变卖方式取得的价款优先受偿。

盈德公司不服一审判决，向宁波市中级人民法院提起上诉，在二审期间，盈德公司申请撤回上诉，宁波市中级人民法院于2012年10月27日作出（2012）浙甬商终字第702号民事裁定书准许盈德公司撤回上诉。后盈德公司以出现新证据为由向宁波市中级人民法院申请再审。宁波市中级人民法院于2013年10月11日作出（2013）浙甬民申字第91号民事裁定书，认为盈德公司的再审申请不符合《中华人民共和国民事诉讼法》第200条规定之情形，裁定驳回盈德公司的再审申请。

【抗诉理由】

盈德公司向宁波市北仑区人民检察院申请监督，该院经审查提请宁波市人民检察院抗诉。宁波市人民检察院以甬检民（行）监（2014）33020001102号民事抗诉书向宁波市中级人民法院提起抗诉。理由如下：

根据新的证据并结合本案其他证据认定的事实足以推翻原判决。综合本案其他证据来看，盈德公司为民生银行2011年12月13日的1000万元债权提供担保，并且民生银行已经撤销了盈德公司提供的担保。

【再审结果】

宁波市北仑区人民法院于2015年11月20日作出（2015）甬仑民再字第1号民事判决书，判决认为：根据民生银行提供的其与盈德公司订立的《最高额保证合同》，盈德公司是对《中小企业金融服务合同（综合授信）》中的1000万元提供担保，但该担保约定与审理中查明的其他证据明显不符。根据宁波市公安局对民生银行经办人金春燕的询问笔录、2011年12月13日的民生银行对公授信额度启用/发放审查表（分行）、中国银监会宁波监管局对民生银行经办人金春燕、民生银行企业金融一部副总经理朱斌儒、民生银行企业金融一部总经理俞克海的谈话笔录，以及一审时主债务人海富公司、担保人马宁、陈依子沁、马元忠、朱玲娣关于盈德公司的过渡担保已撤销的陈述等证据，可以证实因海富公司在民生银行办理房产抵押的需要，盈德公司为海富公司2011年12月13日向民生银行借款1000万元提供过渡担保的事实。因盈德公司在履行合同时履行的内容是为民生银行2011年12月13日的1000万元债权提供担保，并且民生银行已经撤销了盈德公司提供的担保，因盈德公司对民生银行的保证担保责任已履行完毕，故无须再为海富公司债务承担连带清偿责任。一审关于盈德公司在1000万元的额度内对海富公司尚欠民生银行款项承担连带清偿责任的事实认定，现有证据证实确有错误，应予以纠正。判决：撤销（2012）甬仑商初字第120号民事判决第三项，即一审被告宁波盈德工程机械有限责任公司在1000万元额度内对一审被告宁波海富船务有限公司的上述债务承担连带清偿责任。对其余部分予以维持。

【点评】

结合本案的抗诉再审判决情况，本案涉及的关键问题有：

一、在合同履行中，一方实际履行内容与书面合同约定不一致，另一方予以接受的，应当以实际履行内容为准，其事后反悔要求履行原约定内容的，不应予以支持

本案中，盈德公司与民生银行签订的保证合同虽然约定了为海富公司3300万元债权额在1000万元限额内承担责任，但双方后续行为均表明双方在

履行合同时履行的内容是盈德公司为民生银行2011年12月13日的1000万元债权提供担保，并且该合同已经履行完毕，民生银行已经撤销了盈德公司提供的担保，盈德公司不应承担担保责任。

1. 2011年12月13日民生银行借款1000万元给海富公司时，双方没有签订流动资金贷款合同，也没有约定借款利息、还款期限。这一点不同于民生银行随后向海富公司发放的两笔分别为1500万元和1000万元的借款，后两笔借款均按照综合授信合同的约定另外签订了借款合同，约定了利息、还款期限，并约定海富公司如果提前还款要提出申请，经民生银行同意后才能偿还。而2011年12月13日的1000万元的借款没有另外签订借款合同，没有约定还款期限，没有约定利息，也没有约定提前还款要经民生银行批准同意。由此可见双方均未把2011年12月13日的借款理解为金融服务合同（综合授信）约定的内容。

2. 盈德公司在申诉期间提供了两份新证据：（1）中国银监会宁波监管局办公室出具的信访事项答复书，证实民生银行2011年12月在"授信风险管理工作系统"中删除过盈德公司对海富公司的保证信息；（2）企业基本信用信息报告：中国人民银行2012年2月14日出具的企业基本信用信息报告，证实盈德公司当时对外尚有两笔担保记录，其中一笔担保金额为1000万元（为民生银行提供），另一笔担保金额为220万元；中国人民银行2012年11月29日出具的企业基本信用信息报告，证实盈德公司当时对外只有一笔担保记录，担保金额为220万元，曾经的1000万元担保（为民生银行提供）记录已经删除。上述新证据证明，盈德公司与民生银行签订的担保合同约定由盈德公司为海富公司在民生银行的3300万元贷款在1000万元额度内提供连带担保责任，但在实际履行过程中，盈德公司履行的内容是为海富公司在民生银行的过渡性贷款提供担保，民生银行在盈德公司履行完毕后出具了书面文书，撤销了盈德公司的担保，并将该信息提交至中国人民银行，由中国人民银行在企业征信信息系统中删除并予以公示。这表明民生银行对盈德公司履行的内容予以接受。在民生银行与海富公司发生纠纷后，民生银行向法院起诉盈德公司，以双方在书面担保合同中约定的内容为"为海富公司的3300万元贷款在1000万元额度内提供担保"为由，要求盈德公司承担连带担保责任，原审判决支持其履行原约定内容的诉讼请求显属错误。

二、一方持有对己方不利的证据，另一方要求其提供时拒不提供，应当做出不利于该持有者的认定

本案中，盈德公司向法院提交了一份书证复印件，该复印件载明民生银行经过内部审批程序，撤销了盈德公司的担保责任，而民生银行则主张该复印件

没有相应的原件予以印证，不能作为证据使用，原审判决支持了民生银行的主张。盈德公司提交的书证（复印件）是民生银行工作人员交给其的，该原件由民生银行持有，民生银行无正当理由拒不提交。根据最高人民法院《关于民事诉讼证据的若干规定》第75条的规定，民生银行持有删除盈德公司对海富公司的担保信息的内部资料和审批文件，无正当理由拒不提供，盈德公司主张该证据的内容不利于民生银行，法院应当予以支持。

如何认定案件双方当事人恶意串通进行虚假诉讼

——大连保税区再生资源加工中心有限公司与王洪波、郝秀丽借款纠纷虚假诉讼监督案

姚晓君　王明莎[*]

【监督机关和受理法院】

监督机关：辽宁省大连市人民检察院

受理法院：辽宁省大连市中级人民法院

【基本案情】

申请人（案外人）：大连保税区再生资源加工中心有限公司。

法定代表人：蔡沣。

其他当事人（原审原告）：王洪波，男。

其他当事人（原审被告）：郝秀丽，女。

其他当事人（案外人）：辽宁融正信用担保有限公司。

法定代表人：石向彤，总经理。

法院原审诉讼执行活动情况：

2013年1月21日，王洪波以郝秀丽为被告同时向大连经济技术开发区人民法院提起两起诉讼，分别要求郝秀丽偿还借款本息794万元和本息766.08万元。同日，大连经济技术开发区人民法院作出（2013）开民初字第593号、594号民事调解书。大连经济技术开发区人民法院（2013）开民初字第593号民事调解书内容如下：法院查明，2010年8月30日，郝秀丽向案外人辽宁融正信用担保有限公司（以下简称融正担保公司）借款1000万元，借款利息为年利率5.31%，借款期限为2010年8月30日至2012年8月30日，郝秀丽以位于大连经济技术开发区哈尔滨路3号华通工业园厂房1栋4号的房屋和土地

---

[*] 作者单位：辽宁省大连市人民检察院。

提供抵押担保。2012年6月4日,王洪波与融正担保公司签订《债权转让协议书》,约定融正担保公司签订郝秀丽欠其的借款本息1094万元以1000万元的价格转让给王洪波。2012年6月4日,王洪波将1000万元交付给融正担保公司,后郝秀丽偿还了王洪波300万元,尚欠王洪波794万元至今未还。经大连经济技术开发区人民法院主持调解,双方达成如下协议:于2013年1月24日前,郝秀丽偿还王洪波借款794万元。大连经济技术开发区人民法院(2013)开民初字第593号调解书内容如下:2010年8月30日,郝秀丽与案外人融正担保公司借款700万元,借款利息为年利率5.31%,借款期限为2010年8月30日至2012年8月30日,郝秀丽以位于大连经济技术开发区哈尔滨路3号华通工业园厂房6栋4号的房屋和土地提供抵押担保。2012年6月4日,王洪波与融正担保公司签订《债权转让协议书》,约定融正担保公司将郝秀丽欠其的借款本息7660800元以700万元的价格转让给王洪波。2012年6月6日,王洪波将700万元交付给融正担保公司。经大连经济技术开发区人民法院主持调解,双方达成如下协议:于2013年1月24日前,郝秀丽偿还王洪波借款7660800元。

上述两份调解生效后,王洪波向大连经济技术开发区人民法院申请执行。2013年1月25日,该院作出(2013)开执预字第14号、15号民事裁定书,分别查封郝秀丽大连市经济技术开发区哈尔滨路3号华通工业园内1号楼第四层及6号楼第四层房产。

2013年12月,案外人大连保税区再生资源加工中心有限公司向大连市人民检察院申请执行监督,要求检察机关对大连经济技术开发区人民法院(2013)开执预字第14号、15号民事裁定书予以监督,认为上述执行裁定损害了其对大连市经济技术开发区哈尔滨路3号华通工业园内1号楼第四层及6号楼第四层房产的合法权益。

大连市人民检察院受理案件后,依法调查核实,发现上述执行案件的法律依据,即两份民事调解书,可能存在双方当事人恶意串通,提供虚假证据等情形,涉嫌虚假诉讼,于是依职权对大连经济技术开发区人民法院(2013)开民初字第593号、594号民事调解书予以监督。

经查,2004年2月,北京市第二中级人民法院对中国东方资产管理公司北京办事处与北京东荣纤维塑料制品有限公司、北京百思特科技实业发展总公司、大连保税区再生资源加工中心有限公司借款纠纷一案,作出(2003)二中民初字第1748号民事判决。该案进入执行程序后,2004年11月11日,北京市第二中级人民法院依法将被执行人大连保税区再生资源加工中心有限公司所有的,位于大连市经济技术开发区哈尔滨路3号华通工业园内1号楼第四层及6号楼第四层的房产委托辽宁东方拍卖有限公司拍卖，买受人郝秀丽以人民币273万元拍得上述房产。2005年11月8日，北京市第二中级人民法院作出（2004）二中执字第341号裁定，裁定郝秀丽拥有上述房产的所有权。郝秀丽于2010年4月依该裁定将上述房产过户到其名下。

2010年8月30日，融正担保公司与郝秀丽分别签订两份借款抵押合同，合同约定融正担保公司借款1000万元和700万元给郝秀丽，郝秀丽分别用其名下的大连市经济技术开发区哈尔滨路3号华通工业园内1号楼第四层及6号楼第四层房产作为上述借款的抵押，同日，双方办理了抵押登记。

2010年12月22日，北京市第二中级人民法院经重新审查，认定上述拍卖存在竞买人与拍卖人之间恶意串通，遂作出（2004）二中执字第341－2号执行裁定书，裁定撤销辽宁东方拍卖有限公司于2004年11月11日拍卖结果；撤销2005年11月8日作出的（2004）二中执字第341号裁定，将已拍卖的房产重新登记至被执行人大连保税区再生资源加工中心有限公司名下；将申请执行人中国东方资产管理公司北京办事处领受的拍卖款人民币2655000元、辽宁东方拍卖有限公司领取的拍卖佣金101900元、国家发展和改革委员会价格认证中心领取的评估佣金18600元予以执行回转，返还郝秀丽。

2010年12月24日，北京市第二中级人民法院作出（2004）二中执字第341－3号执行裁定，因郝秀丽已于2010年9月1日将上述房产设定抵押，暂无法重新登记至被执行人大连保税区再生资源加工中心有限公司名下，裁定查封郝秀丽名下的位于大连市经济技术开发区哈尔滨路3号华通工业园内1号楼第四层及6号楼第四层的房产，并给大连经济技术开发区国土资源与房屋局下达了协助执行通知书。

2012年6月4日，融正担保公司与王洪波签订债权转让协议，协议约定融正担保公司将其对于郝秀丽的上述1700万元债权转让给王洪波。

2013年1月21日，王洪波以郝秀丽为被告同时向大连经济技术开发区人民法院提起两起诉讼，双方当庭达成调解。调解生效后，王洪波向大连经济技术开发区人民法院申请执行。2013年1月25日，该院作出（2013）开执预字第14号、15号民事裁定书，分别查封郝秀丽大连市经济技术开发区哈尔滨路3号华通工业园内1号楼第四层及6号楼第四层房产。

另查实，案涉融正担保公司与王洪波之间的转让款的转账过程如下：2012年6月4日，案外人王钟宝通过大连银行472068071983×××的账户分两次转账给王洪波大连银行622993411021326×××账户500万元，共计1000万元。转账前，王洪波该账户余额为500元。同日，王洪波通过上述大连银行账户将该1000万元转账给融正担保公司大连银行80370120901×××账户，即

(2013）开民初字第593调解书中的转账凭证。次日，融正担保公司通过其上述大连银行账户跨行转账900万元和610万元给案外人田鹏在深圳发展银行（即平安银行）的1000697378×××账户，第三日即6月6日，田鹏通过其上述账户将上述1510万元中的700万元转给案外人曲扬在深圳发展银行（即平安银行）的100046318×××账户，又将810万元转账给了王钟宝在中国光大银行的622662070167×××账户。同日，曲扬通过其上述账户将该笔700万元转给王洪波622993411021326×××账户。6月6日当日，王洪波通过上述账户将该笔700万元转账给融正担保公司大连银行80370120901×××账户，即（2013）开民初字第594调解书中的转账凭证。同日，融正担保公司通过其上述账户又将该笔700万元转账给田鹏在深圳发展银行（即平安银行）的1000697378×××账户后，田鹏又通过其上述账户将该笔700万元转账给王钟宝在中国光大银行的622662070167×××账户。经查，上述转账过程的经手人在每次转完相应款项后，账户中均未有超过1000元的余额。

检察机关对郝秀丽进行调查询问，要求郝秀丽提供其与融正担保公司履行借款合同的证据，郝秀丽未能提供。此后，电话通知融正担保公司法定代表人石向彤接受询问，石向彤以人在外地为由一直未到检察机关接受询问，亦未提供任何证据。

【监督意见】

大连市人民检察院经审查认为，大连经济技术开发区人民法院（2013）开民初字第593号、594号民事调解书认定的基本事实缺乏证据证明，现有新证据能够推翻调解书认定的事实，且本案存在当事人郝秀丽、王洪波与案外人融正担保公司恶意串通，通过虚假诉讼的方式损害案外人大连保税区再生资源加工中心有限公司的合法权益的情形。因此，大连市人民检察院于2014年12月16日分别以大检民监（2014）21020000201号、21020000202号民事抗诉书，向大连市中级人民法院提出抗诉。抗诉意见如下：

1. (2013）开民初字第593号、594号民事调解书对融正担保公司与郝秀丽之间的《借款抵押合同》的效力予以确认系适用法律错误。该《借款抵押合同》是本案中《债权转让协议》成立并合法有效的基础，因此有必要对该《借款抵押合同》的合法性及是否履行进行审查。由于融正担保公司为融资性担保公司，其经营范围中没有借贷业务，且根据我国现行法律法规规定，该类公司被禁止从事借贷活动。因此，融正担保公司向郝秀丽借款的行为已经违反了《中华人民共和国商业银行法》《融资性担保公司管理暂行办法》关于金融管理秩序的规定，扰乱了国家经济秩序，双方的《抵押借款协议》应依法归于无效。

另,虽然最高人民法院《关于如何确认公民与企业之间的借贷行为效力问题的批复》中明确:"公民与非金融企业之间的借贷属民间借贷,只要双方当事人意思表示真实即可认定有效。"但是该批复是调整公民与非金融企业之间的借贷行为,而融正担保公司作为金融企业,其借贷行为不受该批复调整。

2.(2013)开民初字第593号、594号民事调解书确认融正担保公司向郝秀丽借款1000万元和700万元的事实系认定的基本事实缺乏证据证明。依据最高人民法院《关于妥善审理民间借贷纠纷案件促进经济发展维护社会稳定的通知》第7条以及2009年辽宁省高级人民法院《全省法院民事审判工作座谈会纪要》第29条之规定,对于标的额较大的借贷纠纷,法院应审查借贷关系的形成过程,并要求当事人提供证据证明上述过程,不应只单纯地凭借借条或欠条、收条便确定借贷事实的存在。而原审法院作出(2013)开民初字第593号、594号民事调解书的依据是融正担保公司与郝秀丽签订的借款抵押协议,及王洪波与融正担保公司的债权转让协议,庭审中虽然双方对该借条的真实性无异议,但由于本案涉及的标的额特别巨大,除了上述协议和王洪波、郝秀丽的陈述外,双方当事人均未提供相应证据对借款发生的事实加以佐证。在此情况下,法院未对借款事实及借款过程进行实质审查,亦未要求双方对所陈述的事实进行举证,更未对融正担保公司是否已向郝秀丽支付了借款1000万元和700万元的事实进行调查。仅凭上述《借款抵押协议》便对融正担保公司与郝秀丽的借款关系予以确认,显系认定的基本事实缺乏证据证明。本院审查期间,要求郝秀丽提供融正担保公司向其支付1000万元和700万元借款的证据,郝秀丽未能提供,亦证明调解书所确认的融正担保公司向郝秀丽支付1000万元和700万元借款缺乏证据证明。

3.现有新证据能推翻(2013)开民初字第593号、594号民事调解书认定的王洪波已向融正担保公司支付了债权转让款1000万元和700万元的事实。经审查卷宗,王洪波与融正担保公司《债权转让协议》涉及的债权总额为1700万元,王洪波起诉时向法院提供了两份转账凭证,一份是其于2012年6月4日向融正担保公司转账1000万元的凭证,另一份是其于2012年6月7日向融正担保公司的转账700万元的凭证,以证明其向融正担保公司转账了1700万元,履行了《债权转让协议》。但现有新证据足以证明王洪波并未实际履行上述协议。经我院调查,2012年6月4由王钟宝处分别转来两个500万元,同日,王洪波将该1000万元转账至融正担保公司,同年6月5日,融正担保公司分别转账900万元和610万元给田鹏,同年6月6日,田鹏将上述1510万元分为两笔转出,其中810万元转回给王钟宝,另一笔700万元转给曲扬,同日,曲扬又将该笔700万元转给王洪波,次日,王洪波将该笔700万元转账给融正担保公司，同日，融正担保公司又将该笔700万元转账给田鹏后，田鹏又将该笔700万元转账给王钟宝。上述转账过程中每次转完相应款项后，经手账户中均未有超过1000元的余额。由上述转账过程可见，王洪波通过从王钟宝处转来的1000万元，先转账给融正担保公司，取得了（2013）开民初字第593号案所需的转账凭证，又在两日内通过中间人田鹏及曲扬的转账，又取得了（2013）开民初字第594号案所需的转账凭证。且在3日内，通过上述转账过程，将所有款项转回案外人王钟宝的账户中。据此可以认定，王洪波并未实际向融正担保公司支付《债权转让协议》约定的转让费，该《债权转让协议》并未实际履行。

4. 根据本院查明的上述证据和事实，结合北京市第二中级人民法院作出的（2004）二中执字第341-2、341-3号执行裁定内容，可以认定本案当事人郝秀丽与王洪波及案外人融正担保公司存在恶意串通，通过虚假诉讼损害案外人大连保税区再生资源加工中心有限公司对大连市经济技术开发区哈尔滨路3号华通工业园内1号楼第四层及6号楼第四层的房产应享有的合法权益。

首先，郝秀丽与融正担保公司签订的《借款抵押合同》是虚假合同，目的是将其买受的大连市经济技术开发区哈尔滨路3号华通工业园内1号楼第四层及6号楼第四层的房产进行抵押登记，在房屋上设置他项权利限制，以对抗北京市第二中级人民法院作出撤销（2004）二中执字第341号执行裁定，和将已拍卖的房产重新登记至被执行人大连保税区再生资源加工中心有限公司名下的（2004）二中执字第341-2号执行裁定，来获取非法利益。郝秀丽与融正担保公司签订《借款抵押合同》的日期是2010年8月30日，此时正处于北京市第二中级人民法院审查郝秀丽竞拍买受大连市经济技术开发区哈尔滨路3号华通工业园内1号楼第四层及6号楼第四层的房产的是否合法的过程中。而郝秀丽在本院审查过程中未提供融正担保公司向其实际支付1000万元和700万元借款的证据，亦说明了郝秀丽与融正担保公司的《借款抵押合同》并未实际履行，实为虚假《借款抵押合同》。

其次，在诉讼过程，王洪波在未实际向融正担保公司支付1000万元和700万元的情况下，通过一系列虚假的转账行为取得了1000万元和700万元的转账凭证，以债权人的身份起诉郝秀丽。而郝秀丽明知与融正担保公司未实际履行《借款抵押合同》，依然对债权转让行为予以确认，并承诺还款。二人的上述行为已经构成了虚假诉讼。

根据上述分析，可以认定融正担保公司与郝秀丽通过虚假的借款抵押协议先将郝秀丽的房产抵押登记，后融正担保公司与王洪波签订虚假的《债权转让协议》将上述债权转让给王洪波，再由王洪波提起诉讼，与郝秀丽达成虚假调解，最终使王洪波对涉案房产享有优先权，以此阻却北京市第二中级人民法院的执行回转裁定，致使大连保税区再生资源加工中心有限公司的房产无法被执行回转，合法权益被侵害。

综上所述，大连市经济技术开发区人民法院（2013）开民初字第593号、594号民事调解书，认定的基本事实缺乏证据证明，适用法律错误，且认定事实的证据是伪造的，有新证据能够推翻调解书认定的事实。并且本案双方当事人恶意串通，进行虚假诉讼，损害国家利益，根据《中华人民共和国民事诉讼法》第200条第1、2、3、6项，第208条第1款的规定，提出抗诉，请依法再审。

【监督结果】

2015年1月23日，大连市中级人民法院作出（2015）大立二民抗字第1号、2号民事裁定书，指令大连市经济技术开发区人民法院再审本案。

2016年5月20日，大连市经济技术开发区人民法院作出（2015）开审民初再字1号、2号民事判决，内容如下：本院认为，依据最高人民法院《关于适用〈中华人民共和国民事诉讼法〉的解释》第409条之规定，经抗诉机关抗诉，人民法院对调解书裁定再审后，应围绕调解书是否损害国家利益、社会公共利益进行审理。

1. 关于融正担保公司与郝秀丽签订《借款抵押合同》的行为是否损害社会公共利益的问题。损害社会公共利益，系指损害大多数社会成员的共同利益，其类型之一即为损害社会公共秩序。按照融正担保公司的业务范围，其确为融资性担保公司。根据中国银监会等国家七部委联合印发的《融资性担保公司管理暂行办法》（以下简称《暂行办法》）第21条规定，融资性担保公司不得从事发放贷款业务。但融正担保公司与郝秀丽签订的《借款抵押合同》是否损坏社会公共秩序，应主要考量该合同涉及的内容是经营性借款还是生产性借款，主要考量融正担保公司是否是经营性借贷，是以对外借贷为常业还是只是临时性借款，是针对不特定社会公众的普遍行为，还是仅对郝秀丽的特定行为。现有证据，尚不足以证明融正担保公司与郝秀丽订立的《借款抵押合同》属于经营性借贷，故不宜认定损害社会公共利益。

2. 关于原审原、被告达成调解协议是否损害东方资产公司利益以及损害东方资产公司利益是否可视为损害国家利益的问题。原审调解书确认了王洪波与郝秀丽之间的债权债务关系，王洪波以调解书为依据申请本院强制执行，并实际查封了郝秀丽所有的位于大连开发区哈尔滨路3号华通工业园6栋4号房屋，客观上给再生资源公司执行回转该厂房造成了障碍，其直接损害的是再生资源公司的利益，而非东方资产的利益。另现有证据不能证明执行回转必然导致东方资产受损贬值,故不足以证明东方资产公司利益受损的事实。且损害国家利益是指损害国家的整体利益,而非损害国有企业的个体利益,即便东方资产的利益受到了间接的、客观的上的损害,亦不能认定为国家利益受损。

3. 关于王洪波与郝秀丽是否存在虚假诉讼行为,是否损害国家利益的问题。原审中,王洪波向本院提供分别形成于2012年6月6日的金额为1000万元和700万元的取款凭条和特种转账贷方传票,以证明其实际履行了《债权转让协议》,并取得了对原审被告郝秀丽的债权,但从王洪波取得的上述证据材料的来源看,自2012年6月4日至2012年6月7日,3天时间内,经过多人多次大额转款,形成了一个以王钟宝作为起点又以王钟宝作为终点,王洪波和融正担保公司只作为经手人的封闭的资金循环链。王洪波完成上述转账过程所用的银行账户在转账前后余额只有500元,且每个转账环节所涉转账金额均完全一致,原审原告王洪波在整个转账过程中也并非资金的真实来源方,融正担保公司在整个转账过程并非资金的最终收款方,整个转账过程明显有违常理。上述事实充分说明,取款凭条和特种转账贷方传票,系王洪波通过虚假转账取得,可以认定王洪波存在伪造证据的行为,本院依法对王洪波进行相应处罚。但现有证据不能证明郝秀丽对王洪波捏造、提供虚假证据的行为知情,不能认定王洪波与郝秀丽之间是存在着相互串通的行为。鉴于王洪波在原审中使用虚假证据,使本院确认其已实际履行《债权转让协议》,进而在本院主持下与原审被告达成调解协议,并于(2013)开民初字第593号、594号民事调解书生效后,申请本院强制执行,导致郝秀丽位于大连经济技术开发区哈尔滨路3号华通工业园6栋4号房屋被查封,其行为妨害了正常的司法秩序,危害了司法活动的威严,损害了国家利益,原审未查明王洪波伪造证据,损害国家利益的行为,据此出具的调解书应予撤销。

另当事人对自己提出的诉讼请求所依据的事实,应当提供证据加以证明,未能提供证据或证据不足以证明其事实主张的,由负有举证证明责任的当事人承担不利后果。原审原告王洪波以债权受让人身份主张原审被告郝秀丽清偿债务,应就两方面承担举证责任,一是债权出让人融正担保公司向郝秀丽履行交付借款本金的事实,王洪波在原审以及再审中,均未对融正担保公司向郝秀丽交付借款的事实提供证据证明,故不能认定融正担保公司与郝秀丽之间的《借款抵押合同》已实际履行。二是原审原告王洪波向融正担保公司交付债权转让款的事实。因王洪波在原审中提供的取款凭条和特种转账贷方传票系伪造,不能认定王洪波已实际支付债权转让款,不能认定王洪波已实际受让了相应债权。故王洪波关于郝秀丽清偿债务的诉讼请求既无事实根据,亦无法律依据,应予以驳回。原审原告王洪波、原审被告郝秀丽经本院合法传唤无正当理由未到庭参加诉讼，视为放弃对本案的抗辩权。

综上，依据《中华人民共和国合同法》第 77 条、第 80 条，最高人民法院《关于审理民间借贷案件适用法律若干问题的规定》第 2 条、第 19 条，《中华人民共和国民事诉讼法》第 144 条、第 145 条、第 207 条，最高人民法院《关于适用〈中华人民共和国民事诉讼法〉的解释》第 90 条、第 409 条之规定，判决撤销本院（2013）开民初字第 593 号、594 号民事调解书，驳回原审原告王洪波的诉讼请求。

2016 年 5 月 24 日，大连经济技术开发区人民法院作出（2015）开审民初再字 1 号、2 号罚款决定书，内容如下：经查王洪波在其诉郝秀丽民间借贷纠纷一案，向该院提供以虚假转账方式取得的取款凭条和特种转账贷方传票，伪造证据所涉数额特别巨大，妨害了民事诉讼的正常秩序。因王洪波伪造证据的行为，对案外人权益损害较轻，依照《中华人民共和国民事诉讼法》第 111 条、第 115 条、第 116 条之规定，决定对王洪波罚款 1 万元整。

【点评】

本案是因对一起看似普通的执行案件进行监督而发现的虚假诉讼案件。检察机关受案后，经过初步阅卷，发现本案的诸多可疑之处，案件标的额巨大，合计 1700 万元，双方当事人配合度高、提供证据过于单薄、调解无分歧、当天结案等，这一系列外观特征非常符合虚假诉讼的特点。根据申请人反映的情况，检察机关开展调查核实工作，有针对性地进行调查取证工作，寻找案件突破口。借款合同中有资金往来是本质特征，凡是大额资金转账，在银行账户中必然留有痕迹，真实的交易与虚假的交易的账户流水表现出的特征显著不同。所以我们首先关注案涉资金的转账支付情况，经过查询案涉资金走向，发现案涉资金从王钟宝账户转出，虽然经过多家银行、多个账户转账，短时间内回到王钟宝的账户，形成了资金闭合循环，明显不符合债权转让的特征。融正担保公司根本没有收取所谓的债权转让款项，王洪波也没有支付所谓的转让款，其中债权转让双方的主观故意显而易见。查清转让资金的流向为本案的最终定性打下了坚实基础。

因为该案是对民事调解书的监督，虽然涉嫌虚假诉讼，但是是否可以抗诉，也经过仔细论证。我们认为虚假诉讼本身就是损害国家利益和社会公共利益，虚假诉讼直接侵害国家的司法秩序，利用国家司法程序达到其违法目的，损害了司法公正和司法权威，检察机关必须予以监督。同时，案件确实涉及国有企业的合法权益，中国东方资产管理公司北京办事处申请法院对案涉房屋进行拍卖，抵偿债务，而郝秀丽与拍卖机构恶意串通，低价拍买房屋，被发现并撤销后，还通过虚假诉讼继续实施侵害行为，直接损害了国有公司的权益，就是损害国家利益。综合上述情况，所以检察机关向法院提出了抗诉。该案抗诉后，检察机关与法院做了大量的沟通协调工作，双方基本达成一致，对该案检察机关可以进行监督。所以大连市中级法院受案后，发回大连经济技术开发区法院再审。

然而，再审法院仅对王洪波提供伪证一节作出认定，未对郝秀丽的虚假诉讼行为没有认定，可谓稍有遗憾。融正担保公司只是参与虚构法律关系，没有参与虚假诉讼，可以暂且不予置评。但是根据检察机关查实证据，再结合北京法院作出的（2004）二中执字第341-2、341-3号执行裁定等信息内容，完全可以认定郝秀丽、王洪波恶意串通，有步骤有计划地通过虚假诉讼行为使案涉房产无法被法院执行回转，已达到其的非法目的，应受到法律的制裁。而法院仅以"现有证据不能证明郝秀丽对王洪波捏造、提供虚假证据的行为知情，不能认定王洪波与郝秀丽之间是存在着相互串通的行为"为由，不认定郝秀丽参与虚假诉讼，显然有掩耳盗铃之嫌。如果融正担保公司没有支付借款，郝秀丽不可能承认债权转让行为的效力，自愿承担巨额债务。但是如果融正担保公司实际支付借款，融正担保公司也不可能将案涉巨额转让款项转回王钟宝账户。但是事实确实发生了，出现难以自圆其说的矛盾，从上述两方面分析，可以推断出结果只有一个，即郝秀丽明显知情且参与了虚假诉讼，也正因为如此，郝秀丽在再审过程中拒绝出庭接受询问。再反向分析，上述行为的最终损害方的只有一个，即大连保税区再生资源加工中心有限公司，获益方是郝秀丽，所以法院判决没有认定郝秀丽参与虚假诉讼实属错误。

本案是大连市检察机关办理的第一件运用调查核实方法取证并针对虚假调解进行抗诉的案件，也是第一件抗诉后由法院判决认定当事人伪造证据，并以此对当事人进行司法处罚的虚假诉讼案件。本案的抗诉成功，对大连市两级检察机关办理虚假诉讼案件，打击虚假诉讼行为具有较强的借鉴意义。

构建刑事、民事、行政三位一体多元化虚假诉讼监督模式

——雷刚与巢晓平、雷彩萍民间借贷纠纷虚假诉讼监督案

苏丽芬*

【监督机关和受理法院】

监督机关：江苏省常州市人民检察院

受理法院：江苏省常州市中级人民法院

【基本案情】

当事人（一审原告）：雷刚，男。

当事人（一审被告）：巢晓平，男。

当事人（一审被告）：雷彩萍，女。

雷刚与雷彩萍系姐弟。2012年12月13日，李玉珍（雷刚、雷彩萍之母）6215581105000l3×××的工商银行卡转账20万元到雷刚622208110500135×××的工商银行卡。同日，雷刚将该20万元转入雷彩萍622208110500037×××的工商银行卡。2012年12月21日，陈金美622845041007232×××的农业银行卡转账239700元到雷刚622848041413037×××的农业银行卡。2012年12月24日，雷刚将其上述农行卡上的220000元转入雷彩萍622845041004767×××的农业银行卡。之后，巢晓平（雷彩萍丈夫）出具了落款时间为2012年12月25日的借条，载明："今借到雷刚人民币肆拾伍万元整。"

2013年11月21日，巢晓平、雷彩萍与雷刚签订了《抵押借款协议书》一份，约定巢晓平以其名下的苏D9Q×××小型轿车为2012年12月25日借条上的45万元借款提供抵押担保，期限为5年。同日，巢晓平、雷彩萍、雷刚在常州市常州公证处为《抵押借款协议书》申请公证。2013年11月23日，常州市常州公证处出具了（2013）常常证民内字第14609号公证书。

---

* 作者单位：江苏省常州市人民检察院。

2014年8月4日，常州市新北区人民法院作出（2014）新孟商初字第0086号民事判决书，判决常州市成金装饰工程有限公司支付常州市荣嘉车业有限公司代偿款2087743元及自2014年1月1日起至实际清偿之日止按中国人民银行同期贷款基准利率计算的利息，巢晓平在第一项债务三分之一限额内承担连带担保责任，雷彩萍在第一项债务三分之一限额内承担连带担保责任。该判决生效后，常州市荣嘉车业有限公司申请执行，法院予以立案执行，案号为（2014）新执字第1950号。

2015年5月26日，雷刚起诉至常州市新北区人民法院称，巢晓平、雷彩萍因资金周转需要，于2012年12月25日向雷刚借款450000元并出具借条一份，后经催要未果，诉至法院，要求法院判令雷彩萍、巢晓平归还借款45万元及利息，并承担诉讼费用。在案件审理中，经法院主持，双方当事人于2015年6月11日自愿达成如下调解协议：（1）双方当事人一致确认雷彩萍、巢晓平共计欠雷刚45万元，由雷彩萍、巢晓平于2015年6月16日前支付8万元，2015年7月30日至2016年12月30日前每月支付20000元，2017年1月30日前支付10000元。（2）如雷彩萍、巢晓平未按期足额支付，则雷刚可以450000元的扣除已支付部分向法院申请强制执行，并可要求雷彩萍、巢晓平支付违约金20000元。常州市新北区人民法院作出（2015）新孟民初字第0646号民事调解书，对雷刚、巢晓平、雷彩萍自愿达成的和解协议予以确认。

2015年7月6日，雷刚向常州市新北区人民法院申请执行（2015）新孟民初字第0646号民事调解书，法院予以立案执行，案号为（2015）新执字第1679号。2015年8月19日，雷刚向法院申请参与（2014）新执字第1950号一案的执行。

2015年9月14日，常州市荣嘉车业有限公司认为（2015）新孟民初字第0646号民事调解书涉嫌虚假诉讼，向检察机关控告。

2015年10月29日，陈金美在检察机关调查时陈述，其身份证遗失过，后来补办了身份证，不知道其名下有622845041007232××××农业银行卡，不认识雷刚也从未向雷刚转过账，银行转账凭条上的"陈金美"不是其本人所签。

2015年11月3日，常州市新北区人民检察院以雷刚等人涉嫌虚假诉讼罪线索移送给常州市公安局新北分局。2015年11月13日，常州市公安局新北分局决定立案侦查。雷刚在公安机关侦查时供述，巢晓平、雷彩萍之前曾向雷刚借过钱，数额在八九十万元左右，后来巢晓平、雷彩萍以其名下的两套房子抵了借款。（2015）新孟民初字第0646号民事调解一案的借款不存在，是雷彩萍、巢晓平为了将巢晓平名下的宝马车转移到雷刚名下以逃避债务而虚构的。雷彩萍先存了20万元到雷刚的银行卡上，雷刚再把20万元转账给雷彩萍，形成了本案第一笔20万元。后雷彩萍加了2万元，把22万元存到雷刚的银行卡上，雷刚再把22万元转账给雷彩萍，形成了本案第二笔22万元。2012年12月25日的借条是雷彩萍让巢晓平出具的。后来常州市荣嘉车业有限公司起诉了巢晓平、雷彩萍，法院判决后要执行巢晓平、雷彩萍的两辆车子。巢晓平就让雷刚拿着45万元的借条去法院起诉，参与执行分配。

雷彩萍在公安机关侦查时供述，在2013年1月，雷彩萍向雷刚借了大概70多万元，但是雷彩萍把其名下的两套房子抵给了雷刚，不再欠雷刚钱。(2015)新孟民初字第0646号民事调解一案的借款是不存在的，是雷彩萍、巢晓平为了转移财产，逃避债务虚构出来的。雷刚转账给雷彩萍的一笔20万元是雷彩萍的私房钱，雷彩萍拿着李玉珍的银行卡和身份证到银行转了20万元到雷刚的银行卡上，说是雷刚借给雷彩萍的。之后过了大概八九个月，雷彩萍在外面的钱一直要不回来，就在2013年10月份左右叫巢晓平写了本案45万元的借条，并让雷刚找了两张汇款单给雷彩萍，把宝马车公证到雷刚名下。后来常州市荣嘉车业有限公司起诉了巢晓平、雷彩萍，法院要强制执行巢晓平、雷彩萍的宝马车和别克车，甚至拘留了巢晓平、雷彩萍。巢晓平、雷彩萍觉得汤文嘉（常州市荣嘉车业有限公司）做得太过分，想到宝马车已经公证给了雷刚，为了不让汤文嘉拿到车子的全部执行款，就让雷刚提起本案起诉，参与执行分配。

检察机关另查明，巢晓平、雷彩萍的诉讼代理律师存在变相接受双方委托的违法行为。

【监督意见】

2015年11月31日，常州市新北区人民检察院以新检民（行）监（2015）32041100003号线索移交函，将巢晓平、雷彩萍、雷刚涉嫌虚假诉讼犯罪线索移送给常州市公安局新北分局。

2016年1月29日，常州市人民检察院以常检民（行）监（2015）3204000141号民事抗诉书，向常州市中级人民法院提出抗诉，认为根据雷刚、雷彩萍在公安机关的供述以及陈金美在检察机关的陈述，巢晓平、雷彩萍为了逃避债务，与雷刚恶意串通，通过伪造借条、抵押借款协议、款项支付依据的方式虚构了45万元的借款，本案系虚假诉讼。雷刚、雷彩萍等人的行为不仅侵害了他人合法权益，而且严重扰乱了司法秩序，损害了司法权威。根据《中华人民共和国民事诉讼法》第112条之规定，法院应当驳回雷刚的诉讼请求。

2016年3月10日，常州市人民检察院以常检民（行）行政违监（2016）

32040000001 号检察建议书，向常州市公证处发出检察建议，认为雷刚、雷彩萍、巢晓平恶意串通，虚构借款和抵押关系，所做抵押公证不真实、不合法，依据《人民检察院民事诉讼监督规则》第 112 条第 4 项、《中华人民共和国公证法》第 39 条的规定，建议常州市公证处撤销该公证书并予以公告。

2016 年 9 月 9 日，常州市新北区人民检察院以新检诉刑诉（2016）568 号起诉书，向常州市新北区人民法院提起公诉，指控巢晓平、雷彩萍、雷刚犯虚假诉讼罪。

2016 年 9 月 29 日，常州市新北区人民检察院以新检民（行）行政违监（2016）32041100009 号检察建议书，向常州市司法局发出检察建议书，建议常州市司法局依法加强对律师执业活动的管理，对于律师在同一案件中变相接受双方当事人委托等不正当行为，重点予以监督和防范；加强依法诉讼和诚信诉讼的宣传、虚假诉讼责任的告知，做好虚假诉讼的预警和防控。

【监督结果】

2016 年 5 月 5 日，常州市中级人民法院裁定指令新北区人民法院再审巢晓平、雷彩萍与雷刚民间借贷一案。再审过程中，雷刚、巢晓平、雷彩萍均陈述，对常州市新北区人民检察院在法院审理（2016）苏 0411 刑初 567 号雷刚、巢晓平、雷彩萍虚假诉讼案件中所指控的以捏造的事实提起民事诉讼，妨害司法秩序的虚假诉讼事实，以及检察机关提出抗诉的理由和请求表示认可且没有异议。

2016 年 12 月 23 日，常州市新北区人民法院作出（2016）苏 0411 民再 2 号民事判决书，采纳检察机关的抗诉意见，依照《中华人民共和国民事诉讼法》第 112 条、第 207 条和《中华人民共和国民法通则》第 90 条的规定，判决撤销常州市新北区人民法院（2015）新孟民初字第 0646 号民事调解书，驳回雷刚的诉讼请求。

2016 年 9 月 16 日，常州市新北区人民法院作出（2016）苏 0411 刑初 567 号刑事判决书，认定巢晓平、雷彩萍、雷刚以捏造的事实提起民事诉讼，妨害司法秩序，其行为均已构成虚假诉讼罪，属共同犯罪，依法判处：巢晓平犯虚假诉讼罪，判处有期徒刑 10 个月，缓刑 1 年 6 个月，并处罚金人民币 5 万元（已缴纳）；雷彩萍犯虚假诉讼罪，判处有期徒刑 10 个月，缓刑 1 年 6 个月，并处罚金人民币 5 万元（已缴纳）。雷刚犯虚假诉讼罪，判处有期徒刑 8 个月，缓刑 1 年 2 个月，并处罚金人民币 3 万元（已缴纳）。巢晓平、雷彩萍、雷刚等人未提起上诉。

2017 年 1 月 12 日，常州市司法局向常州市新北区人民检察院发出《关于对新北区人民检察院检察建议书的回复》，对检察建议高度重视，及时向局领导进行汇报，并根据检察建议书所提要求开展了多项举措：（1）针对诉讼代理人变相双方代理的问题，组成了联合调查组进行调查。如经调查核实，将按照相关法律法规和行业规则进行严肃处理；（2）要求本次涉及的两家律师事务所加强所事务管理和对律师办案的监督；（3）要求常州市律师协会深入开展防范律师参与虚假诉讼案件的教育活动。

【点评】

原告向法院提供真实的银行转账凭证和抵押担保公证书，主张与被告之间存在民间借贷关系，要求被告归还借款。之后在诉讼中迅速与被告达成和解，由法院出具调解书。整个诉讼看似事实清楚、证据确凿、权利正当、诉讼有序，若非案外人控告，经检察机关和公安联合调查核实，一般公众很难想到这是一起虚假诉讼。近年来，当事人恶意串通，采用类似伎俩，编造虚假借款事实，利用第三方服务机构出具的转账凭证、公证文书，通过诉讼方式逃避债务的现象愈演愈烈，不但严重侵害他人合法权益，践踏社会诚信制度，扰乱国家正常行政管理秩序，同时还对司法秩序和司法公信造成严重破坏，加大对虚假诉讼的防范和查处显得尤为突出和迫切。

常州市检察机关在办理雷刚等人虚假诉讼案件中，一是注重虚假诉讼监督工作的信息化。在初步调查阶段，借力常州市检察院搭建"常检云"大数据中心，打通信息"壁垒"，实现了案涉银行、公安、房产、工商、社保等数据的自动收集、归类汇总，并通过数据"清洗"，查明雷刚与雷彩萍、巢晓平之间的关系及各自的社会关系网、案涉款项的来源、流向，在此基础上找准案件的突破口和切入点。经过外围调查取证，查实雷刚与巢晓平、雷彩萍并不存在真实的民间借贷关系。大数据的运用，有效地解决了虚假诉讼不善监督、不会监督的问题，为本案各单位、各部门联动打击虚假诉讼奠定了坚实基础。二是注重虚假诉讼监督工作的协作化。《刑法修正案（九）》对近年来虚假诉讼造成的严重社会危害，专门设置了虚假诉讼罪。雷刚等人虚假民间借贷诉讼案件办理时，恰逢《刑法修正案（九）》公布实施。常州市检察机关经初步调查，认为雷刚等人虚构债务、恶意提起诉讼的行为已经触犯了《刑法修正案（九）》规定的虚假诉讼罪，依法应当追究刑事责任，果断地将雷刚等人涉嫌虚假诉讼犯罪的线索移交给公安机关，并积极协助公安机关开展侦查，雷刚等人在侦查阶段如实交代虚假诉讼事实，法院最终判决雷刚等人构成虚假诉讼罪。雷刚虚假诉讼刑事案件的办理也成功反哺民事抗诉案件，法院在刑事判决生效后，再审判决驳回了雷刚的诉讼请求。民行检察监督与刑事检察相互反馈、递进优化的办案模式，体现了检察机关虚假诉讼监督工作的与时俱进，为今后办理虚假诉讼查处积累了经验。三是注重虚假诉讼监督工作的多元化。对雷刚等人虚假诉讼案，常州市检察机关除了移送犯罪线索、提起公诉、提出抗诉外，还针对代理律师违法变相代理、当事人虚假抵押公证等情形，及时向司法局、公证处等部门发出检察建议，聚合公、检、法、司等力量，全方位多维度打击虚假诉讼，形成了民事、刑事、行政三位一体的多元化监督模式，彰显了虚假诉讼惩罚机制的威力，不仅有效地维护了案外人的合法权益，维护了正常的诉讼秩序和庄严的司法权威，也给意图通过虚假诉讼获取不当利益的当事人敲响了法治警钟，实现了惩防的最佳效果。

民事·其他

婚后父母部分出资为子女购房的所有权归属

——褚涛、宋玉芬、褚旸晔与杨建设、崔素平、杨彬一般所有权纠纷抗诉案

范晓蓉*

【抗诉机关和受诉法院】

抗诉机关：北京市人民检察院

受诉法院：北京市高级人民法院

【基本案情】

申请人（一审原告、二审被上诉人、再审被申请人）：褚涛，男。

申请人（一审原告、二审被上诉人、再审被申请人）：宋玉芬，女。

申请人（一审原告、二审被上诉人、再审被申请人）：褚旸晔，女。

其他当事人（一审被告、二审上诉人、再审申请人）：杨建设，男。

其他当事人（一审被告、二审上诉人、再审申请人）：崔素平，女。

其他当事人（一审被告、二审被上诉人）：杨彬，男。

2011年3月1日，褚涛、宋玉芬和褚旸晔起诉至北京市大兴区人民法院，称褚旸晔与杨彬原系夫妻关系，于2011年2月25日经大兴区人民法院调解离婚，离婚过程中，杨建设、崔素平对北京市大兴区黄村镇时代龙河22号楼1单元603室房屋提出异议，认为该房屋系二人与杨彬的共同财产，所以法院未在离婚诉讼中进行处理。该套房屋系褚旸晔与杨彬登记结婚之后，于2006年4月2日购买，该房屋在购买和入住之前，双方均共同出资，为婚后夫妻共同财产。请求法院：（1）依法分割位于北京市大兴区黄村镇黄村中里22号楼1单元603室（即大兴区黄村镇时代龙河22号楼1单元603室）的房屋一套；（2）诉讼费用由被告承担。

---

* 作者单位：北京市人民检察院。

北京市大兴区人民法院于2011年7月26日作出（2011）大民初字第4320号民事判决，该院一审查明，褚涛、宋玉芬系褚旸晔父母；杨建设、崔素平系杨彬父母。2006年1月16日，褚旸晔与杨彬登记结婚。2011年2月25日，北京市大兴区人民法院作出（2011）大民初字第101号调解书，载明褚旸晔与杨彬经调解离婚，婚生女杨润卿由杨彬自行抚养。因杨彬的父母杨建设、崔素平在杨彬与褚旸晔离婚案件审理过程中就北京市大兴区黄村中里22号楼1单元603室（即北京市大兴区黄村镇时代龙河22号楼1单元603室）提出异议，故该房屋在杨彬与褚旸晔离婚案件中未做处理。

2006年4月2日，杨彬与北京城市开发股份有限公司签订《北京市商品房预售合同》，约定杨彬购买北京市大兴区黄村中里22号楼1单元603室（即北京市大兴区黄村镇时代龙河22号楼1单元603室）房屋一套，建筑面积103.98平方米，购房款共计489983元，首付款为219983元。2006年7月25日，褚旸晔、杨彬与中国银行北京经济技术开发区支行签订《个人住房担保委托贷款借款合同》，共同贷款27万元，并向北京城市开发股份有限公司缴纳了剩余购房款27万元。2008年9月19日，北京市大兴区黄村中里22号楼1单元603室（即北京市大兴区黄村镇时代龙河22号楼1单元603室）房屋所有权人登记为杨彬。现该房屋贷款已还本金98397.69元，利息44400.31元，尚有171602.31元银行贷款未偿还。庭审中，双方当事人均认可在购买诉争房屋时，杨建设、崔素平曾出资20万元。双方当事人经询价，均认可该案诉争房屋现市场价为每平方米17000元。

【原审裁判】

该院一审认为，该案中，原告褚旸晔与被告杨彬经法院调解离婚后，原告褚涛、宋玉芬、褚旸晔起诉要求分割北京市大兴区黄村中里22号楼1单元603室（即北京市大兴区黄村镇时代龙河22号楼1单元603室）房屋，原告方在庭审中主张原告褚涛、宋玉芬对购买诉争房屋有出资，但未提供相关证据且被告方不予认可，故对原告褚涛、宋玉芬主张参与分割诉争房屋的诉讼请求，该院不予支持。庭审中，双方当事人均认可在购买诉争房屋时，被告杨建设、崔素平出资20万元，故对此该院予以确认。根据我国《婚姻法》的相关法律规定：当事人结婚后，父母为双方购置房屋出资的，该出资应当认定为对夫妻双方的赠与，故该院认定被告杨建设、崔素平为被告杨彬与原告褚旸晔购房出资的行为应属对被告杨彬与原告褚旸晔的赠与，北京市大兴区黄村中里22号楼1单元603室（即北京市大兴区黄村镇时代龙河22号楼1单元603室）房产应属被告杨彬与原告褚旸晔的夫妻共同财产，房屋剩余贷款属夫妻共同债务。该案中，双方当事人均认可该案诉争房屋市场价为每平方米17000

元，该院对此不持异议。考虑到被告杨彬与原告褚旸晔的婚生女杨润卿由被告杨彬自行抚养等实际情况，该案诉争房产判归被告杨彬所有为宜。被告杨彬应给付原告褚旸晔房屋折价款，具体数额由法院根据房屋现价值、剩余贷款额等因素，结合照顾女方权益原则予以酌定。据此，依据《中华人民共和国婚姻法》第39条第1款，最高人民法院《关于适用〈中华人民共和国婚姻法〉若干问题的解释（二）》（以下简称《婚姻法解释二》）第22条第2款的规定，判决如下：一、位于北京市大兴区黄村中里22号楼1单元603室（即北京市大兴区黄村镇时代龙河22号楼1单元603室）房产归被告杨彬所有，该房屋所欠购房贷款由被告杨彬偿还；二、被告杨彬给付原告褚旸晔房屋折价款80万元（于本判决生效之日起60日内履行）；三、驳回原告褚涛、宋玉芬的诉讼请求。

杨建设、崔素平不服一审判决，向北京市第一中级人民法院提起上诉，上诉请求：请求依法撤销一审判决，依法改判给付褚旸晔的折价款不超过20万元。

北京市第一中级人民法院于2011年12月2日作出（2011）一中民终字第14529号民事判决。该院二审确认了一审法院认定的事实。该院二审认为，根据该案查明的事实，杨建设、崔素平将争议房屋的首付款存入褚旸晔的银行卡内，由褚旸晔、杨彬缴纳了房屋首付款。该首付款杨建设、崔素平主张系对杨彬个人的赠与，但未提交充分证据予以证明。原判认定该出资款为对褚旸晔、杨彬双方的赠与，并无不当。原审法院根据双方实际情况、相关证据并结合照顾女方权益的角度作出的判决结果，并无不妥，应予维持。判决：驳回上诉，维持原判。

杨建设、崔素平不服二审判决，向北京市高级人民法院申请再审，认为首付款是杨建设、崔素平为自己儿子杨彬的出资，房屋所有权登记在杨彬名下，本案应适用最高人民法院《关于适用〈中华人民共和国婚姻法〉若干问题的解释（三）》（以下简称《婚姻法解释三》）的规定。请求予以改判。

北京市高级人民法院于2013年7月17日作出（2013）高民申字第00171号民事裁定。该院裁定：一、指定北京市第一中级人民法院再审本案。二、再审期间，中止原判决的执行。

北京市第一中级人民法院于2013年12月23日作出（2013）一中民再终字第12882号民事判决，该院再审查明的事实与原一审基本一致。该院另查明，杨彬、褚旸晔在夫妻关系存续期间共同偿还诉争房屋贷款本金98397.69元、利息44400.31元，尚余171602.31元银行贷款，由杨彬个人在调解离婚后偿还完毕。杨彬在再审中称，原二审判决生效后，已于2012年8月将诉争房屋转卖他人且已办理过户手续。该院再审认为，离婚时，夫妻的共同财产由双方协议处理；协议不成时，由人民法院根据财产的具体情况，照顾子女和女方权益的原则判决。因诉争房屋系由杨彬、褚旸晔在婚后共同出资购买并共同偿还部分银行贷款，故该房屋属于杨彬、褚旸晔的夫妻共同财产，原审基于子女抚养等实际情况将房屋判归杨彬所有并由其偿还剩余贷款并无不当，法院再审予以维持。因褚涛、宋玉芬未提供证据证明对诉争房屋有出资，原审驳回其参与分割诉争房屋的诉讼请求正确，该院再审一并予以维持。关于杨彬应支付给褚旸晔的房屋折价款，因《婚姻法解释三》在本案二审审理期间已施行，故本案应适用《婚姻法解释三》的相关规定。依据《婚姻法解释三》第7条的规定，应当认为婚后一方父母为子女购买不动产的出资，应视为对自己子女一方的赠与。故杨建设、崔素平为杨彬、褚旸晔购房所付20万元首付款应视为对杨彬个人的赠与，属于杨彬的个人财产，因个人财产增值产生的收益应属杨彬个人所有，原审将20万元首付款认定为对杨彬、褚旸晔夫妻双方的赠与不当，法院再审予以纠正。依据杨彬与褚旸晔各自对诉争房屋的出资数额，结合双方均认可的诉争房屋的实际价值，杨彬应给付褚旸晔的房屋折价款为30万元。综上，依照《中华人民共和国民事诉讼法》第207条、第170条第1款第2项，最高人民法院《关于适用〈中华人民共和国婚姻法〉若干问题的解释（三）》第7条的规定，判决：一、撤销一审判决及二审判决第二项；二、维持一审判决第一、三项；三、杨彬给付褚旸晔房屋折价款三十万元。

褚涛、宋玉芬、褚旸晔不服再审判决，向检察机关申请监督。

【抗诉理由】

北京市人民检察院经审查认为，北京市第一中级人民法院（2013）一中民再终字第12882号民事判决认定杨建设、崔素平为杨彬、褚旸晔购房所付20万元系杨建设、崔素平对杨彬一方的赠与缺乏证据证明，适用法律错误，遂依法向北京市高级人民法院提出抗诉。抗诉理由如下：

1. 涉案房屋属于杨彬、褚旸晔婚后购买的房产，杨建设、崔素平虽出资20万元，但该出资仅是部分房款，不属于《婚姻法解释三》第7条规定的情形，再审判决适用法律错误。

《婚姻法解释三》第7条第1款规定："婚后由一方父母出资为子女购买的不动产，产权登记在出资人子女名下的，可按照婚姻法第十八条第（三）项的规定，视为只对自己子女一方的赠与，该不动产应认定为夫妻一方的个人财产。"对该条全文解读，表述顺序是：父母出资——登记在一方名下——认定为一方所有，即该出资不涉及其他人利益，房款来源及产权登记在一方名下结果一致，该出资的对价是完整的不动产所有权，因此该出资应指全部出资，而非部分出资。且该条款系关于父母出资情况下不动产产权归属的认定,并非是对部分出资赠与对象的认定。本案中,杨建设、崔素平出资 20 万仅为房款的一部分,并不属于上述司法解释规定的情形,再审判决适用该条系适用法律错误。

2. 杨建设、崔素平为杨彬、褚旸晔购置房屋出资 20 万元,根据《婚姻法解释二》的规定,应视为对夫妻双方的赠与,再审判决认定该出资系对杨彬一方的赠与缺乏证据证明,适用法律错误。

《婚姻法解释二》第 22 条第 2 款规定:"当事人结婚后,父母为双方购置房屋出资的,该出资应当认定为对夫妻双方的赠与,但父母明确表示赠与一方的除外。"从案件情况看,杨建设、崔素平在杨彬与褚旸晔结婚后购房时支付了部分首付款,杨建设、崔素平主张该款仅是对杨彬一方的赠与应予证明。在杨建设、崔素平未证明该出资仅赠与杨彬一方,且褚旸晔对杨建设、崔素平的赠与一方的说法亦不认可的情况下,根据上述《婚姻法解释二》规定,该出资应当认定为对夫妻双方的赠与,再审判决认定该 20 万元系对杨彬一方的赠与属于认定事实缺乏证据证明,适用法律错误。

3. 再审判决对房屋价值分割违反了《婚姻法》关于离婚财产均等分割、保护妇女儿童合法权益的原则。

诉争房屋系杨彬、褚旸晔夫妻共同财产,双方享有均等的财产份额,故褚旸晔应享有一半的房屋价值,同时,房屋贷款系婚后夫妻共同向银行借款,属于夫妻共同债务,亦应予以分担,再审判决将未还贷款部分所对应的增值部分认定为杨彬个人财产,并判决杨彬仅给付褚旸晔房屋折价款 30 万元,违反了婚姻法关于夫妻共同财产原则上均等分割的规定,侵犯了褚旸晔的合法权益。

【再审结果】

北京市高级人民法院于 2015 年 5 月 12 日作出(2014)高民抗提字第 4830 号民事判决书。该院再审查明的事实与原审查明的事实一致。该院再审认为,褚涛、宋玉芬、褚旸晔在原审的诉讼请示是要求依法分割涉案房屋。该房屋系杨彬与褚旸晔在婚姻存续期间购置,杨彬父母杨建设、崔素平支付房屋首付款 219983 元中的主要部分 20 万元,剩余部分房款 27 万元由杨彬、褚旸晔共同向银行贷款取得,并且在杨彬、褚旸晔夫妻关系存续期间共同承担还贷义务。因褚涛、宋玉芬未能提交相关证据证明对购买房屋的出资,原一、二审及原再审法院驳回其参与分割诉争房屋的诉讼请求是正确的,该院予以确认。基于杨彬、褚旸晔离婚后,二人的婚生女杨润卿由杨彬自行抚养等实际情况,原一、二审及原再审法院将房屋判为杨彬所有是恰当的,该院予以确认。本次再审中,褚涛、宋玉芬、褚旸晔对于杨建设、崔素平的出资数额有异议,但在之前的历次诉讼中,褚涛、宋玉芬、褚旸晔无论是在庭审谈话还是在自述材料中,均认可杨建设、崔素平出资20万元。同时因为杨建设、崔素平出资时间并不久远,而且属于家庭中的大事,通常情况下不会发生数额记错的情况,故该院对于褚涛、宋玉芬、褚旸晔此次异议不予采纳。

本案的焦点在于应当适用《婚姻法解释二》第22条第2款,还是适用《婚姻法解释三》第7条第1款。《婚姻法解释二》第22条第2款规定,"当事人结婚后,父母为双方购置房屋出资的,该出资应当认定为对夫妻双方的赠与,但父母明确表示赠与一方的除外"。《婚姻法解释三》第7条第1款规定,"婚后由一方父母出资为子女购买的不动产,产权登记在出资人子女名下的,可按照婚姻法第十八条第(三)项的规定,视为只对自己子女一方的赠与,该不动产应认定为夫妻一方的个人财产"。根据上述内容可知,两条规定是对不同情况下财产归属的表述。《婚姻法解释二》第22条第2款的规定是针对婚后父母为购置房屋出资的情况,解决的是父母所出资金的归属问题。《婚姻法解释三》第7条第1款的规定是针对婚后一方父母出资购得房屋的情况,解决的是房屋归属问题,并不包含父母支付部分款项同时由子女夫妻共同贷款购房的情况。因为在父母未支付房屋全部款项时,父母不能取得房屋所有权,从而其无权决定将房屋赠与自己子女。该房屋无论登记在夫妻任何一方名下,都系夫妻共同财产,在离婚时应予以公平分割。因此,婚后一方父母支付部分购房款,产权登记在出资人子女名下,但由夫妻共同贷款支付其余房款的情形,不适用《婚姻法解释三》第7条第1款的规定,应当适用《婚姻法解释二》第22条第2款进行处理。原一、二审判决适用《婚姻法解释二》第22条第2款,结合当时各方当事人确认的房屋市场价、剩余贷款数额、照顾女方权益等情况作理的处理结果正确,该院再审予以确认。原再审判决将《婚姻法解释三》第7条第1款扩张适用于本案,属于对司法解释理解有误,该院再审予以纠正。依照《中华人民共和国民事诉讼法》第207条第1款、第170条第1款第2项的规定,判决如下:一、撤销北京市第一中级人民法院(2013)一中民再终字第12882号民事判决;二、维持北京市第一中级人民法院(2011)一中民终字第14529号民事判决。

【点评】

近年来,我国公民个人财富增长迅速,夫妻财产的组成日益复杂。我国现行《婚姻法》关于夫妻财产制的规定只有第17、18、19条共三条,其内容概括、简单,远不能解决纷繁复杂的婚姻财产纠纷。为解决司法实务中的疑难问题,最高人民法院先后颁布了三个适用《婚姻法》的司法解释(以下简称《婚姻法解释一》《婚姻法解释二》《婚姻法解释三》),用以统一司法实践中婚姻财产的认定处理标准。本案系关于婚后父母部分出资为子女购房的所有权归属问题，涉及《婚姻法解释二》与《婚姻法解释三》的相关法条的理解与适用。

一、婚后父母出资为子女购房所有权归属的认定——《物权法》与《婚姻法》的冲突

根据《婚姻法》第 17 条和第 18 条的规定，我国《婚姻法》规定的夫妻财产制，采用婚后所得共同制的推定规则。《婚姻法解释三》第 7 条采用了《物权法》的规则，即根据财产来源及公示结果而不是根据财产取得的时间来确定其归属，这种侧重保护个人财产权利的价值取向受到社会广泛关注，也引发了一些质疑。但笔者认为，婚姻财产的认定必须考虑中国国情，中国人的家庭观念、子女观念，导致家庭财产尤其是父母子女之间的财产未作严格区分，即使是赠与，也语焉不详，一旦产生纠纷，仅以"婚后"这一时间标准为分割标准，必然导致更多纠纷。《婚姻法解释三》第 7 条实际上是在采取了《物权法》的公示规则，用登记作为公示方法来量化父母意图，故该第 7 条是在《婚姻法》与《物权法》规则中作出了选择，将父母对子女的购房款的赠与以产权登记来推定为对夫妻共同赠与还是对子女个人的赠与。

二、对《婚姻法解释二》《婚姻法解释三》中"出资"的理解

《婚姻法解释二》第 22 条也规定了"父母出资"，与《婚姻法解释三》第 7 条规定的"出资"是否有区别？解读《婚姻法解释三》第 7 条第 1 款，因出资后缀是"不动产"，即该出资的对价是完整的不动产所有权，因此该出资是指全款出资。而《婚姻法解释二》第 22 条，是对父母出资的规定，该出资应理解为部分出资，因为在父母未支付房屋全部款项时，父母不能取得房屋所有权，从而其无权决定将房屋赠与自己子女。该房屋无论登记在夫妻任何一方名下，都系夫妻共同财产，在离婚时应予以公平分割。对于父母部分出资的情形，虽然产权登记在出资人子女名下，但涉及夫妻共同还贷支付其余房款的情形，婚后取得以及夫妻共同贡献，导致该房产性质应为夫妻共同财产，而非个人财产，故而父母出资应视为对夫妻双方的赠与。

本案中，杨彬父母仅是支付了首付款中的部分，该房屋系在婚后购买，房屋贷款亦由杨彬与褚旸晔婚后偿还，故本案情形不适用《婚姻法解释三》第 7 条第 1 款的规定，应当适用《婚姻法解释二》第 22 条第 2 款进行处理。

三、从《婚姻法解释二》到《婚姻法解释三》：出资方父母未申明时，出资所有权及不动产所有权如何变更

《婚姻法解释二》第 22 条第 2 款规定的"出资"应指部分出资，解决的是父母对房屋的部分出资归属问题。基于合同法规定对赠与的规定，赠与人有权选择相对方，即赠与人有权选择仅对夫妻一方进行赠与。但在赠与人未明示

的情况下，如何推定赠与的效力。司法解释此条仍是遵循婚后所得推定共同所有规则，在法律未作明文规定的情况下，婚姻关系存续期间夫妻一方取得的财产，首先应推定为夫妻共有财产。依据"婚后所得推定共有"这一准则，立法中，如认为婚后一方所得应归于夫妻共有，一般无须特别加以规定；但如将一方婚后所得排除在共有之外，则必须特别加以规定。在诉讼中，主张婚后所得财产为夫妻共有财产的，一方无须举证；主张婚后所得财产为个人所有的一方应负有举证责任。即主张为个人财产者应对父母的赠与意思内容作出举证。本案属于父母部分出资买房的情形，主张父母赠与属于个人财产的一方应承担举证责任，否则推定为夫妻共同所有。原再审判决将《婚姻法解释三》第7条第1款规定适用本案，错误在于对全部出资及部分出资情形未予分辨，对婚后所得财产推定夫妻共有规则未予遵循，导致适用法律错误。

清算组清算过程中存在明显过错时清算报告能否作为裁判依据

——蚌埠市和平乳业有限责任公司与孟琦、孟慧清算责任纠纷抗诉案

刘小勤[*]

【抗诉机关和受诉法院】

抗诉机关：安徽省人民检察院

受诉法院：安徽省高级人民法院

【基本案情】

申请人（一审原告、二审上诉人、再审申请人）：蚌埠市和平乳业有限责任公司，住所地安徽省蚌埠市朝阳路670号。

法定代表人：李扬民，董事长。

其他当事人（一审被告、二审上诉人、再审被申请人）：孟琦，女，原蚌埠市和平奶浴有限责任公司股东、清算组成员。

其他当事人（一审被告、二审上诉人、再审被申请人）：孟慧，女，原蚌埠市和平奶浴有限责任公司清算组成员。

蚌埠市和平奶浴有限责任公司（以下简称奶浴公司）于2002年7月11日注册成立，公司性质为有限责任公司，法定代表人为孟琦，股东为孟琦、孟宪贵。2012年6月14日，蚌埠市工商行政管理局向奶浴公司出具了备案通知书，备案内容为，经审查，提交的清算组备案申请，申请材料齐全，符合法定形式，我局予以备案。同年6月15日，奶浴公司在蚌埠广播电视报发布注销公告，内容为，蚌埠市和平奶浴有限责任公司经股东会研究决定解散，拟向公司登记机关申请注销登记，现已组成清算组，清算组由孟琦、孟慧两人组成，

---

[*] 作者单位：安徽省人民检察院。

请债权人于本公告之日起 45 日内向本公司清算组申报债权。2012 年 7 月 29 日，奶浴公司向蚌埠市工商行政管理局申请注销。同年 7 月 31 日，清算小组出具清算报告，内容为，税款已缴纳，债务清偿情况为零，剩余财产 6722.47 元，按股东出资比例退还股东。当日，奶浴公司又作出股东会决议，一致确认清算组的清算报告，同意向公司登记机关申请办理注销手续。2012 年 8 月 3 日，蚌埠市工商行政管理局出具受理通知书，内容为，经审查，提交的设立注销申请，申请材料齐全，符合法定形式，我局决定予以受理，并在 3 日内作出准予登记的决定。同年 8 月 6 日，蚌埠市工商行政管理局作出准予注销登记通知书，内容为，经审查，提交的奶浴公司注销登记申请，申请材料齐全，符合法定形式，我局决定准予注销登记，并在企业登记颁证及归档记录表中备注"印章已交回并销毁，孟琦"。在奶浴公司注销过程中，和平乳业未收到关于申报债权的通知。该院另查明，2012 年 6 月 28 日，蚌埠市和平乳业有限责任公司（以下简称和平乳业）因房屋租赁合同纠纷，将奶浴公司诉至法院，要求奶浴公司支付拖欠租金。同年 7 月 28 日，蚌埠市蚌山区人民法院作出（2012）蚌山民一初字第 00797 号民事判决书，判决奶浴公司支付和平乳业从 2012 年 3 月 28 日起至 2012 年 7 月 28 日止的房屋租金 56664 元及案件受理费 786 元。该房屋租赁合同纠纷案件审理期间，奶浴公司未告知法院其已向工商部门申请注销企业。宣判后，奶浴公司不服提起上诉，但由于奶浴公司在缴纳上诉费用之前已被注销，丧失了缴纳上诉费用的主体资格，应视为其没有在法定期限内缴纳上诉费用，2012 年 11 月 26 日，蚌埠市中级人民法院作出（2012）蚌民一终字第 00824 号民事裁定书，裁定本案按自动撤回上诉处理。一审判决生效后，和平乳业向蚌埠市蚌山区人民法院申请强制执行，该院以奶浴公司已经注销，未发现其有可供执行的财产为由，于 2013 年 1 月 29 日作出（2013）蚌山执字第 00043 号执行裁定书，裁定终结执行程序。该院还查明，奶浴公司曾于 2012 年 8 月 15 日向蚌山区人民法院起诉，并加盖了其公司的公章，要求与和平乳业确认解除双方 2011 年 2 月 25 日签订的《和平奶浴中心租赁合同》。同年 9 月 14 日，奶浴公司申请撤诉。

【原审裁判】

2014 年 7 月 21 日，蚌埠市蚌山区人民法院作出（2014）蚌山民二初字第 00157 号民事判决。该院一审认为，奶浴公司与和平乳业的房屋租赁合同纠纷经本院判决，奶浴公司支付和平乳业从 2012 年 3 月 28 日起至 2012 年 7 月 28 日止的房屋租金 56664 元及案件受理费 786 元。奶浴公司在未履行生效法律文书的情况下，申请注销了公司，其行为应属恶意。孟琦、孟慧作为清算组成员，明知奶浴公司尚有未清偿的债务，未按照法律规定履行通知义务，导致奶浴公司申请注销时，和平乳业未及时申报债权而未获清偿，对于该损失，孟琦、孟慧作为清算组成员存在过错，应当承担赔偿责任。故对和平乳业要求孟琦、孟慧赔偿蚌山区人民法院（2012）蚌山民一初字第00797号民事判决书判决的房屋租金56664元和案件受理费786元的请求，予以支持。对和平乳业诉请中从2012年7月29日起至2013年7月28日止的房屋租金169992元，应当是基于房屋租赁合同产生的，是另一种法律关系，且2012年7月29日奶浴公司已向市工商局申请注销，同年7月31日清算小组的清算报告已出，对此后是否产生债权债务，以及是否有损失，与孟琦、孟慧的清算责任无关。故对和平乳业的该部分诉请，不予支持。依照《中华人民共和国民法通则》第6条、第49条第5项，《中华人民共和国公司法》第184条、第185条、第188条、第189条和最高人民法院《关于适用中华人民共和国公司法若干问题的规定（二）》第19条、第23条第1款的规定，判决：一、孟琦、孟慧共同赔偿和平乳业损失57450元；二、驳回和平乳业的其他诉讼请求。

和平乳业、孟琦、孟慧均不服一审判决，上诉至蚌埠市中级人民法院。

蚌埠市中级人民法院于2014年11月4日作出（2014）蚌民二终字第00213号民事判决。该院确认了一审法院查明的事实。该院二审认为，《中华人民共和国公司法》第185条规定，清算组应当自成立之日起10日内通知债权人，并于60日向在报纸上公告。在奶浴公司清算期间，和平乳业与奶浴公司因房屋租赁一案已诉讼至蚌埠市蚌山区人民法院，虽然清算期间（2012）蚌山民一初字第00797号民事判决尚未生效，但和平乳业是奶浴公司的已知债权人，清算组应当通知和平乳业申报债权，并对相关债权的清偿进行预留。作为清算组成员的孟琦、孟慧未按照法律规定履行通知义务，导致和平乳业没有及时申报债权，进而债权未获清偿，对于该损失，孟琦、孟慧在清算过程中存在过错，依法应当承担赔偿责任。根据清算报告，奶浴公司税款已缴纳，债务清偿情况为零，剩余财产6722.47元，在和平乳业得到清算通知申报了债权的情况下，其可获清偿范围的上限为6722.47元，故该款应确定为孟琦、孟慧未依法履行通知义务给和平乳业造成的损失。和平乳业的诉讼请求中超过6722.47元的部分，缺乏依据，不予支持。本案系因清算组成员履职不当引起的侵权责任之诉，而（2012）蚌山民一初字第00797号民事判决则是裁判奶浴公司给付租金之诉，两案既不基于同一事实，也不基于同一法律关系，诉讼主体更不相同，故两案不存在一事二理的情形，孟琦、孟慧此节上诉理由不予采信。在（2012）蚌山民一初字第00797号民事诉讼中，奶浴公司已抗辩其于2012年3月不再租赁和平乳业的房屋，并将钥匙交还给和平乳业的有关工作人员，虽然该判决因上诉人未能提交双方租赁合同解除的书面协议和钥匙交还的证据,判决奶浴公司支付和平乳业从 2012 年 3 月 28 日起至 2012 年 7 月 28 日止的房屋租金 56664 元,但至此和平乳业已知奶浴公司不可能再继续履行 2012 年 7 月 28 日之后的租赁合同期限,即应采取适当措施防止损失的扩大,在诉讼中要求解除双方租赁合同,但和平乳业并没有采取适当措施致使损失扩大,《中华人民共和国合同法》第 119 条规定,当事人一方违约后,对方应当采取适当措施防止损失的扩大;没有采取适当措施致使损失扩大的,不得就扩大的损失要求赔偿,因此和平乳业不得要求孟琦、孟慧赔偿从 2012 年 7 月 28 日起至 2013 年 2 月 23 日止的租金损失。由于双方合同约定的履行期限至 2013 年 2 月 23 日,和平乳业要求给付之后的租金更无事实依据。综上,原审适用法律部分错误,应予更正。判决:一、维持安徽省蚌埠市蚌山区人民法院(2014)蚌山民二初字第 00157 号民事判决第二项;二、变更蚌埠市蚌山区人民法院(2014)蚌山民二初字第 00157 号民事判决第一项"被告孟琦、孟慧共同赔偿原告和平乳业损失 57450 元"为"被告孟琦、孟慧共同赔偿原告和平乳业损失 6722.47 元"。

和平乳业不服二审判决,向安徽省高级人民法院申请再审,该院于 2015 年 6 月 29 日作出(2015)皖民申字第 00439 号民事裁定书,驳回和平乳业的再审申请。

和平乳业申请检察机关监督。

【抗诉理由】

安徽省人民检察院于 2016 年 5 月 31 日以皖检民(行)监(2016)34000000061 号民事抗诉书向安徽省高级人民法院提出抗诉。

检察机关查明,清算组成员孟琦、孟慧在清算过程中未履行法定通知义务,亦未对和平乳业债权进行预留,直接在清算报告中注明公司的债权债务为零,其清算报告及股东会决议上均有奶浴公司股东之一孟宪贵的签字;但公安机关的户籍证明显示,孟宪贵已于 2007 年 8 月 21 日因死亡注销户口,且原二审庭审笔录载明,孟琦、孟慧的委托代理人在庭审过程中亦确认孟宪贵"在清算前已经去世了"。其他事实与原审法院认定一致。

抗诉机关认为,蚌埠市中级人民法院(2014)蚌民二终字第 00213 号民事判决认定的基本事实缺乏证据证明。

1. 清算组的清算活动未依法进行,存在明显过错。

(1)清算组未依法通知债权人。《中华人民共和国公司法》第 185 条第 1 款规定,"清算组应当自成立之日起十日内通知债权人,并于六十日内在报纸上公告",最高人民法院《关于适用〈中华人民共和国公司法〉若干问题解释(二)》第 11 条进一步明确,清算组应当"将公司解散清算事宜书面通知全体已知债权人"。本案中,作为清算组成员孟琦、孟慧未按照法律规定履行通知义务,导致和平乳业没有及时申报债权,进而债权未获清偿,对于该损失,孟琦、孟慧在清算过程中存在过错。同时,《中华人民共和国公司法》第 187 条第 1 款规定,"清算组在清理公司财产、编制资产负债表和财产清单后,发现公司财产不足清偿债务的,应当依法向人民法院申请宣告破产"。该规定旨在按照破产程序,通过由人民法院确定的多方人员组成的清算或者管理组织审慎审查公司资产及债权债务,最大限度保护债权人利益,避免股东自行组织清算可能对债权人利益的损害。本案中,如果和平乳业及时申报债权,结合奶浴公司清算报告中列明的资产情况,其应当进入破产程序,但因和平乳业债权未申报,致使奶浴公司未进入破产程序,清算过程没有第三方参与,亦没有债权人监督,清算结果的真实性难以保证。

(2) 奶浴公司股东会决议不具有真实性。奶浴公司的工商登记资料显示,其股东为孟宪贵、孟琦,清算期间,2012 年 7 月 31 日的清算报告及股东会决议上均有二人的签字确认。但公安机关的户籍证明显示,孟宪贵已于 2007 年 8 月 21 日因死亡注销户口,且原二审庭审笔录记载,孟琦、孟慧的委托代理人在庭审过程中亦确认孟宪贵"在清算前已经去世了";据此,孟宪贵不可能在股东会决议上签字,亦不可能在清算报告上签字。可见,奶浴公司的清算报告及股东会决议上的股东签字不具有真实性。

(3) 奶浴公司注销公告不符合法律规定。最高人民法院《关于适用〈中华人民共和国公司法〉若干问题的规定(二)》第 11 条第 1 款规定,公司清算时,应"根据公司规模和营业地域范围在全国或者公司注册登记地省级有影响的报纸上进行公告"。本案中,奶浴公司于 2012 年 6 月 15 日在蚌埠市广播电视报发布注销公告,显然不符合上述规定。

2. 判决以清算报告为依据判令孟琦、孟慧承担赔偿责任系认定的基本事实缺乏证据证明。

《中华人民共和国公司法》第 189 条第 3 款规定,清算组成员因故意或者重大过失给公司或者债权人造成损失的,应当承担赔偿责任。最高人民法院《关于适用〈中华人民共和国公司法〉若干问题解释(二)》第 11 条第 2 款规定,清算组未按照前款规定履行通知和公告义务,导致债权人未及时申报债权而未获清偿,债权人主张清算组成员对因此造成的损失承担赔偿责任的,人民法院应依法予以支持。本案中,原一、二审均判决孟琦、孟慧应对和平乳业承担赔偿责任,但在具体赔偿数额上,二审判决认为:"根据清算报告,奶浴公司税款已交纳,债务清偿情况为零,剩余财产 6722.47 元,在和平乳业得到清算通知申报了债权的情况下,其可获清偿范围的上限为 6722.47 元,故该款应确定为孟琦、孟慧未依法履行通知义务给和平乳业造成的损失。"对此,本院认为,作为判决采信的证据应当具有真实、关联、合法三个特性,但本案中,孟琦、孟慧清算过程中有明显过错,清算报告及股东会决议上的相关股东签字并非本人所签,清算结果不具有真实性,故该清算报告不能作为判决依据。判决采信清算组清算报告,认定孟琦、孟慧承担其清算范围上限6722.47元的赔偿责任,系认定的基本事实缺乏证据证明。

【再审结果】

安徽省高级人民法院于2016年7月29日作出(2016)皖民抗58号民事裁定书,指令安徽省蚌埠市中级人民法院再审本案。

2016年11月7日,安徽省蚌埠市中级人民法院作出(2016)皖03民再16号民事判决书。该院再审认为,孟琦、孟慧作为原奶浴公司的清算组成员,在开展清算工作中是否存在过错,是判断其应否对和平乳业承担赔偿责任的依据。本案在诉讼过程中,孟琦、孟慧辩称和平乳业不是原奶浴公司的债权人,故无须向其发债权申报的通知。但从原奶浴公司在蚌埠市广播电视报上发布注销公告的时间是在2012年6月15日,债权申报期间为45日。在该期间内,蚌埠市蚌山区人民法院于同年6月28日受理了和平乳业起诉原奶浴公司的房屋租赁合同纠纷案件,并于同日向该公司的法定代表人孟琦送达了相关应诉法律文书,同年7月16日开庭审理该案,同年8月2日向原奶浴公司送达一审判决书,判决原奶浴公司向和平乳业支付房屋租金56664元。可见,在公告确定的债权申报期间内虽然和平乳业与原奶浴公司之间的债权尚处于不确定的状态,即便如孟琦、孟慧所辩称和平乳业不是原奶浴公司的债权人,无须向其发债权申报的通知,但法律赋予和平乳业依法申报债权的权利并不能被随意剥夺,即使所申报的债权有争议,也是可以通过法定程序予以解决。对于这种或有债务在被生效判决确定之前,孟琦、孟慧作为原奶浴公司的清算组成员在制定清算财产分配方案时应当予以预留。从法院作出一审判决后至同年8月3日工商管理部门作出受理该公司注销申请,同年8月6日作出准予注销登记通知书,在该案立案审理至作出判决,孟琦、孟慧始终未向法院及和平乳业告知原奶浴公司在报纸上公告注销一事,导致和平乳业不知原奶浴公司正在进行解散清算,且亦无证据证明孟琦、孟慧将原奶浴公司与和平乳业之间的债务纠纷尚未解决的情况向工商管理部门进行了说明。可见,孟琦、孟慧作为清算组成员在开展原奶浴公司清算工作存在明显过错。另,原奶浴公司在2012年6月份进行解散清算,根据当时施行的《中华人民共和国公司法》(2006年1月1日起施行)第186条第1款规定:"清算组应当自成立之日起十日内通知债权人,并于六十日内在报纸上公告。债权人应当自接到通知书之日起三十日内,未接到通知书的自公告之日起四十五日内向清算组申报债权。"最高人民法院《关于适用〈中华人民共和国公司法〉若干问题的解释（二）》第 11 条第 1 款规定："公司清算时，清算组应当按照公司法第 185 条的规定，将公司解散清算事宜书面通知全体已知债权人，并根据公司规模和营业地域范围在全国或者公司注册登记地省级有影响的报纸上进行公告。"该条第 2 款同时规定："清算组未按照前款规定履行通知和公告义务，导致债权人未及时申报债权而未获清偿，债权人主张清算组成员对因此造成的损失承担赔偿责任的，人民法院应依法予以支持。"根据以上公司法以及相关司法解释的规定，原奶浴公司因解散进行清算，应当在省级以上有影响的报纸上进行公告，通知债权人申报债权。而孟琦、孟慧作为原奶浴公司的清算组成员却在蚌埠市广播电视报上发布公告，导致和平乳业未能申报债权。即便如孟琦、孟慧所辩称系按照工商部门的要求在该报纸上发布公告，但由于相关法律对公告的发布有明确要求，故对于作为清算组成员的孟琦、孟慧二人来说，即便不是出于故意，亦存在重大过失。《中华人民共和国公司法》（2013 年 12 月 28 日修订）第 189 条第 3 款规定："清算组成员因故意或重大过失给公司或者债权人造成损失的，应当承担赔偿责任。"综上，和平乳业请求判令孟琦、孟慧赔偿损失的主张，应当得到支持。由于原奶浴公司的股东孟宪贵早在该公司解散清算之前即已去世，故抗诉机关认为孟琦、孟慧制作的原奶浴公司清算报告以及确认清算报告的股东会议记录上股东孟宪贵的签名不真实，清算报告不能作为判决依据的理由，能够成立。本院二审判决以原奶浴公司清算报告反映出的剩余财产 6722.47 元作为孟琦、孟慧承担赔偿损失的上限，没有法律依据和事实依据，再审应予以纠正。蚌埠市蚌山区人民法院（2014）蚌山民二初字第 00157 民事判决认定的基本事实清楚，适用法律正确，再审应予以维持。依照《中华人民共和国民事诉讼法》第 170 条第 1 款第 1 项、第 207 条的规定，判决如下：一、撤销本院（2014）蚌民二终字第 00213 号民事判决；二、维持蚌埠市蚌山区人民法院（2014）蚌山民二初字第 00157 号民事判决。

【点评】

本案是一起典型的清算组不依法清算引起的清算责任纠纷案件。涉及的法律要点主要有如何确定清算组的清算责任及清算责任如何承担。

公司清算是公司法律制度的一项非常重要的制度，是依法定程序清理公司债权债务、处理公司剩余财产并最终终止公司法律人格的法律制度，是公司解散并最终终止的必经环节。公司清算根据是否有人民法院介入而分为一般清算和破产清算，本案涉及的是一般清算，即清算义务人依照法律规定自行组织清算、清理公司债权债务、处理公司剩余财产的活动。一般清算活动的法律依据主要是《中华人民共和国公司法》及相关法律、司法解释，我国现行《公司法》第十章专门就"公司解散和清算"进行了规定，明确了公司解散事由、清算组成立及人员组成、清算组职权、清算程序等。但实践中，公司未依法组织清算导致公司、债权人利益受损的情况常有发生，其主要情形包括恶意处置公司财产、恶意注销公司等作为行为以及怠于履行清算义务的不作为行为。本案中，作为清算义务人，孟琦、孟慧负有依法组织清算活动的义务，但在具体清算活动中，清算义务人存在明显过错。一是虽然在清算公告期内，和平乳业与原奶浴公司房屋租赁合同纠纷案尚处审理阶段，但这种债权同样有参与申报的权利，清算组既未通知其申报也未在分配方案中对该债权予以预留；二是公告发布不符合法律规定；三是股东会决议上签名不真实。上述事实表明，本案清算行为存在违法性，行为人具有主观过错，且该违法行为直接导致和平乳业债权得不到清偿的损害事实，二者之间具有因果关系，因此，清算义务人应当承担清算责任。

承担民事责任的主要方式包括停止侵害、排除妨碍、消除危险、返还财产、赔偿损失、支付违约金等。清算实践中，清算义务人由于不依法组织清算，给公司、债权人造成的损害一般表现为财产损失，因而，清算义务人对公司、债权人承担的清算责任主要表现为清算赔偿责任，这种赔偿责任从性质上看属于民事侵权责任。《中华人民共和国公司法》第189条第3款规定："清算组成员因故意或者重大过失给公司或者债权人造成损失的，应当承担赔偿责任。"最高人民法院《关于适用〈中华人民共和国公司法〉若干问题解释（二）》第11条、第19条、第23条也都对这种赔偿责任作出明确规定。

至于赔偿范围，一般来说，因侵权行为造成他人财产损失的，其赔偿范围为造成的实际损失，但在公司法律制度中，由于存在公司有限责任这一法律基础，公司对外承担责任的范围应以公司财产为限。清算活动中，如果清算行为依法进行，各债权人应依法定范围和程序参与分配，清算义务人无须在公司剩余财产之外另行承担责任。但若清算活动未依法进行，清算义务人存在明显过错，如果仍以公司剩余财产为限对债权人进行分配显然不利于惩治行为人的违法行为，不利于保护公司及债权人合法权益。本案二审判决在确认孟琦、孟慧清算过程中存在过错的情况下，仍以基于违法行为形成的清算报告为判决依据，判令孟琦、孟慧赔偿和平乳业损失6722.47元，违反了法律规定。抗诉机关在全面审查案件事实、核实认定原奶浴公司股东孟宪贵已于公司注销前死亡的基础上，分析清算义务人在清算过程中的违法行为，提出基于违法行为形成的清算报告不应作为判决依据的抗诉意见，法院再审采纳检察机关抗诉意见，判决撤销原二审判决，维持原一审判决，即孟琦、孟慧共同赔偿和平乳业损失57450元［蚌山区人民法院（2012）蚌山民一初字第00797号民事判决书判决确认的房屋租金56664元和案件受理费786元］。

"城乡交界地带"人员死亡赔偿金标准如何确定

——冉瑞华、杨道琼与陈家富、杨勇、阳光财产保险股份有限公司重庆市万州中心支公司等机动车交通事故责任纠纷抗诉案

易亚东 潘 霞[*]

【抗诉机关和受诉法院】

抗诉机关：重庆市人民检察院

受诉法院：重庆市高级人民法院

【基本案情】

申请人：冉瑞华，男。

申请人：杨道琼，女。

其他当事人：陈家富，男。

其他当事人：中国人民财产保险股份有限公司万州天城支公司，住所地重庆市万州区天城大道917号。

负责人：韩学川，经理。

其他当事人（一审被告、二审被上诉人、再审被申请人）：重庆市万州区余家汽车运输公司，住所地重庆市万州区余家镇朝阳街34号。

法定代表人：余邦华，经理。

其他当事人（一审被告、二审被上诉人、再审被申请人）：杨勇，男。

其他当事人（一审被告、二审被上诉人、再审被申请人）：阳光财产保险股份有限公司重庆市万州中心支公司，住所地重庆市万州区国本路2号。

法定代表人：李天钊，总经理。

2012年9月9日14时50分许，杨勇驾驶渝F02×××号客车由余家往分

---

[*] 作者单位：重庆市人民检察院第二分院。

水方向行驶至分余路25km+450m处时,将该车逆向停于余家至分水道路左侧加水。在加水过程中,杨勇通过驾驶主控台打开该车右侧乘客门。该车车内乘客冉春燕由此门下车后,在车门附近道路上遇由陈家富驾驶的后座搭乘刘延奎的渝FFE×××号摩托车从余家往分水方向行驶。因陈家富在临近事发地点精力不集中且临危时未采取有效措施,将冉春燕撞倒,随后其车向右侧翻倒在地。该事故造成冉春燕当场死亡。经重庆市万州区公安局交通巡逻警察支队作出道路交通事故认定书认定:"当事人陈家富承担本次事故的主要责任;当事人杨勇承担本次事故的次要责任;当事人冉春燕不承担本次事故责任。"陈家富因此次事故已被判入狱。事故发生后,杨勇已支付冉瑞华、杨道琼丧葬费等共计41420元,冉瑞华、杨道琼同意将杨勇所支付冉春燕殡葬相关费用纳入本案进行品算。死者冉春燕系农村居民家庭户口,冉瑞华系其父亲,杨道琼系其母亲,事故发生前其被重庆三峡医药高等专科学校临床医学专业录取。冉瑞华、杨道琼在广西壮族自治区柳州市幸运星装饰公司务工。渝FFE×××号摩托车在人民财险天城公司处投保了机动车交通事故责任强制保险,事发时正值保险期间内。渝F02×××号客车在阳光财险万州公司处投保了机动车交通事故责任强制保险,事发时正值保险期间内。另渝F02×××号客车由杨勇与案外人杨高奎合伙经营,挂靠于余家运司处。

【原审裁判】

重庆市万州人民法院于2013年4月15日作出(2013)万法民初字第00448号民事判决认为,冉春燕因交通事故死亡,相关责任人应该对冉瑞华、杨道琼就此次交通事故产生的损失承担赔偿责任。经交警部门认定陈家富就此次事故承担主要责任,杨勇承担次要责任,本案当事人对此责任认定均无异议。杨勇作为营运客车驾驶员,其应当尽到保障车上乘客生命、健康权之注意义务,也应当预见到其违法停车、打开车门等危险行为可能导致安全事故发生之损害后果,其主观上具有较大过错。结合全案,认定陈家富承担本次事故60%责任,杨勇承担本次事故40%责任较为适宜。关于冉瑞华、杨道琼主张陈家富与杨勇应承担连带责任,对冉瑞华、杨道琼此请求不予支持。关于余家运司称冉春燕自身存在过错,应承担相应责任,因交警部门已对责任作出认定,故冉春燕不应承担责任。杨勇与余家运司系挂靠经营关系,二者应当就此次事故承担连带赔偿责任。陈家富之肇事车辆在人民财险天城公司处投保了交强险,人民财险天城公司应当在交强险限额内承担赔偿责任。关于阳光财险万州公司应否承担交强险赔偿责任问题,因杨勇所驾驶车辆并非对死者直接加害,其开门让冉春燕下车之行为,实际系双方运输合同之延伸,死者冉春燕应当视作车上人员,而不应视为第三者,故冉瑞华、杨道琼请求阳光财险万州公司在交强险限额内承担赔偿责任，不予支持。死者冉春燕系在校学生，因其系农业家庭户口，其自身并无收入来源，不应视作城镇居民计算死亡赔偿金，其死亡赔偿金认定为129608.20元（6480.41元/年×20年）。冉瑞华、杨道琼请求陈家富、杨勇等赔偿冉春燕丧葬费20021元，符合规定，予以支持。冉瑞华、杨道琼请求陈家富、杨勇等赔偿其精神抚慰金，因本案主要责任人陈家富已经承担刑事责任，其不应再承担精神抚慰金，杨勇因在本案中承担次要责任，亦不应承担精神抚慰金，故对冉瑞华、杨道琼此请求，不予支持。交通费酌情认定为2000元，住宿费酌情认定为300元。冉瑞华、杨道琼主张误工费89600元，误工时限酌情认定为10天。因冉瑞华、杨道琼未举示充分证据证明其收入具体标准，按其相近行业上年度职工平均工资计算，冉瑞华误工费认定为756.93元，杨道琼误工费认定为571.53元。综上，纳入赔偿冉瑞华、杨道琼范围的有死亡赔偿金129608.20元、丧葬费20021、交通费2000元、住宿费300元、误工费1328.46元，合计153257.66元。由人民财险天城公司在交强险限额内赔偿冉瑞华、杨道琼死亡赔偿金110000元，余43257.66元，由杨勇赔偿冉瑞华、杨道琼因冉春燕死亡造成的各项损失17303.06元（43257.66元×40%），因杨勇已经支付冉瑞华、杨道琼丧葬费20021元、现金10000元，应当扣除，且杨勇另支付了冉春燕殡葬相关费用11399元，应当品除。以上费用相互品抵后，冉瑞华、杨道琼尚需返还杨勇24116.94元。由陈家富赔偿冉瑞华、杨道琼因冉春燕死亡造成的各项损失25954.60元（43257.66元×60%）。判决：一、由人财保险天城公司在交强险限额内赔偿冉瑞华、杨道琼因冉春燕死亡产生的死亡赔偿金110000元。二、由陈家富赔偿冉瑞华、杨道琼因冉春燕死亡产生的死亡赔偿金等各项损失25954.60元。三、由杨勇赔偿冉瑞华、杨道琼因冉春燕死亡产生的死亡赔偿金等各项损失17303.06元，与其已支付的丧葬费20021元、现金10000元、冉春燕殡葬相关费用11399元相互抵消后，冉瑞华、杨道琼尚需返还杨勇24116.94元（此款项由人民财险天城公司在应当支付予冉瑞华、杨道琼之赔偿金中径付杨勇）。四、由余家运司对杨勇所负赔偿义务承担连带赔偿责任。五、驳回冉瑞华、杨道琼要求阳光财险万州公司承担责任的诉讼请求。

冉瑞华、杨道琼不服一审判决，上诉至重庆市第二中级人民法院。该院于2013年9月18日作出（2013）渝二中法民终字第00927号民事判决认为，关于阳光财险万州公司是否应当对冉春燕的死亡承担交通事故第三者强制保险责任的问题，冉春燕作为渝F02×××号客车的乘客，杨勇在未确保乘客安全的情况下，违章停车对大客车加水，并准许乘客下车，冉春燕下车后，被陈家富驾驶的摩托撞伤并致死，导致冉春燕死亡的直接原因是陈家富驾驶摩托车时精力不集中且临危未采取有效措施而致死,并非杨勇停车加水直接加害。对于大客车而言,冉春燕在乘车过程中临时下车等候车辆加水并未改变其大客车乘客的身份,故冉春燕仍系大客车的乘客而非第三者。原审判决驳回冉瑞华、杨道琼要求阳光财险万州公司在交强险限额内承担赔偿责任的诉请正确。冉瑞华、杨道琼的该上诉理由不成立。原审对冉春燕死亡赔偿金计算标准是否正确的问题。冉春燕系农村户籍,在校学生,原审按照农村居民身份计算死亡赔偿金并无不当,冉瑞华、杨道琼上诉要求按照城镇居民标准计算死亡赔偿金于法无据,其上诉理由亦不成立。原审判决事实清楚,证据充分,适用法律正确,冉瑞华、杨道琼的上诉理由均不成立。依照《中华人民共和国民事诉讼法》第170条第1款第1项的规定,判决:驳回上诉,维持原判。

冉瑞华、杨道琼不服二审判决,向重庆市第二中级人民法院申请再审。重庆市第二中级人民法院于2014年12月15日作出(2014)渝二中法民申字第00100号裁定驳回再审申请。

冉瑞华、杨道琼不服二审判决,向检察机关申请监督。

【抗诉理由】

重庆市人民检察院于2015年7月17日作出渝检民监(2015)50000000161号民事抗诉书向重庆市高级人民法院提出抗诉。理由如下。

经查明,本案死者冉春燕于2009年在分水中学就读直至2012年高中毕业,在此期间以住校形式就读;分水中学位于重庆市万州区分水镇政府所在地;事故发生前冉春燕已被重庆三峡医药高等专科学校临床医学专业录取。上述情形表明,冉春燕作为在校学生,其自身虽无收入来源,但综合冉春燕的经常居住地、生活来源等实际情况,其死亡赔偿金应按城镇居民标准计算。

1. 冉春燕虽然系农村户籍,但其已长期居住、学习、生活、消费在城镇,日常生活消费水平与城镇户籍的学生相比已无甚区别,应认定其经常居住地为城镇。并且,事故发生前冉春燕已被重庆三峡医药高等专科学校临床医学专业录取,若无该事故发生,冉春燕将继续长期在城市居住、学习、生活、消费。最高人民法院《关于审理人身损害赔偿案件适用法律若干问题的解释》将死亡赔偿金界定为财产性损失,是对受害人未来收入损失的赔偿,此种损失应与受害人实际生活的经常居住地、收入等因素相联系,而不能单纯以户口作为依据。

2. 冉春燕的生活费来源于城镇。冉春燕作为在校学生,未参加社会工作,其自身无收入来源,因此冉春燕的全部生活费均来源于其父母冉瑞华、杨道琼。根据原审查明"冉瑞华、杨道琼在广西壮族自治区柳州市幸运星装饰公司务工,冉瑞华从事木工,杨道琼从事家政清洁"的事实,冉瑞华、杨道琼的经常居住地和主要收入来源地为城市，也即冉春燕的生活费来源为城市，其死亡赔偿金理应按照城镇居民标准计算。

【再审结果】

重庆市高级人民法院于2017年3月31日作出（2016）渝民再8号民事判决，该判决认为：（1）关于阳光财保万州中心支公司是否应当对冉春燕的死亡承担交通事故第三者强制责任的问题。从合同角度而言，冉春燕属于乘客当无异议。冉春燕是否属于第三者，需要从侵权角度考量，对于大客车而言，冉春燕在乘车过程中临时下车等候车辆加水，所以其已经不属于车上人员，而是属于第三者。事发当时，冉春燕既是乘客也是第三者，这是考量角度的不同所产生的结果。冉瑞华、杨道琼在本案中选择要求相应当事人承担侵权责任后，不得再要求涉诉交通事故引起的违约责任。阳光财保万州中心支公司应当在机动车第三者责任强制保险责任限额范围内对本案的损失予以赔偿。（2）关于本案的赔偿标准及总金额问题。第一，《重庆市统筹城乡户籍制度改革农村居民转户实施办法（试行）》规定，本市高等学校、中职技校学生可迁入学校集体户或就地转为城镇居民。本案死者冉春燕事故发生前已被重庆三峡医药高等专科学校临床医学专业录取，所以，冉春燕在事故发生前已经符合城镇居民的实质性条件。第二，冉春燕于2009年在分水中学就读直至2012年高中毕业，在此期间以住校形式就读，分水中学位于重庆市万州区分水镇政府所在地，其已长期居住、学习、生活、消费在城镇，从一般常理可知，其日常生活消费水平与普通城镇户籍的学生相比已无大区别。所以，本案中的死亡赔偿金以城镇居民可支配收入作为计算标准较为合理，死亡赔偿金计算为405000元。原一、二审判决认定事实清楚，但适用法律错误，应予以纠正，重庆市人民检察院的抗诉意见成立。判决如下：一、撤销重庆市第二中级人民法院（2013）渝二中法民终字第00927号民事判决和重庆市万州区人民法院（2013）万法民初字第00448号民事判决。二、本判决生效之日起10日内，由中国人民财产保险股份有限公司万州天城支公司在交强险限额内赔偿冉瑞华、杨道琼因冉春燕死亡产生的死亡赔偿金110000元。三、本判决生效之日起10日内，由阳光财产保险股份有限公司重庆市万州中心支公司在交强险限额内赔偿冉瑞华、杨道琼因冉春燕死亡产生的死亡赔偿金110000元。四、本判决生效之日起10日内，由陈家富赔偿冉瑞华、杨道琼因冉春燕死亡产生的死亡赔偿金等各项损失125189.68元。五、本判决生效之日起10日内，由杨勇赔偿冉瑞华、杨道琼因冉春燕死亡产生的死亡赔偿金等各项损失42039.78元（杨勇共计应支付83459.78元。因杨勇已经支付冉瑞华、杨道琼丧葬费20021元、现金10000元，应当扣除，且杨勇另支付了冉春燕殡葬相关费用11399元，应当品除。以上费用相互抵后，杨勇还需支付冉瑞华、杨道琼42039.78元）。六、由重庆市万州区余家汽车运输公司对杨勇所负赔偿义务承担连带赔偿责任。七、驳回冉瑞华、杨道琼的其他诉讼请求。

【点评】

本案涉及两个关键问题：一是对于"城乡交界地带"人员的赔偿金标准问题；二是乘客冉春燕在中途临时下车时发生事故，客车所购买的交强险是否应承担赔偿责任。笔者从以下两个方面作简要分析。

一、对于"城乡交界地带"人员的赔偿金标准问题

（一）死亡赔偿金计算方式的城乡差异

2004年5月起施行的最高人民法院《关于审理人身损害赔偿案件适用法律若干问题的解释》第29条规定了死亡赔偿金的计算标准，即按照受诉法院所在地上一年度城镇居民人均可支配收入或者农村居民人均纯收入标准，按20年计算。故户籍成为判断是城镇或农村居民的主要证据，也因城乡户籍的不同导致赔偿数额的巨大差异。如本案原终审判决以农村标准计算冉春燕的死亡赔偿金仅129608.20元，但再审判决按城镇标准计算其死亡赔偿金计算为405000元，差距为27.5万余元。

随着近年来经济的快速发展，大量的农村人口流向城镇，户籍不再是家庭经济生活水平唯一的判断标准，城乡户籍之间的转化流动也日渐频繁。如《重庆市统筹城乡户籍制度村居民转户实施办法（试行）》规定从2010开始，本人及其共同居住生活的配偶、子女、父母可登记为城镇居民的条件类型多样，购买商品住房、本市高等学校、中职技校学生等。在户籍制度改革进一步深化的过程中，仍有大量务工及生活均在城镇但未及时进行户籍转化的人员。面对户籍制改革对司法的挑战，司法机关对该类人员及时作出了应对，如广东、江西、江苏、重庆等地的高级人民法院都先后出台了相应的办法，规定了类似"户籍登记地在农村的受害人，在发生道路交通事故时已经在城镇连续居住一年以上，具有正当生活来源的，可以按照城镇居民标准计算赔偿数额"。这些规定在一定程度上缓解了最高人民法院《关于审理人身损害赔偿案件适用法律若干问题的解释》所带来的"同命不同价"质疑，但司法实务者对大量"城乡交界地带"人员的被侵权案件采取的标准仍不统一。

（二）"城乡交界地带"人员的死亡赔偿金问题

多省高级法院的规定均要求"在城镇居住一年以上，且有正当生活来源"，但并非所有长期居住在城镇的农村居民在城镇都有收入来源，如在城镇学习的农村户籍学生，学龄前儿童等，这类人员本文列为"城乡交界地带"人员。既不属于上述规定所确定的可以"视为城镇户籍人员"，又不属于传统

意义的农村生活居民。在发生这类"城乡交界地带"的人员被侵权时应如何计算死亡赔偿金？以"不具备正当生活来源"为由按农村户籍计算，还是应考虑案件的实际情况作出综合判断？笔者认为是后者。

如本案冉春燕户籍为农村户籍，原一、二审法院均按农村标准进行计算死亡赔偿金。而冉春燕长期居住在城镇（分水镇政府所在地），并无正当生活来源，其生活来源于父母的收入（其父母常年在城市务工），故而其生活来源于城镇，生活水平也与城镇学生无异。且事故发生前冉春燕已被重庆三峡医药高等专科学校临床医学专业录取，若无该事故发生，冉春燕将继续长期在城镇居住、学习、生活、消费，并可按相关规定转为城镇户籍。故而冉春燕的死亡赔偿金标准应按城镇人口计算。

在"城乡交界地带人员"被侵权时应按何种标准计算死亡赔偿金时，除应按照户籍地标准与各地的具体规定，还应面向未来，结合死亡赔偿金的性质，综合考虑受害者及近亲属的生活状况进行判断。

二、乘客冉春燕在中途临时下车时发生事故，客车所购买的交强险是否应承担赔偿责任

关于阳光财保万州中心支公司（为客车承保交强险的公司）是否应对冉春燕的死承担交强险责任。原一、二审均认为不应承担，冉瑞华、杨道琼向检察机关申请监督认为阳光财保公司应承担交强险责任，但检察机关认为该申请理由不成立故而该点并未成为抗点。再审判决却对该点进行了改判，认为阳光财保公司应承担交强险 11 万元。

按《机动车交通事故责任强制保险条例》第 21 条的规定，承担交强险的要件有三个：一是发生交通事故；二是受害人是本车人员、被保险人以外的人；三是造成受害人人身伤亡、财产损失。实务中易发生分歧的主要是前两个要件。

（一）道路交通事故的界定

交通事故即指车辆在道路上因过错或者意外造成的人身伤亡或者财产损失的案件。在通常语义及惯常思维中，交通事故是因碰撞导致的，且实践中大部分交通事故的发生也是起源于碰撞。

本案承办人在审查是否构成《机动车交通事故责任强制保险条例》第 21 条的交通事故时，认为机动车发生交通事故，即指机动车本身与第三者发生交通事故。而本案客车驾驶员打开车门冉春燕下车等候加水，客车并未与冉春燕发生交通事故，阳光财保公司不应承担交强险。故而检察机关并未将此作为抗点。

构成交通事故的必要条件包括：一是侵权行为，即道路上的驾驶人或者行

人在驾驶车辆或行走过程中造成损害后果的行为；二是行为人的主观表现为过错或者意外；三是存在损害后果，即因道路上的侵权行为造成了受害人人身损害或财产损失；四是存在因果关系，即道路侵权行为与受害人遭受损害的后果存在因果关系。同时具备上述四个条件的具体情形即可认定为交通事故，而是否存在碰撞事实并非交通事故的必要条件。具体到本案，冉春燕的死亡是本次事故中的损害结果。同时，该损害结果与杨勇、陈家富的过错、侵权行为存在因果关系。所以，杨勇、陈家富的行为造成了该交通事故。故而司法实践中，不能以是否碰撞作为判断基点，而应看是否符合以上四个构成要件来判断是否构成交通事故。

（二）车上人员与第三人在不同语境下的考量

本案一、二审法院均以冉春燕是乘客而不属于本车人员、被保险人以外的人而判决阳光财保公司不承担交强险，再审予以改判。本案中冉春燕究竟属于本车人员还是第三人？从合同角度而言，冉春燕属于乘客当无异议。而阳光财保公司是否应承担交强险责任，则需要从侵权角度考察。故而冉春燕是否属于交强险语境下的第三者？

车上人员是指保险事故发生时在被保险机动车上的自然人；第三者是指因被保险机动车发生意外事故遭受人身伤亡或者财产损失的人，不包括投保人、被保险人、保险人和保险事故发生时被保险机动车本车上的人员。二者之间的区别很明显，第三者的界定已经将车上人员排除在外。

判断属于车上人员还是第三者，区分时间判断的临界点是保险事故发生时，区分空间判断的临界点是被保险机动车车上还是车下。本案中，在保险事故发生前，冉春燕已经下车，成为车下相对于客车（被保险机动车）独立的自然人。直至发生事故，冉春燕在车下的状态是持续的。从侵权角度考量，在交通事故发生时，冉春燕是相对于客车之外的第三者。

通过此案我们可以发现，受害者冉春燕的身份并不是非此即彼的，其乘客身份是从运输合同角度而言，而第三者的身份是从侵权角度而言的，其结论不同是基于不同维度和语境下的考量结果。因此，办理类似案件时，我们应注意乘客与第三者身份并不是互相排斥的，应分析受害者的多维度身份。

农村承包土地互换合同的效力如何认定
——姜德成与孙洪荣农村土地承包合同经营权纠纷抗诉案

石 宏[*]

【抗诉机关和受诉法院】

抗诉机关：辽宁省人民检察院

受诉法院：辽宁省高级人民法院

【基本案情】

申请人（一审被告、再审被申请人）：姜德成，男。

其他当事人（一审原告、再审申请人）：孙洪荣，女。

孙洪荣与姜德成均系东港市孤山镇东大于村村民。2001年初，东大于村实施二轮土地承包，孙洪荣家分得承包水田6.4亩，位于201国道西北角沟西碱滩地，地块名为二厂水田，距离孙洪荣家约2公里，距离姜德成家约1.5公里。姜德成家分得承包水田6.4亩，位于201国道南的南碱滩地（孙洪荣家门前），距离姜德成家也约1.5公里。分地后，孙洪荣的丈夫吕万仁（于2010年去世）与姜德成口头约定，为方便两家生产经营，决定将各自分得的上述水田互换耕种。换地后，双方未到村委会备案，各自持有的土地承包经营权证中记载的承包地块亦未变更。2011年，孙洪荣要求将已经互换的土地换回自行耕种，姜德成拒绝，此事经东大于村村委会多次调解无效。诉讼中，孙洪荣称，2011年，姜德成将孙洪荣栽种于涉案承包水田（原属孙洪荣）中的青苗毁坏，造成孙洪荣经济损失1.5万元（按照每亩产水稻1000斤，每斤1.5元的标准计算）。孙洪荣据此增加诉讼请求，请求判令姜德成赔偿6.4亩土地青苗经济损失1.5万元。孙洪荣对该项主张未提供证据，姜德成亦予以否认。

检察机关查明的事实除与法院查明事实一致。另查明：姜德成在向检察机关申请监督时，提供了一份东港市孤山镇东大于村村民委员会于2014年7月

---

[*] 作者单位：辽宁省丹东市人民检察院。

6日出具的证明,内容为:"姜德成与孙洪荣两家承包地于2001年二轮土地承包期就换了,到2007年颁发了土地承包经营权证,当时村委会忽视了互换经营权证的更改,但换地一事,村里、组里都知道,换地期限应是整个二轮承包期。"经丹东市人民检察院调查核实,村委会书记曹成仁、村主任于德君均证实了该份证据的真实性。同时曹成仁、于德君在检察机关所作的调查笔录中,均陈述:两家当时将换地的情况告知了村委会;村里的台账显示,与两家互换后的土地相邻的四至,在2007年的土地承包经营合同上作了变更登记。与孙洪荣、姜德成两家互换后的土地相邻的村民孙吉广、孙洪昌的土地承包合同以及孙吉广、孙洪昌的农村土地承包经营权证上均对相邻的土地已经做了更改,即原来相邻姜德成家的承包地,因为互换的事实,村里将此更改为相邻的是吕万成家,原来相邻吕万成家的承包地,现在更改为相邻的是姜德成家。

【原审裁判】

2012年9月13日,东港市人民法院作出(2012)东民初字第1264号民事判决。判决认为,国家保护农村土地承包方依法、自愿地进行土地承包经营权流转。本案中,双方当事人两家为方便耕种,经协商一致,在未改变土地用途的情况下互换土地,根据法律规定,承包方之间为方便耕种或各自需要,可以对属于同一集体经济组织土地的承包经营权进行互换。故双方当事人两家换地行为未违反法律规定。孙洪荣认为双方互换土地时未订立书面协议,并据此认为该换地行为系无效行为。经审查,孙洪荣的丈夫吕万仁与姜德成就换地事实虽未形成书面合同,但双方已达成口头协议并已实际履行,应当认定该口头协议具有法律效力,故孙洪荣上述理由不成立。孙洪荣主张吕万仁与姜德成协商互换土地时曾约定双方可以随时换回土地,对此孙洪荣未提供证据予以证实,故不予支持。本案中,双方当事人已互换土地10余年,均对已换的土地付出了辛苦劳动以及大量的精力,若恢复原状,将给双方都造成一定损失,且显失公平,不利于农村土地承包关系的长期稳定,故双方应当本着诚实信用原则,遵守协议,继续履行。关于孙洪荣诉讼中增加的诉请,因与本案不属于同一法律关系,故不予一并处理。判决:驳回孙洪荣的诉讼请求。孙洪荣不服,于2013年8月13日向丹东市中级人民法院提出申诉。

2013年12月6日,丹东市中级人民法院对该案作出(2013)丹审民再字第00138号民事判决。判决认为,孙洪荣与姜德成两家为方便各自的生产经营,将各自分得的承包地互换耕种。换地耕种后,双方未到村委会备案,各自持有的土地承包经营权证中记载的承包地块亦未变更。上述事实表明,孙洪荣与姜德成两家只是互换涉案土地进行耕种,并未互换涉案土地的承包经营权。农村集体经济组织成员自愿互换土地进行耕种后,土地承包经营权的性质并不因此发生改变,因为换种与换地并不是完全相同的概念,从狭义上理解,换种与换地都是互换土地进行耕种,而从广义上理解,土地的承包经营权不只包括土地的使用、收益和土地承包经营权流转等权利,还应包括承包土地被依法征用、占有后依法获得相应补偿及法律、法规规定的其他权利,故原审法院在双方当事人未签订正式的互换土地合同,并经发包方同意且报发包方备案的情况下,即认定双方间的换种土地行为为互换土地行为不当。对当初换种涉案承包地约定的期限,双方当事人各持一词,现有的证据亦无法证明,按照法律规定,对期限约定不明的,孙洪荣作为涉案承包土地权利人,可以随时主张自己的权利,故对孙洪荣要求姜德成返还涉案承包土地的诉讼请求应予支持。孙洪荣诉讼中表示,在姜德成返还其土地的同时,其亦将姜德成的承包土地一并返还给姜德成。综上,孙洪荣的再审请求有事实和法律依据。依据《中华人民共和国民事诉讼法》第 207 条第 1 款、第 170 条第 1 款第 2 项的规定,判决:一、撤销东港市人民法院(2012)东民初字第 1264 号民事判决;二、姜德成于本判决生效后 10 日内将孙洪荣位于 201 国道西北角沟西碱滩地、地块名为二厂水田的 6.4 亩承包地返还给孙洪荣;三、驳回孙洪荣的其他诉讼请求。

姜德成不服,向检察机关申请监督。

【抗诉理由】

2014 年 10 月 31 日,辽宁省人民检察院作出辽检民(行)监(2014)21000000225 号民事抗诉书。该院认为,有新证据足以推翻丹东市中级人民法院(2013)丹审民再字第 00138 号民事判决的事实认定,判决适用法律错误。理由如下:

1. 有新的证据证明村委会对孙洪荣与姜德成两家互换土地经营权一事知道并予以认可。姜德成在向检察机关申请监督时,提供了一份东港市孤山镇东大于村村民委员会于 2014 年 7 月 6 日出具的证明,内容为:"姜德成与孙洪荣两家承包地于 2001 年二轮土地承包期就换了,到 2007 年颁发了土地承包经营权证,当时村委会忽视了互换经营权证的更改,但换地一事,村里、组里都知道,换地期限应是整个二轮承包期。"经丹东市人民检察院调查核实,村委会书记曹成仁、村主任于德君均证实了该份证据的真实性。同时曹成仁、于德君在检察机关所作的调查笔录中,均陈述:两家当时将换地的情况告知了村委会;村里的台账显示,与两家互换后的土地相邻的四至,在 2007 年的土地承包经营合同上作了变更登记。经核实,与孙洪荣、姜德成两家互换后的土地相邻的村民孙吉广、孙洪昌的土地承包合同以及孙吉广、孙洪昌的农村土地承包经营权证上均对相邻的土地已经做了更改,即原来相邻姜德成家的承包地,因为互换的事实,村里将此更改为相邻的是吕万成家,原来相邻吕万成家的承包地，现在更改为相邻的是姜德成家。综上，东港市孤山镇东大于村村委会已经对孙洪荣、姜德成两家互换互换土地的事实予以认可，并作了登记记载，只是没有对承包经营权证进行登记备案。

2.《中华人民共和国农村土地承包法》第40条规定："承包方之间为方便耕种或者各自需要，可以对属于同一集体经济组织的土地的土地承包经营权进行互换。"另据《农村土地承包经营权流转管理办法》第17条规定："同一集体经济组织的承包方之间自愿将土地承包经营权进行互换，双方互换土地原享有的承包权利和承担义务也相应互换，当事人可以要求办理农村土地承包经营权证变更登记手续。"可见，土地承包经营权的互换属于土地承包经营权的相互转让，表面上是地块的调换，实际上是带有物权让渡性质的土地承包经营权的互换。权利交换后，承包人丧失了自己承包土地的经营权，同时取得对方土地承包经营权。原有的发包方与承包方的关系，变为发包方与互换后的承包方的关系。本案符合农村土地承包经营权互换合同法律关系特征。最高人民法院《关于审理涉及农村土地承包纠纷案件适用法律问题的解释》第14条规定："承包方依法采取转包、出租、互换或者其他方式流转土地承包经营权，发包方仅以该土地承包经营权流转合同未报其备案为由，请求确认合同无效的，不予支持。"《中华人民共和国农村土地承包法》第38条规定："土地承包经营权采取互换、转让方式流转，当事人要求登记的，应当向县级以上地方人民政府申请登记。未经登记，不得对抗善意第三人。"即备案登记并不是土地承包经营权流转合同生效的必要条件。不备案登记并不影响互换合同的法律效力。

3. 终审判决认为，对换种涉案承包地约定的期限，双方当事人各持一词，现有的证据亦无法证明，按照法律规定，对期限约定不明的，孙洪荣作为涉案承包土地权利人，可以随时主张自己的权利。系适用法律错误。

最高人民法院《关于审理涉及农村土地承包纠纷案件适用法律问题的解释》第17条规定：当事人对转包、出租地流转期限没有约定或者约定不明的，参照合同法第二百三十二条规定处理。《合同法》第232条规定："当事人对租赁期限没有约定或者约定不明确，依照本法第六十一条的规定仍不能确定的，视为不定期租赁。当事人可以随时解除合同，但出租人解除合同应当在合理期限之前通知承租人。"该解释针对的没有约定或约定不明，当事人可以随时解除合同的规定，只适用于转包、出租两种流转合同纠纷处理，本案系土地承包经营权互换合同并不能参照适用。

综上，有新的证据足以推翻丹东市中级人民法院（2013）丹审民再字第00138号民事判决的事实认定，判决适用法律错误。依据《中华人民共和国民事诉讼法》第208条第1款之规定，应对该案提出抗诉，请依法再审。

【再审结果】

2016年5月6日,辽宁省高级人民法院作出(2015)辽审一民抗字第156号民事判决书。该院再审认为,同一集体经济组织的成员之间,为方便耕种管理,对其取得的承包土地进行互换,不因未签订书面协议、未报发包方备案而无效。互换协议履行后,当事人对互换期间有明确约定的除外,应以土地承包合同期限来确定互换合同的剩余期限,承包期内当事人主张解除互换协议的,不应支持。本案中,孙洪荣已故丈夫吕万仁与姜德成为耕种方便,于2001年1月协商一致,在未改变土地用途的情况下互换土地耕种已十余年,已实际履行双方的承包土地互换。孙洪荣主张双方当时约定可随时换回,但未提交证据证明,故应以"第二轮"土地承包合同的剩余期限来确定双方互换合同的期限。孙洪荣认为双方互换土地时未订立书面协议,换地行为无效,没有法律依据,本院不予支持。本案原再审判决姜德将位于201国道西北角沟西碱滩地、地块名为二厂水田的6.4亩承包地返还给孙洪荣系适用法律错误,应予纠正。综上,依照《中华人民共和国民事诉讼法》第207条、第170条第1款第2项之规定,判决如下:一、撤销丹东市中级人民法院(2013)丹审民再字第00138号民事判决;二、维持东港市人民法院(2012)东民初字第1264号民事判决。

【点评】

本案的主要焦点问题是:农村承包土地互换双方在未签订书面合同、土地互换期限及具体内容约定不明、土地互换未报发包方备案等情况下达成的土地互换合同,其效力应如何认定。

目前,农村土地承包户之间互换土地的现象较为常见,但由于农民普遍法律意识欠缺,土地互换双方未签订书面合同、土地互换未报发包方备案、土地互换期限约定不明、不属同一集体经济组织成员进行土地互换等比较常见,而且引发纠纷者不少。在司法实践中,此类纠纷涉及的上述一些具体问题致使土地互换合同的效力难以认定,给案件处理带来困难。因此,在处理此类纠纷时,应根据《农村土地承包法》、最高人民法院《关于审理涉及农村土地承包纠纷案件适用法律问题的解释》(以下简称《农村土地承包纠纷案件解释》)的相关规定及其立法精神,参照农业部《农村土地承包经营权流转管理办法》(农业部令2005年第47号)(以下简称《土地流转管理办法》)的规定,结合农村善良风俗,区分不同情况分别作出处理。

一、同一集体经济组织的当事人土地承包经营权互换口头协议的效力认定问题

现实中,村民土地互换极少签订书面合同,而大多以口头协议的形式互换

土地。在这种情况下，如一方当事人要求收回互换土地，那么该口头协议是否有效？根据《农村土地承包法》第40条规定，国家保护承包方"依法、自愿、有偿"地进行土地承包经营权的流转，互换是经营权权利主体发生变更的土地经营权流转，只要双方当事人意思表示一致，且不损害他人利益，即为有效。《农村土地承包法》第37条的规定属于管理性规范，其立法目的是鼓励、引导承包方订立书面合同以防范纠纷，不是互换合同生效的要件，也不能据此认定非书面互换合同无效。而且《合同法》中明确在书面合同之外，也可以口头或其他方式订立合同。因此，只要土地互换是双方当事人真实意思表示，且不损害他人利益，其口头协议应当认定为合法有效。

二、土地互换期限及具体内容约定不明的互换合同的效力认定问题

对于土地互换期限及具体内容约定不明而产生的纠纷，在这种情况下，一方当事人要求解除互换合同，就涉及对合同期限的认定问题。对此实践中也有不同的认识，有的认为应按《合同法》第232条的规定处理，即当事人可以随时要求解除合同；有的认为应按农村土地承包合同期限确定互换合同的期限，在农村土地承包合同期内，当事人不得主张解除互换合同。要准确认定此问题，首先要正确分析土地互换的性质。根据《农村土地承包法》第40条规定的精神，参照《土地流转管理办法》第17条、第35条的规定，土地互换是经营权权利主体发生变更的土地经营权流转，土地互换后，双方对互换土地原享有的权利义务也随之互换，当事人还可以办理土地承包经营权变更登记，也就是说，原土地承包经营权人已丧失了对原承包土地的经营权，对新换得的土地取得了经营权。土地互换有别于土地转包、土地出租等方式的土地经营权流转，后两者并不发生土地承包经营权权利主体变更的法律关系。其次，按农村习俗讲，互换关系从双方相互交付标的物时即告成立，双方未约定期限，则视为永久性互换。对农村承包土地互换而言，其互换期限即为农村承包合同的期限。正是基于以上原因，《农村土地承包纠纷案件解释》第17条的规定，仅对承包土地转包、出租未约定流转期限的，可参照《合同法》第232条规定处理；对土地互换未约定期限的，未作相应规定，即不能参照《合同法》第232条规定处理。据此，在实践中，未约定流转期限的土地互换，当事人一方在农村土地承包合同期内主张解除互换合同的，一般不予支持。

三、土地互换未报发包方备案的互换合同的效力认定问题

《农村土地承包经营法》第37条规定的备案的性质仅为公示，作为行政管理的需要，并不影响当事人的权利义务，不是合同的生效要件。当前我国农村土地互换备案制度尚不完备，以未经备案为由否定互换协议的效力，不符合农村客观实际，不利于维护正常的农村土地流转秩序。根据《农村土地承包

经营法》的规定，在4种常见土地经营权流转方式中，除转让须经发包方同意外，互换、转包和出租并不要求经发包方同意，只报备案即可。由此可见，承包土地互换完全由双方当事人自主决定，备案是为了便于土地经营权流转的管理。根据最高人民法院《关于审理涉及农村土地承包纠纷案件适用法律问题的解释》第14条规定："承包方依法采取转包、出租、互换或者其他方式流转土地承包经营权，发包方仅以该土地承包经营权流转合同未报其备案为由，请求确认合同无效的，不予支持。"因此，采取互换等方式流转承包土地经营权的，未报发包方同意的，不影响合同的效力。

四、改变土地用途的互换合同的效力认定问题

《物权法》第128条规定，严格限制农用地转为建设用地，《农村土地承包法》第33条规定，不能改变土地所有权性质和土地的农业用途。可见，"不得改变农业用途"是法律对于流转土地的禁止性规定。改变农业用途常见的表现形式有：在承包地上建房、建窑、建坟等建设行为；在承包地上挖砂、采石、采矿、取土等破坏土壤、植被的行为。因此，对土地互换后改变用途的互换合同应认定无效。

五、不同集体经济组织成员间土地互换合同的效力认定问题

《农村土地承包法》第40条规定，承包方之间可以对属于同一集体经济组织的土地的承包经营权进行互换。据此，不属同一集体经济组织的承包方之间则不得以互换方式流转土地经营权，如以互换方式流转土地承包经营权的，其行为当属无效。但现实中，有不属同一集体经济组织的承包方之间互换承包土地的情形，而且互换土地后，有的对所换土地重新进行治理，有的还在所换土地上从事建房、葬坟等永久性建设。此类纠纷在实践中处理难度较大。按照法律规定，互换合同无效，双方应互相返还土地，但返还土地必然涉及土地上的房屋、坟墓等建筑的处理问题。建设房屋一般已经过相关部门的审批，同时，按农村习俗，坟墓不能随便迁移，所以，拆除房屋、迁移坟墓等将面临很多尴尬和困难。因此，处理此类案件应当着重进行协调和调解，使两个不同集体经济组织之间就涉案土地所有权进行协商处理，从而尽可能维持土地互换现状。

本案中，姜德成与孙洪荣两家属同一集体经济组织的成员，孙洪荣已故丈夫吕万仁与姜德成为耕种方便，于2001年1月经口头协商一致，在未改变土地用途的情况下互换土地耕种已十余年，已实际履行双方的承包土地互换。双方虽未形成书面合同，但是在自愿的基础上进行的，是双方真实意思表示，故双方当事人的换地行为并未违反法律规定。而且经过检察机关行使调查核实权，对姜德成与孙洪荣所在村委会书记、村主任以及村委会的台账登记情况进

行调查核实，查明：姜德成与孙洪荣自2001年互换土地至今长达十几年时间，双方均对已换的土地付出了辛苦劳动以及大量的精力，东港市孤山镇东大于村村委会对孙洪荣、姜德成两家互换土地的事实也予以认可，并作了村里的台账登记，只是没有进行登记备案。根据上述相关法律规定和处理原则，应认定双方的互换合同有效。

按照合同约定金额申请财产保全能否认定为超额保全
——曹阳与中太建设集团股份有限公司诉中财产保全纠纷抗诉案

刘昌强　蒋　娟[*]

【抗诉机关和受诉法院】

抗诉机关：重庆市人民检察院

受诉法院：重庆市高级人民法院

【基本案情】

申请人（一审被告、二审被上诉人、再审申请人）：曹阳，男。

其他当事人（一审原告、二审上诉人、再审被申请人）：中太建设集团股份有限公司，地址：河北省廊坊市广阳区广阳道20号。

2007年10月28日，中太建设集团股份有限公司（以下简称中太公司）与重庆市富乾建筑劳务有限公司（以下简称富乾公司）签订《建筑工程劳务分包合同》，将建新东路186号"嘉兴世纪"A、B、E、F栋工程主体工程土建项目的劳务作业分包给富乾公司。该合同第8条第1款约定：本协议签订后，富乾公司向中太公司缴纳A、B栋工程履约保证金200万元整。分两次各退还100万元整的保证金。如中太公司不能按时退还保证金，每日按退还金额的1%向富乾公司承担违约金。第2款约定：本协议签订后，富乾公司向中太公司缴纳E、F栋工程履约保证金300万元整。分两次退还富乾公司300万元整。如中太公司不能按时退还保证金，每日按退还金额的1%向富乾公司承担违约金。第4款约定：如中太公司不能保证富乾公司按时进场开工，中太公司应按富乾公司缴纳的相应保证金总额的每月5%作为违约金支付富乾公司。合同订立后，富乾公司向中太公司支付了保证金500万元。

2008年3月18日，中太公司与富乾公司签订《解除建筑工程劳务分包合同的协议书》，约定解除《建筑工程劳务分包合同》，协议第1条约定：中太

---

[*] 作者单位：重庆市人民检察院第一分院。

公司在建设方退还保证金430万元到中太公司账上后，即日退还富乾公司的保证金430万元。富乾公司收到中太公司全额保证金的同时，将中太公司开具的收据退还中太公司。第3条约定：双方如约履行本协议第1条后，双方于2007年10月28日所签订的《建筑工程劳务分包合同》即行解除。协议签订后，中太公司于2008年3月26日至7月7日间分6次退还给富乾公司保证金共300万元。

2009年8月1日，富乾公司与曹阳签订《债权转让协议》约定将富乾公司与中太公司签订的《劳务施工合同》、补充协议计配套文件（包括为妥善处理该合同产生的权利义务而订立的有关合同解除、损失赔偿、款项退还等全部配套文件）产生的全部债权转让给曹阳。2009年8月3日，富乾公司向中太公司送达了《债权转让通知书》《债权转让协议》。

2010年3月22日，曹阳向重庆市第五中级人民法院（以下简称五中院）提出财产保全申请，要求冻结中太公司价值500万元的财产。2010年4月1日，五中院作出（2010）渝五中法民初字第92号民事裁定书，查封、冻结中太公司价值500万元的银行存款或其他等值财产。此后，五中院向建行重庆渝中支行、重庆银行大阳沟支行、华夏银行渝中支行、华夏银行重庆加州支行分别发出《协助冻结存款通知书》，要求并实际冻结该单位在各行的存款。

2010年6月11日，中太公司与案外人周世英签订《担保协议书》约定，周世英以其所有的房屋作为中太公司申请解除财产保全的担保，中太公司向周世英支付15万元作为此次交易的担保费用。同日中太公司以周世英所有的房屋作担保，申请五中院解除保全措施。2010年7月28日，五中院解除了中太公司在华夏银行544220000180150001××××账户上的存款283.47万元的冻结，同时查封了周世英提供的担保财产。

2010年8月25日，重庆市第五中级人民法院作出（2010）渝五中法民初字第92号民事判决书判令中太公司在判决生效后10日内向曹阳退还保证金113.9万元，支付违约金（按中国人民银行同期一年贷款利率的四倍分段计算）、驳回了曹阳的其他诉请。最终，中太公司实际应支付给曹阳本金113.9万元，违约金93.5946万元，案件受理费3.63041万元，共计211.125万元。宣判后，中太公司不服，向重庆市高级人民法院提起了上诉。2011年3月14日，重庆市高级人民法院作出（2011）渝高法终字第13号民事判决书。驳回了中太建设的上诉，维持了五中院（2010渝五中法民初字第92号民事判决书。

另查明，曹阳具有律师执业资格。中太公司被保全银行存款超出实际支付给曹阳的金额为：2010年4月13日至7月28日，超出288.875万元；7月29

日至 9 月 28 日，超出 5.445 万元；2010 年 9 月 29 日至 2011 年 4 月 9 日，超出 288.875 万元。

【原审裁判】

2012 年 7 月 25 日，中太公司起诉至重庆市渝北区人民法院，以曹阳过高估计其债权，未尽谨慎合理的注意义务，超额申请财产保全为由，要求曹阳赔偿损失 27.8313 万元。

2012 年 9 月 7 日，重庆市渝北区人民法院作出（2012）渝北法民初字第 12532 号民事判决。双方在本案中的争议焦点为，曹阳向重庆市第五中级人民法院申请财产保全是否有过错。该院认为，曹阳在申请财产保全中是否尽到注意义务，应当从曹阳申请的保全标的是否合理、合法两个方面衡量。首先，中太公司与富乾公司签订的《建筑工程劳务分包合同》约定，中太公司应保证富乾公司于 2007 年 11 月 30 日前进场施工，否则中太公司应按富乾公司向其缴纳的保证金总额的 5% 按月支付违约金。根据该约定，截至 2010 年 3 月 22 日，中太公司应付富乾公司违约金近 700 万元。因富乾公司将该合同的权利义务转让给曹阳，故曹阳有权按《建筑工程劳务分包合同》的约定要求中太公司给付违约金近 700 万元。曹阳在起诉中太公司时要求中太公司给付 387 万元，未超过合同约定的违约金数额。相反，曹阳还自行降低了违约金的数额。其次，曹阳要求中太公司支付的违约金 387 万元未得到全额支持是基于以下三个方面的原因。一是违约金数额远远大于中太公司应付履约保证金；二是曹阳未举证证明其遭受损失的证据；三是中太公司在诉讼过程中要求调低曹阳主张的违约金。该三个理由并未认定曹阳主张的违约金不合法，而是基于中太公司的要求和曹阳的实际损失依法进行的调整。法院是否调整，在未作出判决前当事人无法预测。综上，曹阳要求中太公司支付违约金 387 万元有合同依据，并不违反法律规定。未得到支持是人民法院根据中太公司的要求和曹阳实际遭受的损失进行调整造成。曹阳基于其诉讼请求要求保全中太公司的财产 500 万元，并未超标的保全。中太公司称曹阳在申请财产保全时未尽到注意义务的理由不能成立、中太公司的诉请，不予支持。为此，依据《中华人民共和国民法通则》第 5 条、《中华人民共和国民事诉讼法》第 92 条第 1 款、第 96 条之规定，判决：驳回中太公司的诉讼请求。

中太公司不服一审判决，向重庆市第一中级人民法院提起上诉，请求撤销一审判决，依法改判。主要事实和理由：（1）一审判决违反立法本意，属于适用法律错误；（2）一审判决认定曹阳尽到了合理注意义务，属于事实认定错误。

2013 年 2 月 15 日，重庆市第一中级人民法院作出（2012）渝一中法民终字第05345号民事判决。该院二审认为，本案系曹阳申请对中太公司财产进行保全而引发的申请财产保全损害责任纠纷，本案二审的争议焦点为，曹阳是否超额申请对中太公司的财产进行保全。在重庆市第五中级人民法院审理的（2010）渝五中法民初字第92号案件中，曹阳起诉中太公司返还本金113.9万元及利息、违约金387万元，向法院申请保全中太公司500万元，其起诉的违约金超过本金3倍有余。根据《中华人民共和国合同法》第114条第2款和《合同法司法解释（二）》第29条之规定，曹阳起诉的违约金明显过分高于造成的损失。对于曹阳的诉请，最终重庆市第五中级人民法院作出的（2010）渝五中法民初字第92号生效判决主张中太公司向曹阳支付本金113.9万元，违约金93.5946万元，加上案件受理费3.63041元，共计211.125万元。据此曹阳申请保全金额超出中太公司实际应支付金额的部分，本院认为已经构成超额保全，曹阳应向中太公司赔偿损失。超额保全金额为：保全金额减去中太公司向曹阳支付的本金、违约金和诉讼费；赔偿损失额的标准以超额保全金额为基数，按银行同期年贷款利率计算。即2010年4月13日至7月8日共计106天，超出288.875万元，同期银行年利率为5.31%，损失为44547元；2010年7月29日至2010年9月28日62天，超出54450元，同期银行年利率为5.31%损失为491元；2010年9月29日至2010年10月19日共计21天，超出288.875万元，同期银行年利率为5.31%，损失为8825元；2010年10月20日至2010年12月25日共计67天，超出288.875万元，同期银行年利率为5.56%，损失为29483元；2010年12与26日至2011年2月8日共计45天，超出288.875万元，同期银行年利率为5.81%，损失为20692元；2011年2月9日至2011年4月9日共计60天，超出288.875万元，同期银行年利率为6.06%，损失为28777元。前述损失共计132815元。综上所述，一审判决适用法律不当，但因二审出现新情况，中太公司的上诉理由部分成立。根据《中华人民共和国合同法》第114条第2款，《合同法司法解释（二）》第29条，《中华人民共和国民事诉讼法》第105条、第170条第3款之规定，判决：一、撤销重庆市渝北区人民法院作出的（2012）渝北法民初字第12532号民事判决书；二、曹阳于本判决生效之日起10日内向中太公司赔偿损失132815元；三、驳回中太公司的其他诉请。

曹阳不服二审判决，向重庆市高级人民法院申请再审，以原二审判决以"曹阳申请保全金额超出人民法院最终判决金额就认定其构成超额保全应赔偿损失是错误的，且适用法律错误"为由，请求撤销二审判决，依法再审。2013年8月8日，重庆市高级人民法院作出（2013）渝高法民申字第00636号民事裁定书，驳回曹阳的再审申请。

曹阳不服二审判决，向检察机关申请监督。

【抗诉理由】

重庆市人民检察院于 2015 年 3 月 30 日以渝检民抗（2015）053 号民事抗诉书向重庆市高级人民法院提出抗诉。理由如下。

《中华人民共和国民事诉讼法》第 105 条规定：申请有错误的，申请人应当赔偿被申请人因保全所遭受的损失。依照《最高人民法院民事案件案由规定》，诉前财产保全损害责任纠纷和诉中财产保全损害责任纠纷均为侵权责任纠纷的子案由。因此，财产保全申请损害赔偿责任纠纷属于一般侵权责任纠纷。财产保全申请人是否应当承担损害赔偿责任，应当以侵权责任法中的侵权行为构成要件作为判断的标准。本案中，曹阳是否应当承担损害赔偿责任，应当考察曹阳的申请保全行为是否合法，主观上是否存在过错。

1. 曹阳的申请保全的数额以合同约定为基础，未超出合同约定的本金及违约金数额以及诉讼请求的金额，申请保全的行为合法，主观上不具有侵犯中太公司权益的过错。

有效的合同相当于当事人之间的法律。《中华人民共和国合同法》第 8 条规定：依法成立的合同，对当事人具有法律约束力。当事人应当按照约定履行自己的义务，不得擅自变更或者解除合同。依法成立的合同，受法律保护。第 60 条第 1 款规定：当事人应当按照约定全面履行自己的义务。依照《建筑工程劳务分包合同》约定，中太公司应保证富乾公司于 2007 年 11 月 30 日前进场施工，否则中太公司应向富乾公司以缴纳的保证金总额的 5% 按月支付违约金。根据该约定，截至 2010 年 3 月 22 日，中太公司应付富乾公司违约金近 700 万元。因富乾公司将该合同的权利义务转让给曹阳，故曹阳有权按《建筑工程劳务分包合同》的约定要求中太公司给付违约金近 700 万元。曹阳在起诉中太公司时要求中太公司给付本金 113.9 万元，违约金 387 万元，总金额为 500.9 万元。曹阳基于有效的合同主张权利，其申请保全的金额为 500 万元，属于按合同约定计算的违约金的范围内，而且远低于按合同计算的违约金近 700 万元的数额。曹阳申请保全的数额有法律和事实依据，也是合理的，因此，曹阳申请法院保全中太公司的 500 万元在行为上不违法，在主观上并无侵犯中太公司权益的过错。

2. 原生效判决以法院对曹阳的债权数额的裁判结果作为推定曹阳申请保全具有侵犯中太公司权益的主观过错不当。

法律不能苛求任何人在判决之前准确地预料到法院判决的最终结果。曹阳申请保全的金额与诉求主张的金额一致，诉求主张没有获得法院全部支持，不能归结为曹阳的责任，也不能以此推断曹阳主观上有过错。本案中曹阳的诉求主张之所以没能获得全部支持，并非其诉求没有事实和法律依据，而是因为对方当事人申请调整以及人民法院最终依法调整违约金的结果。中太公司认为曹阳主张的违约金过高，按照《合同法》及相关司法解释之规定，请求法院调整，而曹阳又不能证明其损失的情况下，法院根据银行同期贷款利率的四倍分段计算进行调整的结果，是曹阳主观意志以外的因素所致。况且，中太公司是否申请调低违约金以及法院是否调整、如何调整，法院何时作出裁判，中太公司何时付清保证金及违约金（法院裁判至付清之日止）等因素，曹阳在起诉之时是无法准确预判的。在诉讼过程中，中太公司向法院申请调低违约金是中太公司的权利，但不是曹阳应当承担调低违约金的法律义务。曹阳有权依据合同主张违约金，法院不能以曹阳是律师，没有主动将违约金调低到法院可能支持的范围而推定曹阳没有尽到谨慎注意义务，否则，违反法律面前人人平等的基本原则。且不说以裁判支持的金额少于诉求的金额推定保全申请错误本身逻辑的不严密性，有违保全制度的立法本旨，就是在裁判结果方面，原判决在支付违约金方面也并未明确具体金额，只是确定了违约金的计算方式，且付清之日止并不是具体日期，违约金额并不确定，如何能够得出判决支持的金额少于保全金额（同诉求金额一致），若欠付时间较长，则可能高于保全金额。本案中不能得出法院支持的金额少于诉求金额，更不能以此认定曹阳申请保全没有尽到谨慎注意义务。因此，原生效判决以法院裁判支持的金额小于曹阳申请保全的金额认定曹阳保全申请的行为违法，主观上有过错缺乏证据证明，判决曹阳承担损害赔偿责任不当。

【再审结果】

重庆市高级人民法院于2015年5月14日作出（2015）渝高法民抗申字第71号民事裁定，指令重庆市第一中级人民法院另行组成合议庭再审。

重庆市第一中级人民法院于2015年11月23日作出（2015）渝一中法民再终字第15号民事判决认为，本案二审判决认定事实有误，适用法律不当，申诉人曹阳及抗诉机关的意见成立，依法予以采纳。对原审生效判决依法予以纠正。

1. 根据《最高人民法院民事案由规定》的规定，"因申请诉中财产保全损害责任纠纷"的案由为侵权责任纠纷之下的子案由，因此在判断行为人是否构成财产保全申请错误损害赔偿责任时就应以《中华人民共和国侵权责任法》（以下简称《侵权责任法》）中的侵权行为构成要件标准。《侵权责任法》以一般侵权的过错责任为原则，以特殊侵权行为的无过错责任为例外，除法律另有规定外，均适用过错责任。由于《侵权责任法》并未将财产保全申请错误规定为特殊侵权行为，因此本案的诉中财产保全行为导致的财产损害赔偿责任应当适用过错责任原则。

2. 当事人为保证将来判决生效后能够得到顺利执行，依法有权在争议标的范围内对对方当事人的财产申请保全。至于法院所作生效判决判令被申请人给付的具体数额，则由双方当事人的诉讼行为、对法律法规的认识理解以及法院认定事实和适用法律等诸多因素决定，并非当事人于申请保全时即可准确预见。因此，仅由生效判决书中支付当事人的相关金额不一致的事实，并不足以认定申请保全人主观上存在过错。基于此，关于被申诉人中太公司在本案中提出的曹阳作为执业律师，应当知道根据相关证据和现行法律的规定对自己的诉求作出合理合法的判断，也应当知道违约金具有以补偿为主、惩罚为辅的性质，因此在曹阳诉中太公司债权转让纠纷一案中，曹阳应当预见在本金只有113.9万元的情况下，其请求387万元违约金的诉讼请求不可能得到法院支持，进而可以推断曹阳在该案主张其诉讼请求时未尽到法律人士谨慎合理的注意义务的答辩意见。本院再审认为，在判断行为人是否有过失时，要按照法律法规等规范所确立的注意义务和一个谨慎的人应当具有的注意义务来确定行为人应当达到的行为标准。同时也要兼顾到不同群体、不同年龄、不同职业等人群的特点，确定行为人应当具有的行为标准。诚然，期待专业人士尽到较之于社会一般人更高的注意义务是合理信赖原则的应有之义。专业人士未能按照该行业一般人员在当时情况下通常应提供的技能、知识或者应给予的诚信、合理的服务，只是接受服务者或有理由享受其服务的人遭受伤害、损失的均属失职行为。但是同样应当看到，曹阳虽然是执业律师，但在其诉中太公司债权转让纠纷一案中却是案件的当事人，而非案件的诉讼代理人。曹阳是作为案件结果的承担者而非提供法律服务的专业人士。作为一名诉讼案件的当事人，依照诚信原则，严格按双方签订合同中约定的违约金计算方式向中太公司主张相应违约金，以此数额在作了相应的减少之后，作为申请财产保全的金额并无不当。并且对于违约金的金额，一方当事人如认为过高，依法可以申请法院调减，但在当事人未申请时，法院不得主动调减。故曹阳在起诉并申请保全时，并无法预知对方当事人一定会要求调减违约金，且法院一定会准许，并准确预估调减后的金额进而准确提出与法院裁判金额一致的保全金额。因此中太公司在再审提出的答辩意见，依法不予采纳。

综上所述，申诉人曹阳及抗诉机关的意见成立，依法予以采纳。本案二审判决认定事实有误，适用法律不当，再审依法予以纠正。重庆市渝北区人民法院一审判决认定事实清楚，适用法律正确，再审依法予以维持。判决撤销 (2012) 渝一中法民终字第05345号民事判决；维持重庆市渝北区人民法院 (2012) 渝北法民初字第12532号民事判决；本案一审案件受理费2735元、二审案件受理费 5474 元，由被申诉人中太建设集团股份有限公司负担。

【点评】

本案争议的焦点在于按照合同约定金额申请财产保全能否认定为超额保全。研究处理时存在两种分歧意见。

第一种意见认为，鉴于曹阳的律师身份，按照合同约定金额申请财产保全应当被认定为超额保全。本案原生效判决认定曹阳超额保全是正确的，曹阳所申请的保全属于错误的财产保全行为。曹阳在请求中太公司退还保证金、支付违约金的诉讼中，请求金额共计 500 万元，法院最终仅支持 211.125 万元，曹阳的部分请求并未得到法院的支持，对于未得到支持的差额部分，曹阳并不享有实体上的请求权，不具有合法性，也没有充分的证据予以支持，同时，鉴于曹阳的律师身份，其应当在申请财产保全时，充分了解法律规定并结合当事人的约定，谨慎申请保全金额，但其未尽到合理、谨慎的注意义务，曹阳对于差额部分申请财产保全的行为已构成侵权，应当承担损害赔偿责任。

第二种意见认为，主观上无明显过错且按照合同约定金额申请财产保全的不应认定为超额保全。原生效裁判认定曹阳超额保全属事实认定错误，法律适用不当。本案证据不能证明曹阳在申请财产保全时主观上有过错。曹阳所提出的 500 万元的诉讼请求也是基于合同约定，在此基础之上申请财产保全，具有合法性。法院的判决金额系法官依法裁量以及当事人合意的结果，不能依据法院的最终判决来认定财产保全是否合法、合理。

笔者赞同第二种意见，主要理由有以下三点。

第一，当事人主观上无恶意也无明显过错，基于合同约定金额申请财产保全具有合法性与合理性。民事诉讼通过正当的诉讼程序保障当事人的合法权益的实现，程序需要经过一定的阶段，在诉讼程序中债务人有损害债权人利益的行为时，如隐藏、转移财产等，如果不对该行为加以规制，那么即使债权人获得胜诉判决，由于已经没有可供执行的财产，其胜诉目的也难以实现。因此，根据《民事诉讼法》第 100 条的规定，当出现法定情形时，当事人可以申请财产保全，保证将来的生效判决能够得以执行。法律在赋予债权人申请财产保全的权利之时，也应当对财产保全关系中的双方当事人的权利义务予以平衡。根据《民事诉讼法》第 102 条"保全限于请求的范围或者与本案有关的财物"和第 105 条"申请有错误的，申请人应当赔偿被申请人因保全所遭受的损失"的规定，申请人申请财产保全的范围是以提出的诉讼请求的范围为准，如果由于申请人的错误申请财产保全的行为，给被申请人造成了损害，被申请人可以请求损害赔偿。申请财产保全错误的赔偿性质为承担民事侵权责任的损害赔偿责任。在申请财产保全错误的损害赔偿中，需要存在现实的被申请人的损害，该损害与财产保全行为之间具有因果关系,申请人主观上具有过错以及申请财产保全行为错误这四项要件。

本案中,富乾公司与曹阳签订《债权转让协议》,将富乾公司对中太公司所享有的债权全部转让于曹阳,曹阳继受该合同权利,对中太公司未履行合同约定义务的行为,曹阳有权依据合同约定请求中太公司承担违约责任。在无证据证明曹阳具有主观恶意和明显过错的情况下,曹阳依据合同所约定的本金以及违约金向人民法院提出诉讼请求具有合法性与合理性,基于此申请财产保全的行为当然也是合法合理的,申请财产保全的行为具有合法性。

第二,财产保全的性质决定了申请金额具有一定盖然性,并不要求与诉请标的额严格精准对应。财产保全作为一种临时性的救济措施,"其制度设计出发点就是防止被申请人恶意处置本可以用来执行申请人胜诉判决的财产,或者防止被申请人损害该财产的价值,以减轻申请人在权利存在或权利受损害的不确定性得到解决前的一段时间内遭受权利被侵害的风险"①,许多学者将其法律性质界定为便利判决执行。债权人将纠纷诉至人民法院,当出现债务人隐藏、转移财产等情况时,为了使得将来的判决能够执行,债权人基于其合法的诉讼请求进而申请财产保全,此时案件处于诉讼程序进行之中,申请人仅能在诉讼标的额的范畴内申请财产保全,法院也仅对该保全申请做形式上的审查,并没有一个生效的判决来明确该财产保全的金额。财产保全的金额来源于诉讼请求的金额,此时诉讼请求的金额是申请人基于其所掌握的现有的证据与知识,将自身利益最大化而得出的一个具体的金额,只要申请人对该申请财产保全的金额有充分的证据予以支持且并不明显失当,那么法律应当予以宽容。据此,申请人为保障诉讼请求的真正实现,申请财产保全的范围也与诉讼请求的范围一致。在本案中,曹阳根据其继受的对中太公司的债权,依据该合同约定,将诉讼请求确定为本金与违约金共计 500 万元,这 500 万元的金额是曹阳根据其所掌握的合同内容而确定的,其所持心理状态也是善意地期望诉讼请求能够得到全部支持,为保障将来可能的胜诉判决得以执行,曹阳申请财产保全与其所请求的金额一致是合理的,其在具有民事合同这一证据的情形下提出的财产保全并没有明显的失当之处。

第三,不能以经法院与当事人合意调整后的裁判结果为标准反推财产保全申请人之前未尽到注意义务,否则会造成客观归责。通常情形下,申请人起诉至法院后,仅能根据其所掌握的证据来确定诉讼请求,对于法院将如何判决,申请人无法预测,在司法实践中,申请人的诉讼请求与法院生效判决存在一定

---

① 吴声华、毛煜焕:《财产保全制度中的担保审查》,载《法律适用》2002 年第 10 期。

的差异是普遍现象，法律不能要求申请人将申请财产保全的金额与判决结果保持一致，即使当申请财产保全的金额小于判决支持的金额之时，只要申请人以诉讼请求为限提出财产保全申请，尽到了合理谨慎的注意义务，也不能简单地认定申请人在申请财产保全中具有主观过错，属于申请财产保全错误。如果申请人部分败诉就属于申请财产保全错误，要承担损害赔偿责任，这无疑对申请人课以了过高的注意义务，并将会使得财产保全制度的"实现本案权利的目的指向性"① 的功能大大减弱。在本案中，法院以已决案判决结果为基准反推曹阳申请财产保全属于超额保全，认为曹阳未尽到注意义务，主观上存在过失，也即认定申请财产保全错误，判决曹阳对差额部分承担损害赔偿责任，这属客观归责。已决案件具体的判决金额是依据中太公司申请调减，双方当事人合意调整，法官依法裁量而最终确定，曹阳在申请财产保全时无法预料，不能反推认定曹阳主观上没有尽到注意义务。以在后的确定的裁判金额来衡量在先的具有一定概然性的保全金额，不符合认识规律和诉讼规律，否则，凡跟裁判结果不能吻合的保全都会被认定为超额保全，这显然经不起推敲，有失公平正义。

---

① 汤维建主编：《民事诉讼法学原理与案例教程》（第二版），中国人民大学出版社 2010 年版，第 240 页。

如何确认已登记不动产的实际所有权人

——陶承金、帅泽玲与黄兴顺、姚淑芬共有权确认纠纷抗诉案

侯俊霞[*]

【抗诉机关和受诉法院】

抗诉机关：重庆市人民检察院

受诉法院：重庆市高级人民法院

【基本案情】

申请人（一审原告、二审上诉人、再审申请人）：陶承金，男。

申请人（一审原告、二审上诉人、再审申请人）：帅泽玲，女。

其他当事人（一审被告、二审被上诉人、再审被申请人）：黄兴顺，男。

其他当事人（一审被告、二审被上诉人、再审被申请人）：姚淑芬，女。

2006年，黔江区农村信用合作联社石会信用社（以下简称石会信用社）发布公告，欲整体出售债务人尹国忠、易金莲的房产。12月4日，陶承金到石会信用社以黄兴顺的名义缴纳定金10万元。12月25日，陶承金向姚淑芬的兄弟姚淑平交付2万元，姚淑平给陶承金出具的收条载明："今收到陶承金交来购房款贰万元整，收款人黄兴顺，姚淑平代收。"2007年1月1日，黄兴顺与尹国忠、易金莲、黔江区农村信用合作联社签订房屋转让协议，由信用社将坐落于黔江区石会镇关后社区五组一幢三楼一底8间，建筑面积为1448.12平方米的砖混结构房屋以78万元价款转让给黄兴顺。从签订转让协议当日起，陶承金将其中两间门面及其之上的二、三楼住房，黄兴顺将六间门面及之上的住房，分别进行出租，用电、闭路电视双方各自独立开户，分别缴费。

2007年6月15日，黄兴顺向石会信用社缴纳房款40万元，12月26日，国土房管部门将房屋登记在黄兴顺、姚淑芬名下，并颁发了房屋产权证书，陶

---

[*] 作者单位：重庆市人民检察院第四分院。

承金对此不知情。2009年8月20日双方进行了账务结算,结算清单载明:陶承金收取黄兴顺六间门面及其以上住房的房屋租金与陶承金为黄兴顺、姚淑芬办理事务所支付的费用相抵后,陶承金为黄兴顺、姚淑芬多支付的19913.50元,加上陶承金交付的房屋定金10万元、姚淑平收取的2万元和陶承金补现金86.50元,经结算后,黄兴顺于当日向陶承金出具收条一张:"今收到陶承金购房定金壹拾肆万元整(包括原付信用社定金拾万元)。"双方此次结算没有将陶承金出租的二间门面及二间门面上面的二、三楼的住房租金纳入结算范围。2010年10月22日,黄兴顺、姚淑芬以房屋所有人身份起诉陶承金、帅泽玲,要求返还所占房屋,法院一审、二审均支持了黄兴顺、姚淑芬的诉讼请求,判决陶承金、帅泽玲返还占有的房屋。陶承金、帅泽玲遂于2012年7月30日向黔江区人民法院提起本案共有权确认之诉。

【原审裁判】

黔江区人民法院于2013年3月27日作出(2012)黔法民初字第02596号民事判决。该院一审认为,虽然陶承金、帅泽玲提供了黄兴顺给其的购房款收条和其他一些间接证据以证明双方系合伙购房。但是,争议房屋颁证时间是2007年12月26日,购房款收条内容为"今收到陶承金购房定金壹拾肆万元整",形成时间是2009年8月20日,只能说明双方自2009年8月20日以后具有买卖房屋意向。双方的买卖房屋意向因黄兴顺于2010年10月22日诉请陶承金、帅泽玲返还原物而没能最终形成购房合意,因此,该证据并不能直接证明原告是争议房屋的共有权人。加之,陶承金提供的其他一些租房协议、证人证言等属间接证据,其证明力明显弱于双方均认可的房屋产权证书。本案中黄兴顺、姚淑芬作为房屋所有权人已经登记领取了争议房屋的《房地产权证》。根据物权的公示效力,该争议房屋不属于陶承金、帅泽玲与黄兴顺、姚淑芬的共有物,在未经有权机关依法撤销之前,不动产登记具有物权绝对的排他性。据此,判决驳回原告陶承金、帅泽玲的诉讼请求。

陶承金、帅泽玲不服一审判决,上诉至重庆市第四中级人民法院。第四中级人民法院于2013年8月1日作出(2013)渝四中法民终字第00543号民事判决。该院二审认为,陶承金、帅泽玲主张共同出资购房,提供了购房款收条、房屋出租协议、租金结算账务、乔迁新居的嘉宾礼簿、用电手册及电缆收据、有线电视使用证、讼争房屋照片、房屋装修照片以及证人证言等用以证明其主张成立,但因双方无书面的共同出资购房合同,黄兴顺对共同出资购房予以否认,并以房屋产权证证明陶承金、帅泽玲的主张不成立。房屋权属证书是权利人享有房屋权利的证明,黄兴顺、姚淑芬作为房屋所有权人已经登记领取了争议房屋的房地产权证,证明黄兴顺、姚淑芬是争议房屋合法的所有权人。

一审法院确认陶承金、帅泽玲与黄兴顺、姚淑芬对争议房屋不成立共有并无不当。故判决驳回上诉，维持原判。

陶承金、帅泽玲不服二审判决，向重庆市第四中级人民法院提出再审申请，该院于 2014 年 6 月 9 日作出再审裁定，裁定由本院另行组成合议庭进行再审。2014 年 10 月 15 日，该院作出（2014）渝四中法民再终字第 00014 号民事判决认为，在交房后双方确实存在分别对水、电闭路电视进行上户并对外出租的事实，但因讼争房屋系黄兴顺、姚淑芬委托陶承金进行管理，不能达到陶承金、帅泽玲主张的该房屋系双方共同出资购买的证明目的。对陶承金在再审中提出首笔定金 100000 元的理由，经核实，该款系由陶承金代黄兴顺所交，不能证明系陶承金以自己名义向石会信用社缴纳购房款。双方在 2009 年结算时陶承金累计向黄兴顺支付的 140000 元款项，亦不能证明讼争房屋系双方共同出资购买。经对双方当事人举示的证据进行审核认定，黄兴顺夫妇通过不动产登记取得了房地产权证，其证明力明显大于陶承金夫妇所举示的证据的证明力，且在黄兴顺、姚淑芬诉陶承金、帅泽玲等排除妨害纠纷一案中，重庆市第四中级人民法院（2011）渝四中法民终字第 00368 号民事判决、重庆市高级人民法院（2011）渝高法民申字第 01396 号民事裁定书均认定黄兴顺、姚淑芬是争议房屋合法的所有权人。据此，再审申请人陶承金、帅泽玲的再审理由不成立，其相应的请求不能得到支持，经该院审判委员会研究决定，最终判决维持该院（2013）渝四中法民终字第 00543 号民事判决。

【抗诉理由】

经重庆市人民检察院第四分院提请抗诉，重庆市人民检察院于 2015 年 9 月 28 日作出渝检民监（2015）50000000197 号民事抗诉书，认为重庆市第四中级人民法院（2014）渝四中法民再终字第 00014 号民事判决认定的基本事实缺乏证据证明，适用法律错误，判决结果确有错误。理由如下：

1. 现有证据能充分证实讼争房屋系陶承金、帅泽玲与黄兴顺、姚淑芬共同出资购买。

（1）陶承金支付的 14 万元系购房款而非黄兴顺主张的借款。第一，胡文伦、易金莲证实售房公告载明"房屋整体出售，只认一个买主"，公告张贴后，陶承金即来询问售房情况，还问及能不能分开出售，说明陶承金从开始就有购房的意思。第二，胡文伦证实 2006 年 12 月 4 日，陶承金拿来自有的 10 万元交付了第一笔购房定金，当时明确表示是与舅舅黄兴顺合伙买房。第三，2006 年 12 月 25 日，姚淑芬弟弟姚淑平前往陶承金处收款 20000 元，收条内容为"今收到陶承金交来购房款贰万元整（20000 元）"。第四，2009 年 8 月 20 日，黄兴顺亲自出具收条"今收到陶承金购房定金壹拾肆万元整（包括原付信用社定金拾万元)"。根据以上证据，可推知陶承金从知道售房公告伊始就有买房的意思，在这个意思的驱动下，与黄兴顺一道参与购房事宜的前期商谈，并前往石会信用社交付第一笔定金10万元，交给黄兴顺妻弟姚淑平购房款2万元，加上代黄兴顺管理房屋期间的垫支款，共计14万元，最后由黄兴顺出具了14万元购房款的收条。

黄兴顺主张双方系借贷关系，14万元系自己向陶承金的借款，但黄兴顺没有举证证明借贷关系产生的事实及借款利息、还款期限、还款方式等主要内容，且陶承金从未向黄兴顺催还借款，黄兴顺亦没有主动偿还借款。综上，陶承金已支付的14万元，应认定为合伙购房款。

(2) 2007年6月房屋交接后，陶承金对其主张的两间门面及以上住房是以所有人的意思为管理、使用、收益。其一，胡文伦、租房户郝清明证实，2007年6月初，信用社将房屋交给新的买主，胡文伦、陶承金、黄兴顺均到场，于同一时间，陶承金、黄兴顺与原租房户续签租房合同，陶承金以自己的名义与其主张的两间房屋的原有租户签订合同。另据陶承金在原一审中提交的《房屋租赁协议》，陶承金以自己的名义先后与郝清明、徐伟、何金生、邓绪碧、庄永阶等人订立租赁协议，其中与郝清明、徐伟的协议是在接房当日签订的，黄兴顺在场并知情，但未表示反对。其二，陶承金房屋装修后，为庆祝乔迁新居，于2007年腊月十九曾邀请亲朋好友吃酒，黄兴顺亲自到场并赠送1200元以示祝贺。其三，陶承金所主张的两间房屋内电、有线电视均是独立户头并单独缴费。其四，2009年8月20日，陶承金与黄兴顺对买房以来的账务进行结算，双方仅对黄兴顺独立出租的六间门面及以上住房进行了结算，另两间未纳入结算范围。综合以上证据，可以认定2007年6月房屋接交后，双方即对合伙所购房屋进行了分配，且各自以所有权人的名义对占有范围内的房屋进行管理、使用、收益。

(3) 有证据显示，陶承金曾给黄兴顺出具"欠条"一张，证实双方存在合伙购房的事实。张宗兰、陶锖武两次证词表明：2009年8月20日陶承金与黄兴顺轧账时，陶承金曾用类似学生作业本那种纸张给黄兴顺出具了欠条一张，内容大概是"陶承金的两间房屋应付总房款20万，已付14万，还欠黄兴顺6万元，但只作账务列示"。另据 (2010) 黔法民初字第02610号庭审笔录 (第181—183页)，黄兴顺在庭审中主动提到陶承金确实写了一个20万元的条子给他，陶承金及律师曾当庭要求对方出示该证据，未果，又要求法庭调取该证据，被法庭拒绝。

以上证据充分证明：20万元条子确实存在并为黄兴顺掌握，同时结合证人证言及庭审笔录内容，条子的基本内容应与陶承金述说的一致。该条子所载明的内容对查清该案事实有关键性作用,在其后的庭审中,法庭多次要求黄兴顺提交而拒不提交。根据最高人民法院《关于民事诉讼证据的若干规定》第75条"有证据证明一方当事人持有证据无正当理由拒不提供,如果对方当事人主张该证据的内容不利于证据持有人,可以推定该主张成立"之规定,可以依法推定该条子所载明内容的真实性,即陶承金、黄兴顺对合伙购房曾有过明确的结算,并将该推定事实作为评判案件的依据。

综上,现有证据客观真实地反映出陶承金、帅泽玲与黄兴顺、姚淑芬系共同出资购买尹国忠、易金莲的抵债房屋,双方对讼争房屋形成共有关系,再审判决认定事实错误。

2. 再审判决以付款情况、房屋产权登记情况以及有关裁判文书作为本案认定基础法律关系的依据,明显错误。(1)石会信用社主任胡文伦的两次证词明确表达了当时信用社出于简化程序,避免矛盾的目的,对整栋八间房屋出售的要求是"整体出售,只认一个买主",在这种情况下,即便是多人合伙购房,对外也只能以一个人的名义与信用社进行交易,房屋转让协议的最终受让人、名义上的付款人、不动产登记载明的产权人必然为同一人。很显然,名义上的购房人并不等同于实际购房人,更不能简单地依据这些表面证据就否认陶承金与黄兴顺共同出资、合伙购房这一基础法院关系。(2)不动产登记所载明的内容是权利人享有该不动产物权的证明,其主要功能在于其对外的公示作用,而不能起到对内部基础法律关系进行证明的作用。同时根据《最高人民法院关于审理房屋登记案件若干问题的规定》第8条"当事人以作为房屋登记行为基础的买卖、共有、赠与、抵押、婚姻、继承等民事法律关系无效或者应当撤销为由,对房屋登记行为提出行政诉讼的,人民法院应告知当事人先行解决民事争议"之规定精神,基础法律关系的审查是在先行为,继而判定房屋登记行为正确与否,但不能以登记行为的结果来反向推导在先的基础法律关系。(3)(2011)渝四中法民终字第00368号民事判决、(2011)渝高法民申字第01396号民事裁定书系基于黄兴顺、姚淑芬诉陶承金、帅泽玲排除妨碍一案所作出的裁判文书,并非确权纠纷,再审以该裁判文书认定黄兴顺、姚淑芬是争议房屋合法的所有权人作为本案的判决理由,明显错误。故原再审以付款情况、房屋产权登记情况、有关裁判文书作为本案认定基础法律关系的依据,明显错误。

【再审结果】

重庆市高级人民法院于2017年3月9日作出(2016)渝民再6号民事判决书认为,我国对不动产物权实行统一登记制度,不动产物权变动的根本原因是当事人之间的法律行为,物权登记只是对不动产转让事实的记载和公示,并非对不动产权属的确认。即使不动产物权已登记在其他人名下，当事人也可通过其确权诉讼确认其真实物权。根据当事人提交的证据以及审理查明的事实，陶承金作为购买争议房屋的具体经办人，其最初便有与黄兴顺共同出资购买房屋的意思表示，但因为信用社对房屋进行整体处置、只认一个买主，陶承金只有以黄兴顺名义共同购买房屋；陶承金以黄兴顺名义支付了10万元定金，有付款凭证为证；之后黄兴顺之妻弟姚淑平又收取陶承金支付的2万元购房款；接房后陶承金一直占有使用两间门面和门面之上的住房；装修费用由双方各自负担，房屋以各自名义出租，各自收取房租，用电、闭路电视双方各自独立开户，分别缴费，双方结算并由黄兴顺出具收条确认14万元作为陶承金的购房款；陶承金以房主身份乔迁宴请宾客，黄兴顺亲自到场并赠送礼金1200元，有乔迁新居的嘉宾礼簿、证人证言以及黄兴顺的自认为证。上述证据和事实相互印证，足以形成证据锁链，应当认定陶承金与黄兴顺共同出资购买争议房屋的事实成立。黄兴顺无法对上述证据和事实作出合理解释，其辩解理由不能成立。此外，在另案庭审中黄兴顺陈述陶承金出具了一张20万元的条子但又拒不提交该证据，应由黄兴顺承担相应的不利后果。黄兴顺所持有的争议房屋产权证书，其记载的内容与本案审理查明的事实不符，应当确认争议房屋为双方共同出资购买，陶承金、帅泽玲实际购买的是其中相邻李再蓉一侧的两间门面以及其上住房。综上，抗诉机关的抗诉理由成立。原审判决认定事实和适用法律有误，予以纠正。重庆市高级人民法院最终判决如下：一、撤销重庆市第四中级人民法院（2014）渝四中法民再终字第00014号、（2013）渝四中法民终字第00543号民事判决和重庆市黔江区人民法院（2012）黔法民初字第02596号民事判决；二、重庆市黔江区石会镇关后社区五组房地产权证号为302房地证2007字第02338号的三楼一底砖混结构房屋中相邻李再蓉一侧的两间门面以及两间门面之上的二、三楼住房归陶承金、帅泽玲所有；三、驳回陶承金、帅泽玲的其他诉讼请求。

【点评】

本案涉及的法律问题在司法实践中具有典型性，其焦点有二：一是在物权确认诉讼中，如何处理不动产登记与物权确认或基础法律关系的冲突；二是当事人一方应举证到何种程度才能达到否定不动产登记效力的目标。

一、在物权确认诉讼中，如何处理不动产登记与物权确认或基础法律关系的冲突

根据《物权法》第16条的规定，不动产登记簿是物权归属和内容的根据。一般认为，不动产登记在不动产物权归属和内容认定上具有权利推定的法律效力。在诉讼中，若当事人就不动产登记记载的物权归属和内容发生争议，

则登记的物权人首先被推定为真实权利人，对此无须再举证证明。但作为一种法律拟制事实，登记表彰的物权归属状态并不总与真实权利状态相一致，在物权确认诉讼中，如一律赋予不动产登记以终局证明力，则不免过于机械，也为不动产登记制度所不能承受之重。不动产登记具有极高的证明力，但并不是绝对的证明力，特别是在处理物权人之间的内部争议时，并不能根据登记情况当然地得出结论，仍应取决于当事人之间的基础民事法律关系。常见的如不动产所有权实际上属多人共有，但仅登记在一人或部分人名下，导致不动产登记名不符实，实践中较多地发生在合伙人之间、家庭成员之间及房地产合建或共同购买的情况下。对于这些登记物权人与真实物权人之间因内部关系发生的争议，真实物权人完全可以通过确权之诉来主张权利，人民法院应当依据不动产物权变动的基础法律关系来重新确认物权的归属。结合本案，涉案房屋虽登记在黄兴顺、姚淑芬名下，但实际上属于陶承金、帅泽玲和黄兴顺、姚淑芬合伙购买，房产登记名不符实，陶承金、帅泽玲有权通过物权确权之诉来请求人民法院确认房产的真正归属。

二、当事人一方应举证到何种程度才能达到否定不动产登记效力的目标

最高人民法院《关于适用〈中华人民共和国物权法〉若干问题的解释（一）》第2条规定："当事人有证据证明不动产登记簿的记载与真实权利状态不符、其为该不动产物权的真实权利人，请求确认其享有物权的，应予支持。"该条司法解释规定"当事人有证据证明不动产登记簿的记载与真实状态不符"时，才支持其主张，但对当事人举证应达到何种程度这一问题并没有规定。不动产登记本身具有很强的证明力，登记为物权人的当事人不必再举证证明登记本身的真实性以及记载内容的真实性。这不但体现了国家公权力对不动产权属的介入，而且还维系着交易安全，联系着善意取得制度的实施。因此在否定不动产登记证明力这一问题上，应秉持审慎态度，不能再简单运用民事诉讼中的"优势证据原则"，对否定不动产登记效力一方应苛以更高的举证证明责任。只有在否定方举示的证据能形成完整的证据链条，证明其为不动产物权权利人具有高度可能性且不动产登记记载确有错误，待证事实各方面能够排除合理怀疑，足以让法官产生逻辑必然性的心证时，才能确认其享有物权。如本案相关证据环环相扣，从陶承金有买房意图、前期洽谈、交付购房款、对房屋的使用等各个环节都有充分证据予以证实，足以证明陶承金与黄兴顺共同出资买房的事实，同时黄兴顺又无法对上述证据作出合理解释的情况下，法院才最终作出房产登记所记载事项与真实物权状态不相符的认定。

村集体组织收益分配发生争议时是否具有可诉性
——旦成林等26人与普布扎西等28人用益物权纠纷抗诉案

王水明[*]

【抗诉机关和受诉法院】

抗诉机关：青海省人民检察院

受诉法院：青海省高级人民法院

【基本案情】

申请人（一审原告、二审上诉人、再审申请人）：旦成林等26人，均系青海省称多县拉布乡帮布村才仿社村民。

诉讼代表人：小贡布，男，藏族。

诉讼代表人：罗松然杰，男，藏族。

诉讼代表人：江巴，男，藏族。

其他当事人（一审被告、二审上诉人、再审被申请人）：普布扎西等28人，均系青海省称多县拉布乡帮布村才仿社村民。

诉讼代表人：普布扎西，男，藏族。

诉讼代表人：才多，男，藏族。

诉讼代表人：拉巴，男，藏族。

第三人：洛才仁、桑巴卓尕、昂增卓玛等20人，均系青海省称多县拉布乡帮布村才仿社村民。

诉讼代表人：昂增卓玛，女，藏族。

2012年6月16日，旦成林等26人起诉至青海省称多县人民法院，请求判令：撤销普布扎西、拉巴、更求巴松等擅自分配才仿社沙场土地补偿款的行为；才仿社通过民主议定程序决定土地补偿款分配方案；本案诉讼费用由普布扎西、拉巴、更求巴松等28人承担。

---

[*] 作者单位：青海省大通回族土族自治县人民检察院。

青海省称多县人民法院一审查明，2010年10月，帮布村才仿社社长土登才仁等人做主将该社五处砂场以总价127万元承包给该社尕玛、洛才仁（小）、拉巴和外来人员卢平，并办理了采矿许可证。2011年4月31日，在该社外迁人员才多等人倡议下，组织村民协商调整采砂补偿费，对此多数村民表示赞同，后经乡政府协调才仿社与各承包人达成砂石承包合同，并将承包总价调整为532万元。旦成林、土丁旦周、成林等人将127万元中退给原承包人卢平70万元，31.33万元捐赠给寺院及活佛，25.43万元作为被占用农田补偿款给付6农户（原告方1户、被告方5户），剩余0.24万元暂存于旦成林、土丁旦周、成林等人。普布扎西等人收取安金华承包费325万元，卢平承包费120万元，拉巴承包费30万元，合计415万元。普布扎西等人将此款项中以公有地（卢平承包砂场）为名给本社承包户分配7万元，原告6户未接受，第三人4户表示接受，普布扎西等人以出力为由将剩余的砂石款11万、12万元不等分配给了28户，给付安金华承包砂场的6户承包农户补偿费11.46万元，另有普布扎西等人交通费、住宿费等合理费用约35万元。旦成林等人遂以分配不公，多次向政府反映，要求解决，但均未获得结果。

【原审裁判】

青海省称多县人民法院于2012年12月14日作出（2012）称民初字第39号民事判决。该院认为，双方争议标的为村集体所有的砂石补偿费，砂石作为国家资源，按程序已经取得了部门许可，根据土地管理法和村民委员会组织法的规定，其收益应归村集体所有，应经村民大会讨论决定后作出其收益的分配方案，但普布扎西等人未经村民大会讨论决定，擅自作主将415万元予以分配，违反了法律、法规，其行为属无效民事行为，应予撤销。依照法律规定村集体的合法利益，每个村民均有权要求享有，故支持旦成林等人的诉讼请求。但普布扎西等人的合理开支交通费、住宿费等共计35万元，应予以认定；土地补偿费（采石场25.43万元，采砂场11.46万元）36.89万元，给寺院及活佛31.33万元，经过村民讨论或属于基本合理支出，也应予以认定；但普布扎西等人提供的罚款、医药费单据等属单方开支，不予认定。实际剩余补偿款428.78万元，按该社户籍在册人口予以分配。故不予采纳普布扎西等人提出的325万元是自己讨要来的，归其所有，不应分配的辩解。另外，不属于双方人员，但根据户口确系该村村民的人员，为体现公平原则，追加为第三人，并予以分配。旦成林等人的其他诉讼请求，因无法律依据，予以驳回。根据《中华人民共和国民法通则》第58条第5项、第61条第1款，《中华人民共和国土地管理法》第8条第2款、第10条，《中华人民共和国村民委员会组织法》第24条第7项的规定，判决如下：一、土地补偿费（采石场25.43万元，采砂场 11.46 万元）36.89 万元，按原分配方案归土地使用权人所有；35 万元作为交通费、住宿费等费用归普布扎西等人所有；确认已捐赠寺院 30 万元，佛事活动捐赠 1.33 万元；剩余砂石补偿费 428.78 万元，原告 16 户 58 人（江巴伊西 1 人、索南求措 5 人、江珠 1 人、美朵 4 人、土登旦周 6 人、成林 10 人、土登才仁 4 人、提哇 2 人、索南拉毛 1 人、索南求措 1 人、青梅巴毛 3 人、拉国 5 人，每人分得 3.1527 万元）分配 182.8566 万元；被告 13 户 58 人（伊西松保 11 人、白马永吉 6 人、扎西巴德 2 人、普布扎西 2 人、土桑 4 人、格来 4 人、才仁 2 人、拉巴 5 人、白玛永措 1 人、美芒 1 人、巴松扎西 3 人、元玛才仁 1 人、昂文索南 10 人、才多 6 人，每人分得 3.1527 万元）分配 182.8566 万元；第三人（大罗才仁 4 人、才永卓玛 1 人、桑巴求占 2 人、美吉 5 人、小罗才仁 4 人、扎西索南 4 人，每人分得 3.1527 万元）分配 63.054 万元。按上述分配数额分配后已超出其数额的原、被告或第三人，或不属于上述分配人员但已获得补偿费的，应于 2013 年 3 月 1 日前退还村民委员会，由村民委员会组织进行分配。逾期不履行金钱给付义务，加倍支付迟延履行期间的债务利息；二、驳回旦成林、土丁旦周等 26 人的其他诉讼请求；三、案件受理费 4.219 万元，旦成林等 26 人、普布扎西等 28 人各承担 2.1095 万元。

旦成林等 26 人及普布扎西等 28 人均不服一审判决，向青海省玉树藏族自治州中级人民法院提起上诉。

青海省玉树藏族自治州中级人民法院于 2014 年 4 月 3 日作出（2014）玉民二终字第 01 号民事裁定。该院二审查明的事实与一审查明的事实一致。该院二审认为，本案中集体土地以租赁的形式采挖砂石收取的费用，属于村集体收益。集体收益分配纠纷不属于平等主体之间的法律关系，也不属于人民法院受案的范围，应予驳回起诉。普布扎西等 28 户村民中，部分村民虽然名义上是土地租赁，但实际上是买卖国有矿产资源收取费用，所收取的费用为违法所得。当事人的诉求依法不予支持。依照《中华人民共和国民事诉讼法》第 119 条第 4 项，最高人民法院《关于适用〈中华人民共和国民事诉讼法〉若干问题的意见》第 139 条第 1 款之规定，裁定如下：一、撤销青海省称多县人民法院（2012）称民初字第 30 号民事判决；二、驳回旦成林等 26 户的起诉。

【抗诉理由】

旦成林等 26 人不服二审判决，向检察机关申请监督。青海省人民检察院于 2015 年 8 月 25 日以青检民监（2015）63000000024 号民事抗诉书向青海省高级人民法院提出抗诉。青海省人民检察院认为，玉树藏族自治州中级人民法院（2014）玉民二终字第 01 号民事裁定认定的基本事实缺乏证据证明。理由如下。

作为调整民事法律关系的实体法，《中华人民共和国民法通则》第2条规定，"中华人民共和国民法调整平等主体的公民之间、法人之间、公民和法人之间的财产关系和人身关系"。与此相对应的是，作为调整民事诉讼法律关系的程序法，《中华人民共和国民事诉讼法》第3条规定："人民法院受理公民之间、法人之间、其他组织之间以及他们相互之间因财产关系和人身关系提起的民事诉讼，适用本法的规定。"由此可知，由民法调整的属于平等主体之间发生的财产权和人身权纠纷，即属于人民法院的受案范围。结合本案，关键问题在于本案当事人之间的纠纷是否属于平等主体之间发生的财产权纠纷。

本案中，旦成林等26人与普布扎西等28人均属才仿社集体经济组织成员，根据《中华人民共和国物权法》第59条第1款"农民集体所有的不动产和动产，属于本集体成员集体所有"的规定，旦成林等26人与普布扎西等28人均享有对集体财产的集体所有权。本案涉及的土地补偿款中，包括因他人承包砂石场占用才仿社集体土地而产生的土地补偿费用，该土地补偿费用是他人使用才仿社集体土地而给付才仿社的收益，因而应当属于集体财产，旦成林等26人与普布扎西等28人均对该土地补偿费享有所有权，直接表现为享有对土地补偿费的收益权。普布扎西等28人擅自处分行为，侵害了旦成林等26人作为集体经济组织成员所享有的收益权，旦成林等26人要求普布扎西等28人退还土地补偿款的纠纷，属于平等主体之间的财产权纠纷，符合《中华人民共和国民法通则》第2条和《中华人民共和国民事诉讼法》第3条的规定，应属于人民法院的受案范围。根据《中华人民共和国民事诉讼法》第119条规定，本案旦成林等26人的起诉符合条件，人民法院应予受理。

另外，终审裁定还存在以下错误：终审裁定认为本案是以土地租赁的形式买卖国有矿产资源收取费用，该费用属于违法所得。该认定缺乏依据。其一，如前所述，本案涉及的土地补偿款是因他人承包砂石场占用才仿社集体土地而产生的土地补偿费用，其实质是占用土地补偿款，并非是矿产资源使用费，两者属于不同的法律关系；其二，本案安金华等人为使用才仿社集体土地而与才仿社村委会签订了土地承包协议，且安金华等人的采砂行为不仅有合法的采矿许可证作为依据，而且征得了称多县国土资源局的批复确认，因此终审裁定认为本案实际是买卖国有矿产资源明显缺乏依据，认为涉案土地补偿款属于买卖国有矿产资源而收取的费用也缺乏依据，认为土地补偿款属于违法所得同样缺乏依据。

【再审结果】

青海省高级人民法院于2016年6月1日作出（2015）青民提字第46号民事判决书。该院查明的事实与一审查明的事实一致。该院再审认为，本案当事人争议的是因集体土地和承包户承包经营土地因他人使用，所产生的收益归谁所有及其权利如何行使的问题。关于因他人使用才仿社集体土地而产生的收益，根据《中华人民共和国物权法》第59条第1款关于"农民集体所有的不动产和动产，属于本集体成员集体所有"的规定，应属才仿社集体成员。且成林等26人与普布扎西等28人均系才仿社的成员，对集体财产均享有权利。检察院关于村集体成员对集体所有的动产和不动产享有权利抗诉理由成立。当集体经济组织怠于行使权利或作出的决定侵害其成员的权利时，集体经济组织成员可以请求撤销不当的决定。关于承包经营户承包土地所获得的收益是基于土地承包关系所产生，根据《中华人民共和国农村土地承包法》第16条规定，应由承包经营户主张权利。承包经营户对土地承包享有的权利与集体经济组织成员共同对集体所有财产所享有的权利有根本区别，即权利主体、所有权性质均不同。原审对上述两种法律关系和法律适用未予区分不当；二审亦未对上述法律关系产生的法律事实和法律适用问题进行审理，即驳回全部当事人的起诉错误，应予纠正。

根据最高人民法院《关于审理涉及农村土地承包纠纷案件适用法律问题的解释》第4条规定"农户成员为多人的，由其代表人进行诉讼"。在诉讼中农村承包经营户不能依户作为当事人来进行诉讼，应以户主作为诉讼主体进行诉讼，二审变更当事人称谓无法律依据，再审一并予以纠正。本案经该院审判委员会讨论决定，依照《中华人民共和国民事诉讼法》第207条、第170条第1款第3项的规定，裁定如下：一、撤销青海省玉树藏族自治州中级人民法院（2014）玉民二终字第01号民事裁定；二、指令青海省玉树藏族自治州中级人民法院对本案继续审理。

【点评】

本案案情简单，争议的焦点问题也很明确，结合本案的抗诉及再审情况，本案涉及以下主要问题。

一、对于村集体组织内部的哪些事务，人民法院可以依法受理

根据我国法律规定，村集体组织属于自治组织，其可以决定组织内部的具体事务。但是，任何事情都有例外，并非所有的事务都由村集体组织决定，某些事务属于"外治"，即由国家公权力来决定。那么，属于村集体组织内部的哪些事项，当事人可以请求人民法院依法受理？根据《中华人民共和国村民委员会组织法》第24条第1款的规定："涉及村民利益的下列事项，经村民会议讨论决定方可办理：（一）本村享受误工补贴的人员及补贴标准；（二）从村集体经济所得收益的使用；（三）本村公益事业的兴办和筹资筹劳方案及建设承包方案；（四）土地承包经营方案；（五）村集体经济项目的立项、承包方案；

(六) 宅基地的使用方案；(七) 征地补偿费的使用、分配方案；(八) 以借贷、租赁或者其他方式处分村集体财产；(九) 村民会议认为应当由村民会议讨论决定的涉及村民利益的其他事项。"因此，上述事项应当属于村集体组织可以自行决定的事项。

根据《中华人民共和国民事诉讼法》第3条之规定，人民法院受理平等主体之间因财产关系和人身关系提起的民事诉讼。又，根据《中华人民共和国民事诉讼法》第119条规定："起诉必须符合下列条件：(一) 原告是与本案有直接利害关系的公民、法人和其他组织；(二) 有明确的被告；(三) 有具体的诉讼请求和事实、理由；(四) 属于人民法院受理民事诉讼的范围和受诉人民法院管辖。"因此，根据以上法律规定，笔者认为，对于涉及村集体组织的事务，人民法院予以受理应当具备以下条件：第一，涉及事务的当事人之间属于平等主体，而并非是隶属等不平等关系；第二，涉及的事务并不属于《中华人民共和国村民委员会组织法》第24条第1款规定的内容之一；第三，涉及事务的当事人的资格必须符合《中华人民共和国民事诉讼法》第119条之规定。

结合本案，本案尕玛、拉巴、卢平等人承包的土地不仅有属于村集体组织的集体土地，还有属于承包户个人的土地。对于使用承包户个人土地而产生的收益，自然归承包户个人所有；对于使用村集体组织的集体土地而产生的收益，也理应归村集体组织所有。存在争议的是，同属于村集体组织成员的旦成林等26人与普布扎西等28人就属于村集体组织的收益分配发生争议时，该争议是属于村集体组织内部的事务，还是可以由人民法院予以处理。结合上述人民法院受理案件的条件，笔者认为，该争议应当属于人民法院的受理范围。理由是：第一，旦成林等26人与普布扎西等28人同属于才仿社村民，两者之间属于平等的主体；第二，该争议涉及的主要问题是，因尕玛、拉巴、卢平等人使用村集体土地而产生的土地使用费如何分配的问题，土地使用费的分配并不属于《中华人民共和国村民委员会组织法》第24条第1款规定的事项，需要说明的是，村集体组织所得收益的使用与村集体土地所得收益的分配并不能等同。因为，收益分配指的是收益划分给集体组织的各成员所有，处分的是所有权，而收益使用指的是收益由集体组织各成员使用，处分的是使用权。第三，该争议的原告方属于才仿社成员，其有权享有集体组织的收益，与争议有直接的利害关系，争议的被告同属于才仿社成员，且原告的诉讼请求就是分配集体收益，该诉讼请求具体、明确，且有充分的事实依据和法律依据，因此，该争议的当事人符合《中华人民共和国民事诉讼法》第119条之规定。综上，本案涉及的争议属于人民法院的受案范围。再审判决虽然没有直接认定涉案争议属于人民法院受案范围，但是以"原审裁判未区分集体组织成员对集体财产享有的权利与承包户对土地承包享有的权利"为由撤销原审裁判，间接地认定了涉案争议理应属于人民法院受案范围的抗诉理由，值得肯定。

二、如何确定本案的案由

根据最高人民法院《民事案由规定》之规定，有关民事案由的适用应当把握以下几点：第一，民事案由的确定标准是，应当依据当事人主张的民事法律关系的性质来确定。第二，人民法院在适用案由时，首先应当适用第四级案由，第四级案由没有规定的，适用相应的第三级案由，第三级案由没有规定的，适用第二级案由，第二级案由没有规定的，适用相应的第一级案由。第三，同一诉讼中涉及两个以上的法律关系的，应当依当事人诉争的法律关系的性质确定案由，均为诉争法律关系的，则按诉争的两个以上法律关系确定并列的案由。在所有的案由中，物权纠纷作为第一级案由规定于《民事案由规定》的第三部分，其下规定了六个第二级案由，用益物权纠纷是六个第二级案由之一。所谓用益物权，是指非所有人对他人所有的不动产或动产依法享有的占有、使用和收益的权利。从《物权法》的规定看，用益物权与所有权、担保物权并列的物权类型，所以《民事案由规定》将用益物权纠纷列为第二级案由，列在第一级案由之物权纠纷之下。

就本案而言，旦成林等26人与普布扎西等28人之间的诉争是，分配属于才仿社集体组织的土地补偿款，简言之，就是分配集体收益。其一，从该诉争的法律关系性质看，涉及的是对收益的分配权，此种分配权显然不是基于债权产生，而是基于集体组织成员对集体组织收益所享有的一种固有权利，因此，该纠纷应当属于物权法律关系。其二，如前所述，本案纠纷涉及的是集体组织成员之间对集体组织的收益如何分配问题，从《民事案由规定》关于物权纠纷的第二级案由规定看，应当属于用益物权纠纷。因为用益物权解决的就是对物的占有、使用、收益问题，而分配权益体现的就是使用收益问题。其三，在用益物权纠纷案由中，其下还有十个第三级案由，与本案相近似的案由是土地承包经营权纠纷，但是，本案旦成林等26人与普布扎西等28人之间争议的仅是集体组织收益的分配问题，并非是有关土地承包经营权问题，故在用益物权纠纷案由之下的十个案由均不符合本案诉争法律关系的性质，因此用益物权纠纷项下的十个第三级案由不能适用于本案。综上分析，本案案由确定为用益物权纠纷并无不当。

三、结语：如何实现个案正义

通过履行审判权来化解矛盾纠纷、定分止争，是法院作为审判机关的一个永恒主题。因此，法院裁判案件不仅要做到普遍正义，更要注重个案正义，就两者的关系而言,个案正义乃是实现普遍正义的前提和基础。正如美国著名法学家庞德所说的那样,"应当永远记住,正义总是存在于个别的案件中"。如何在个案中实现正义,是每一个审判者必须面对和思考的法律问题。笔者认为,审判者在裁判案件时,既要将法律规定、法律精神等作为处理案件的依据,更要考虑案件的具体情况,在查明案情的基础上,准确适用法律规定及法律精神,将目光不断"往返"于案件事实与法律适用之间,以寻找到符合个案正义的最佳方案。以本案为例,虽然当集体组织的财产权受到侵害时,集体组织的成员本不能以个人名义行使,而应由集体组织出面行使,但是,本案的具体情况是,普布扎西等28人在向尕玛、拉巴、卢平等人催要土地补偿款时始终以集体组织的名义进行,这实际上等同于集体组织行使权利;另外,本案发生在社会管理极不规范的牧区农村,在那里法律并未严格受到执行,乡规民约的效力甚至会高于法律。正如有学者指出的那样,"在人类历史发展的各阶段,预防化解纠纷、维护社会秩序从来都不仅仅依靠法律,大量的道德习俗、市民公约、乡规民约、行业规章等社会规则在预防化解纠纷中发挥着重要作用,对法律的运行产生潜移默化甚至直接的影响"[①]。基于以上情况,笔者以为,理应认可普布扎西等28人实质上就是以村委会的名义在行使权利,从此而言相当于集体组织内部已经对涉案土地补偿款进行了先行分配,如集体组织成员对分配存有异议,则国家公权力可以予以介入。因此,从追求个案正义的角度出发,采取由人民法院通过行使审判权的方式来处理本案,不仅有利于定分止争,还能有效维护社会秩序的稳定和谐,因此由人民法院受理本案无疑是一个最佳选择。

---

① 柳玉祥:《积极构建司法社会支持体系》,载《人民日报》2016年10月19日第19版。

超过退休年龄人员误工费损失如何认定

——赵加桃与王得春、扬州卓然电力设备工程有限公司、中国人民财产保险股份有限公司仪征支公司机动车交通事故责任纠纷抗诉案

杨湘君　王　静*

【抗诉机关和受诉法院】

抗诉机关：江苏省扬州市人民检察院

受诉法院：江苏省扬州市中级人民法院

【基本案情】

申请人（一审原告、再审申请人）：赵加桃，男。

其他当事人（一审被告、再审被申请人）：王得春，男。

其他当事人（一审被告、再审被申请人）：扬州卓然电力设备工程有限公司。

法定代表人：唐振强，总经理。

其他当事人（一审被告、再审被申请人）：中国人民财产保险股份有限公司仪征支公司。

负责人：刘社刚，经理。

2015年7月20日，赵加桃因机动车交通事故责任纠纷，向仪征市人民法院起诉王得春、扬州卓然电力设备工程有限公司（以下简称扬州卓然公司）、中国人民财产保险股份有限公司仪征支公司（以下简称人保仪征支公司），请求判令三被告赔偿因交通事故造成的损失医疗费3536元、营养费1200元、误工费16200元、交通费500元、护理费1800元、车辆损失费700元、鉴定费2360元并承担诉讼费用。仪征市人民法院适用小额诉讼程序审理该案。2015

---

* 作者单位：杨湘君，江苏省扬州市人民检察院；王静，江苏省仪征市人民检察院。

年 10 月 19 日，该院作出（2015）仪马民初字第 0324 号民事判决，对赵加桃主张的医疗费、营养费、交通费、护理费、车辆损失费、鉴定费酌情予以认定合计 7756 元，对误工费未予认定。

因该案适用小额诉讼程序，故一审判决即终审判决。赵加桃不服一审判决，向扬州市中级人民法院申请再审后被驳回，赵加桃向仪征市人民检察院申请监督。仪征市人民检察院受理审查认为该案符合抗诉条件，于 2016 年 5 月 6 日提请扬州市人民检察院抗诉。5 月 23 日，扬州市人民检察院向扬州市中级人民法院提出抗诉。6 月 15 日，扬州市中级人民法院指令仪征市人民法院再审。12 月 14 日，仪征市人民法院作出（2016）苏 1081 民再 1 号民事判决书，撤销（2015）仪马民初字第 0324 号民事判决，对赵加桃误工费认定 12420 元，判决人保仪征支公司给付赵加桃赔偿款 20176 元。

【原审裁判】

2015 年 10 月 19 日，仪征市人民法院作出（2015）仪马民初字第 0324 号民事判决。法院审理查明，2014 年 10 月 17 日，被告王得春驾驶苏 KC65××号大型专用客车沿仪征市 304 县道由西向东驶至登月湖大堤东侧路段，与相对方向原告赵加桃驾驶的电动自行车发生碰撞，事故致赵加桃受伤及电动车受损，赵加桃被送往医院救治。2014 年 10 月 20 日，仪征市公安局交通巡逻警察大队做出事故认定书，认定：王得春承担事故全部责任，赵加桃不承担事故责任。被告扬州卓然公司系苏 KC6561 号大型专用客车的实际所有人，王得春是该公司员工，在履行职务行为期间发生的交通事故，事故车辆在被告人保仪征支公司投保有交通事故责任强制保险及商业第三者责任险，事故发生在保险期间内。经赵加桃申请，法院委托，南京正泓司法鉴定所于 2015 年 9 月 16 日作出［2015］临鉴字第 155 号司法鉴定意见书，鉴定结论为：赵加桃所受损伤不构成道路交通事故伤残等级；误工期限以伤后 180 天为宜；护理期限以伤后 60 天为宜；营养期限以伤后 60 天为宜。事故发生后，被告扬州卓然公司给付原告赵加桃 3500 元。另，因本案属于法律规定适用小额诉讼程序审理的案件，法院依法向当事人告知本案的审判组织、一审终审、审理期限、诉讼费用交纳标准等相关事项。

该院认为，公民的生命健康权受法律保护。本案中，被告王得春驾驶机动车上道路行驶，对路面情况观察不够，措施不力，未确保安全，其行为违反相关法律规定，负事故的全部责任，应依法承担侵权责任，因王得春系被告扬州卓然公司员工，其在履行职务中发生本次交通事故，故应由扬州卓然公司依法承担侵权责任。根据相关规定，同时投保交强险与商业三责险的机动车发生交通事故造成损害，当事人同时起诉侵权人和保险公司的，应先由承保交强险的保险公司在责任限额范围内予以赔偿，不足部分，由承保商业三责险的保险公司根据保险合同予以赔偿，仍有不足的，依照相关法律规范由侵权人予以赔偿。现原告赵加桃要求赔偿的医疗费3536元、营养费1200元、误工费16200元、交通费500元、护理费1800元、车辆损失费700元、鉴定费2360元，根据法律规定，并结合本案实际情况，确定赔偿医疗费3536元、交通费400元、护理费1800元、营养费600元、车辆损失费700元、鉴定费720元、计7756元。被告扬州卓然公司已给付原告赵加桃3500元，此款可在赵加桃获得赔偿时直接返还。

综上，判决如下：一、被告人保仪征支公司于判决生效之日起10日内给付原告赵加桃赔偿款7756元。二、原告赵加桃于判决生效之日起10日内返还被告扬州卓然电力设备工程有限公司3500元。三、驳回原告赵加桃的其他诉讼请求。

赵加桃不服上述判决，向扬州市中级人民法院申请再审称：一审法院适用小额诉讼程序违法；申请人诉求的鉴定费和误工费一审法院没有认可属认定事实不清，缺乏法律依据，请求再审予以撤销。

扬州市中级人民法院于2016年2月1日作出（2015）扬民申字第00091号民事裁定。该院认为，本案一审中适用小额诉讼程序，是征得双方当事人同意的，并无不可。赵加桃提出的误工费和鉴定费问题，虽然鉴定意见书结论误工期限以伤后180日为宜，但其在事故发生时已年过70岁，超过了法定的工作年龄，故村委会出具的证明不具有证明效力。赵加桃申请监督事项包含伤残等级鉴定，而鉴定意见为赵加桃所受损伤不构成道路交通事故伤残等级，因此鉴定费用判决由双方承担并无不当。综上，赵加桃的再审请求不符合《中华人民共和国民事诉讼法》第200条规定的情形，依照《中华人民共和国民事诉讼法》第204条的规定，裁定驳回再审申请。

【抗诉理由】

2016年5月23日，扬州市人民检察院作出扬检民（行）监（2016）321000000033号民事抗诉书，向扬州市中级人民法院提出抗诉。该院认为，仪征市人民法院（2015）仪马民初字第0324号民事判决适用法律确有错误；违反法律规定，剥夺当事人辩论权利；且有新的证据，足以推翻该判决。理由如下。

1. 原审判决驳回赵加桃要求赔偿误工费16200元的诉讼请求，显属适用法律确有错误。

最高人民法院《关于审理人身损害赔偿案件适用法律若干问题的解释》第17条第1款规定："受害人遭受人身损害，因就医治疗支出的各项费用以及因误工减少的收入，包括医疗费、误工费、交通费、住宿费、住院伙食补助费、必要的营养费，赔偿义务人应当予以赔偿。"第20条规定："误工费根据受害人的误工时间和收入状况确定。误工时间根据受害人接受治疗的医疗机构出具的证明确定。受害人因伤致残持续误工的，误工时间可以计算至定残日前一天。受害人有固定收入的，误工费按照实际减少的收入计算。受害人无固定收入的，按照其最近三年的平均收入计算；受害人不能举证证明其最近三年的平均收入状况的，可以参照受诉法院所在地相同或者相近行业上一年度职工的平均工资计算。"最高人民法院《关于适用〈中华人民共和国民事诉讼法〉的解释》第390条第2项规定："有下列情形之一，导致判决、裁定结果错误的，应当认定为民事诉讼法第二百条第六项规定的原判决、裁定适用法律确有错误……（二）确定民事责任明显违背当事人约定或者法律规定的……"本案中遭受人身损害的赵加桃虽然在交通事故事发时已经超过法定工作年龄，但其提供了雇主张长宏出具以及仪征市月塘镇魏井村村民委员会见证的书面证明，足以证明其在张长宏处工作的事实以及报酬标准。即便是赵加桃提供的证据不足以证明其有固定收入，也不能举证证明其最近三年的平均收入状况的，按照上述司法解释的规定，原审应当参照所在地相同或者相近行业上一年度职工的平均工资计算赵加桃的误工费损失。因此，原审法院对于赵加桃主张的误工费请求全部不予支持，显属适用法律确有错误即确定民事责任明显违背法律规定。

2. 原审法院适用小额诉讼程序审理本案，违反法律规定，剥夺当事人辩论权利。

《中华人民共和国民事诉讼法》第162条规定："基层法院和它派出的法庭审理符合本法第一百五十七条第一款的简单民事案件，标的额为各省、自治区、直辖市上年度就业人员年平均工资百分之三十以下的，实行一审终审。"最高人民法院《关于适用〈中华人民共和国民事诉讼法〉的解释》第275条第4项规定："下列案件，不适用小额诉讼程序审理……（四）需要评估、鉴定或者对诉前评估、鉴定结果有异议的纠纷……"

江苏省高级人民法院《关于适用〈最高人民法院关于审理人身损害赔偿案件适用法律若干问题的解释〉有关费用标准（2014年度）》第2条规定："根据《江苏统计年鉴（2015）》……2014年度江苏省在岗职工年平均工资61783元……"经计算，2014年度江苏省在岗职工年平均工资的百分之三十为18534.9元。而原审标的额在起诉材料中记载为26134元，在原审庭审笔录及判决书中记载为26496元，均超过适用小额诉讼程序的标的额标准。同时，原审法院经赵加桃申请，委托南京正泓司法鉴定所进行了司法鉴定，属于司法解释明确规定不适用小额诉讼程序的情形。因此，原审法律适用小额诉讼程序审理案件，违反了上述法律规定，导致当事人丧失上诉权，剥夺了当事人的辩论权利。

3. 有新的证据足以推翻原审判决。

最高人民法院《关于适用〈中华人民共和国民事诉讼法〉的解释》第388条第1款第3项规定："再审申请人证明其提交的新的证据符合下列情形之一的，可以认定逾期提供证据的理由成立……（三）在原审庭审结束后形成，无法据此另行提起诉讼的。"《中华人民共和国民事诉讼法》第210条规定："人民检察院因履行法律监督职责提出检察建议或者抗诉的需要，可以向当事人或者案外人调查核实有关情况。"

赵加桃在向扬州市中级人民法院申请再审时，提供的张长宏签字的2014年1月至2014年10月做工天数统计表、检察机关向证人张长宏、线宽尚以及当事人赵加桃调查核实的笔录，足以证明赵加桃在张长宏处工作及因误工减少的收入事实，足以推翻原审判决驳回赵加桃主张误工费诉讼请求的部分。

【再审结果】

扬州市中级人民法院受理本案后，指令仪征市人民法院再审。2016年12月14日，仪征市人民法院作出（2016）苏1081民再1号民事判决书。除原审查明事实外，该院再审补充查明，赵加桃受伤前在农村瓦工包工头张长宏所承揽的建筑工地做小工，每天收入人民币90元，每月实际出勤率约23天。该院再审认为，公民的生命健康权受法律保护。本案中，王得春驾驶机动车上道路行驶，对路面情况观察不够，措施不力，未确保安全，其行为违反相关法律规定，负事故的全部责任，应依法承担侵权责任，因王得春系扬州卓然公司员工，其在履行职务中发生本次交通事故，故应由扬州卓然公司依法承担侵权责任。根据相关规定，同时投保交强险与商业三责险的机动车发生交通事故造成损害，当事人同时起诉侵权人和保险公司的，应先由承保交强险的保险公司在责任限额范围内予以赔偿，不足部分，由承保商业三责险的保险公司根据保险合同予以赔偿，仍有不足的，依照相关法律规范由侵权人予以赔偿。对赵加桃要求赔偿的医疗费3536元、营养费1200元、交通费500元、护理费1800元、车辆损失费700元、鉴定费2360元，根据法律规定，结合本案实际情况，确定赔偿医疗费3536元、交通费400元、护理费1800元、营养费600元、车辆损失费700元、鉴定费720元，计7756元。对赵加桃要求赔偿误工费损失的诉讼请求，再审中提供了相关证据，足以证明其误工经济损失的事实，其诉讼请求应予支持，原审对赵加桃要求赔偿误工费的诉讼请求不予支持，属认定事实错误，实体处理不当，应予纠正。结合本案实际情况，对赵加桃误工费认定

12420元（23×90×6）为宜。综上，人保仪征支公司应给付赵加桃赔偿款合计20176元，扬州卓然公司已给付赵加桃3500元，此款可在赵加桃获得赔偿时直接返还给卓然公司。检察机关的抗诉理由成立，法院予以采纳。本案经法院审判委员会讨论决定，依照《中华人民共和国民事诉讼法》第207条、最高人民法院《关于适用〈中华人民共和国民事诉讼法〉的解释》第407条第2款，《中华人民共和国侵权责任法》第16条、第48条，《中华人民共和国道路交通安全法》第76条第1款，最高人民法院《关于审理道路交通事故损害赔偿案件适用法律若干问题的解释》第16条第1款，最高人民法院《关于审理人身损害赔偿案件适用法律若干问题的解释》第17条第1款、第18条、第19条、第20条、第21条、第22条、第23条、第24条之规定，作出判决如下：一、撤销本院（2015）仪马民初字第0324号民事判决；二、原审被告人保仪征支公司于判决生效之日起10日内给付原审原告赵加桃赔偿款20176元；原审原告赵加桃获得赔偿时直接返还给原审被告扬州卓然公司3500元。三、驳回原审原告赵加桃的其他诉讼请求。如不服本判决，可在判决书送达之日起15日内，向本院递交上诉状，并按对方当事人的人数提出副本，上诉于江苏省扬州市中级人民法院，并预交上诉案件受理费200元。

【点评】

本案涉及的法律问题主要有以下几个方面：

一、关于超过退休年龄人员误工费损失认定问题

我国法律规定的劳动者退休年龄为男60周岁、女55周岁，但这只是退休制度，并不是说超过退休年龄的人就自然丧失劳动能力。现实生活中，60岁以上的人被返聘或从事雇工、从事农业生产的情况十分普遍。《老年人权益保护法》第68条规定："国家为老年人参与社会发展创造条件。根据社会需要和可能，鼓励老年人在自愿和量力的情况下，从事下列活动……（五）依法从事经营和生产活动……"第69条规定："老年人参加劳动的合法收入受法律保护。任何单位和个人不得安排老年人从事危害其身心健康的劳动或者危险作业。"也就是说，在自愿、量力的前提下，法律鼓励老年人做一些力所能及的事情，并认可其从中获得的收入。

根据最高人民法院《关于审理人身损害赔偿案件适用法律若干问题的解释》第17条第1款、第20条的规定，因误工减少收入的，应当赔偿误工费。计算误工费的核心依据是"实际减少的收入"，计算标准只与受害者是否耽误工作减少收入有关，跟年龄没有直接关系。对超过退休年龄人员的误工费，有证据证明其未丧失劳动能力，且因损害导致误工、收入减少的，应当予以支持。

本案中，申请人赵加桃在出车祸时虽已70岁，但有证据证明其具有劳动

能力且一直在外打工，以自己的劳动收入作为家庭生活的主要来源，在因车祸治疗和休养期间，其收入必然会减少，理应获得相应的误工赔偿。即便是赵加桃提供的证据不足以证明其有固定收入，也不能举证证明其最近三年的平均收入状况的，按照司法解释的相关规定，也应当参照所在地相同或者相近行业上一年度职工的平均工资计算误工费损失。

二、关于适用小额诉讼程序问题

小额诉讼程序是民事诉讼简易程序中的特别程序，立法目的在于简便、迅速、经济的解决纠纷，然而由于该程序实行一审终审，客观上导致当事人无法行使上诉权利，因此法律法规对小额诉讼程序进行了严格的限制，既规定了适用情形又规定了排除情形。

《民事诉讼法》第162条规定："基层法院和它派出的法庭审理符合本法第一百五十七条第一款的简单民事案件，标的额为各省、自治区、直辖市上年度就业人员年平均工资百分之三十以下的，实行一审终审。"江苏省高级人民法院《关于适用〈最高人民法院关于审理人身损害赔偿案件适用法律若干问题的解释〉有关费用标准（2014年度）》第2条规定："根据《江苏统计年鉴（2015）》……2014年度江苏省在岗职工年平均工资61783元……"对应到本案2014年度江苏省在岗职工年平均工资的百分之三十为18534.9元。同时，最高人民法院《关于适用〈中华人民共和国民事诉讼法〉的解释》第275条第4项规定："下列案件，不适用小额诉讼程序审理：（一）人身关系、财产确权纠纷；（二）涉外民事纠纷；（三）知识产权纠纷；（四）需要评估、鉴定或者对诉前评估、鉴定结果有异议的纠纷；（五）其他不宜适用一审终审的纠纷。"

本案中，原审标的额在起诉材料中记载为26134元，在原审庭审笔录及判决书中记载为26496元，均超过适用小额诉讼程序的标的额标准。同时，原审法院经赵加桃申请，委托南京正泓司法鉴定所进行了司法鉴定，属于司法解释明确规定不适用小额诉讼程序的情形。因此，原审法院适用小额诉讼程序审理案件，违反了上述法律规定，导致当事人丧失上诉权，剥夺了当事人的辩论权利。

三、坚持实体与程序并重，在抗诉的同时开展审判人员违法行为监督、类案监督等多元化监督

检察监督应重视对整个审判程序的监督，以实现对公权力即审判权的监督目的。检察机关在对本案生效裁判进行监督的同时，发现在审理过程中存在遗漏有关程序适用的书面告知、案件受理费用收取违反法律规定等违法情形，为强化程序保障，维护"看得见的正义"，经研究决定对此予以另案监督。本案

在提出抗诉的同时,发出审判程序违法行为监督检察建议1份,建议法院严格小额诉讼程序适用,正确履行程序适用的告知义务,规范案件受理费收取程序,严格依法收取。法院对该检察建议回函采纳,向具体办案的马集法庭通报了检察建议,同时对其他法庭案件受理费收取情形进行了全面检查,监督效果良好。

因接种单位过错给受种者造成损害发生争议时是否具有可诉性
——毛洪洋与唐山市丰润区丰润镇中心卫生院预防接种异常反应纠纷抗诉案

闫园园[*]

【抗诉机关和受诉法院】

抗诉机关：河北省人民检察院

受诉法院：河北省高级人民法院

【基本案情】

申请人（一审原告、二审上诉人）：毛洪洋，女。

法定代理人：毛立新（申请人之父），男。

委托代理人：毛友财（申请人祖父），男。

委托代理人：鲁早明（申请人祖母），女。

其他当事人（一审被告、二审被上诉人）：唐山市丰润区丰润镇中心卫生院（以下简称丰润镇卫生院），住所地丰润区端明北路29号。

法定代表人：刘晓光，院长。

2002年1月29日，是小儿流脑菌苗接种日。当日，毛洪洋的家人接到通知时，发现毛洪洋有些不自在，便到乡医处问诊，经测量体温为37.3℃，乡医便让毛洪洋到丰润镇卫生院处检查一下，看是否能接种。当日下午，毛洪洋的家人带毛洪洋到丰润镇卫生院，毛洪洋的家人向接诊医生李连奎说明情况后，李连奎没有进行任何检查便说："体温不高，快去打针吧！这次不打以后不补，回来再验个血查一下有没有病。"遵医嘱，毛洪洋由家人带到该院的接种室进行了接种。接种后，毛洪洋在家人带领下又到该院门诊李连奎医生处，

---

[*] 作者单位：河北省人民检察院。

由李开具了验血处方。验血报告单出来后,李医生只说血象高,让毛洪洋吃点药观察一下并开具了药方。回家后毛洪洋便开始出现呕吐、发热、抽搐等症状。从2002年2月2日开始,毛洪洋分别到丰润区中医院、唐山市妇幼保健院住院治疗,但对毛洪洋的病因,始终未予确诊。

【原审裁判】

2005年6月9日,毛洪洋将丰润镇卫生院起诉至唐山市丰润区法院,主张造成毛洪洋颅内感染的原因是丰润镇卫生院违规接种所致,请求判令丰润镇卫生院赔付医疗费、后续治疗费、误工费、残疾生活赔付费、残疾用具费,住院期间的护理人误工费、伙食补助费、交通费,精神抚慰费,评残鉴定费、医疗鉴定费等各项损失。

唐山市丰润区人民法院经审理于2006年8月16日作出(2005)丰民初字第1483号民事裁定,认为:"我国对全民实行有计划的预防接种制度,国家对预防接种出现的异常反应有明确的规定和处理办法。原告毛洪洋在被告唐山市丰润区丰润镇中心卫生院接受疫苗接种产生的纠纷,属于预防接种异常反应争议纠纷。根据国家相关规定,此种纠纷应到相关部门申请解决处理。综上,本案不属于人民法院民事案件的受理范围,故依照《中华人民共和国民事诉讼法》第108条第4项、第111条第3项之规定,裁定如下:驳回原告毛洪洋的起诉。"毛洪洋不服一审裁定,上诉至唐山市中级人民法院。

唐山市中级人民法院经审理于2006年10月13日作出(2006)唐民终裁字201号民事裁定书,认为:"我国对全民实行有计划的预防接种制度,国家对预防接种出现的异常反应有明确的规定和处理办法。上诉人毛洪洋在被上诉人唐山市丰润区丰润镇中心卫生院接受疫苗接种产生的纠纷,属于预防接种异常反应争议纠纷。根据国家相关规定,此种纠纷应到相关部门申请解决处理,不属于人民法院民事案件受案范围。原审裁定适用法律正确,上诉人上诉理据不足,本院不予支持。依据《中华人民共和国民事诉讼法》第一百零八条、第一百五十四条之规定,裁定如下:驳回上诉,维持原裁定。"毛洪洋不服二审裁定,向唐山市人民检察院提出申诉,该院于2012年2月28日向唐山市中级人民法院作出唐检民行建(2012)5号再审检察建议书。

唐山市中级人民法院作出(2012)唐民监字第16号函,认为:毛洪洋原审主张造成其颅内感染是由于丰润镇卫生院医生未对其进行检查直接接种所致,而对毛洪洋颅内感染与注射疫苗的因果关系鉴定,唐山市医学会医疗事故技术鉴定工作办公室作出了唐山医鉴2005-086号《关于不予受理医疗事故技术鉴定申请(委托)的决定》,认为该病例涉及预防接种异常反应,不属于医学会鉴定范围。2005年7月26日卫政法发[2005]第299号《卫生部关于预防接种异常反应鉴定有关问题的批复》明确："《疫苗流通和预防接种管理条例》自 2005 年 6 月 1 日起施行，其中第四十五条规定预防接种异常反应的鉴定参照《医疗事故处理条例》执行，具体办法由国务院卫生主管部门会同国务院药品监督管理部门制定。在具体办法出台前，预防接种异常反应的鉴定，仍按照卫生部1980年《预防接种后异常反应和事故的处理试行办法》的规定，在省级卫生行政部门领导和组织下，由各省、自治区、直辖市疾病预防控制中心、有关医疗机构和生物制品生产单位的人员组成预防接种反应诊断小组，对预防接种异常反应争议进行鉴定。"《河北省儿童计划免疫条例》第 13 条规定："县级以上卫生行政部门组织有关人员成立预防接种异常反应诊断小组，负责辖区内计划免疫工作中出现的各种预防接种异常反应的诊断和处理，并出具诊断证明，其他单位和个人出具的诊断证明一律无效。"因此，原审认定毛洪洋与唐山市丰润区丰润镇中心卫生院的纠纷应到相关部门申请解决处理，不属于法院受理范围并无不当，故本院对本案不予立案再审。

【抗诉理由】

唐山市中级人民法院回函作出后，唐山市人民检察院经审查认为唐山市中级人民法院的答复理由不成立，启动跟进监督程序，提请河北省人民检察院抗诉。河北省人民检察院审查后，于 2013 年 2 月作出冀检民行抗（2013）号民事抗诉书向河北省高级人民法院提出抗诉。抗诉理由如下：

1. 两审法院未对本案进行实体审理即认定毛洪洋在丰润镇卫生院接受疫苗接种产生的纠纷属于预防接种异常反应争议纠纷，属于认定基本事实缺乏证据证明。

《疫苗流通和预防接种管理条例》第 40 条规定："预防接种异常反应是，指合格的疫苗在实施规范接种过程中或者实施规范接种后造成受种者机体组织器官、功能损害，相关各方均无过错的药品不良反应。"第 41 条第 3 项规定："下列情形不属于预防接种异常反应：（三）因接种单位违反预防接种工作规范、免疫程序、疫苗使用指导原则、接种方案给受种者造成的损害。"根据上述规定，预防接种异常反应指合格疫苗在实施规范接种过程中或接种后出现不良反应的情况，因接受疫苗接种产生不良反应不一定都属于预防接种异常反应，其中，因接种单位违反接种工作规范、免疫程序等给受种者造成的损害就不属于预防接种异常反应。本案中毛洪洋主张丰润镇卫生院医生违规接种导致其颅内感染，认为卫生院存在医疗侵权行为，关于本案纠纷是否属于预防接种异常反应纠纷存在争议。因此，一、二审法院仅以毛洪洋在丰润镇卫生院接受疫苗接种产生纠纷为由，认定该纠纷属于预防接种异常反应争议纠纷，缺乏证据证明。

2. 两审法院以"本案纠纷应到相关部门申请解决处理,本案不属于人民法院民事案件的受理范围"为由,裁定驳回毛洪洋的起诉,缺乏法律依据。

本案中毛洪洋主张造成其颅内感染是由于丰润镇卫生院医生未对其进行检查直接接种所致,认为丰润镇卫生院存在医疗侵权行为。最高人民法院《关于审理人身损害赔偿案件适用法律若干问题的解释》第1条规定:"因生命、健康、身体遭受侵害,赔偿权利人起诉请求赔偿义务人赔偿财产损失和精神损害的,人民法院应予受理。"唐山市医学会医疗事故技术鉴定办公室作出的唐山医鉴2005-086号《关于不予受理医疗事故技术鉴定申请(委托)的决定》认为,本案病例涉及预防接种异常反应,不属于医学会鉴定范围。该决定虽然将本案病例排除在医学会鉴定范围之外,但该决定并非提起诉讼的前置程序,不能排除人民法院对本案的管辖。因此,两审法院以"本案纠纷应到相关部门申请解决处理,本案不属于人民法院民事案件的受理范围"为由,裁定驳回毛洪洋的起诉,缺乏法律依据。

【再审结果】

河北省高级人民法院受理抗诉后,指令唐山市中级人民法院再审此案。2013年12月至2015年12月,唐山市中级人民法院两次裁定撤销原判决,指令唐山市丰润区法院审理。唐山市丰润区法院均驳回毛洪洋的起诉。毛洪洋不服,向唐山市中级人民法院提起上诉。2016年7月14日,唐山市中级人民法院作出终审判决。该院审理认为。

公民的身体健康受法律保护,毛洪洋在卫生院接种小儿流脑疫苗时伴有低烧情况的事实存在,《河北省儿童预防接种手册》第8页免疫接种知识问答第三条明确写明"正在发烧、腹泻、抽风的不宜接种,应积极治疗,然后补种",卫生院在毛洪洋发烧中还给其注射疫苗,未尽到审查义务存在一定过错。不过,注射疫苗时毛洪洋本身已患有疾病,对损害后果的发生应承担主要责任,卫生院的民事责任以赔偿总损失数额的25%为宜。该院查明,毛洪洋接种疫苗后造成的合理经济损失共计181.6万元,其25%为45.4万元。毛洪洋如今的损害后果给自身及其家人造成了巨大的精神伤害,故酌定由卫生院给付毛洪洋精神抚慰金3万元。

目前,丰润镇卫生院已向毛洪洋支付48万元赔偿。

【点评】

本案中,法院认为本案属于预防接种异常反应纠纷而不予受理,毛洪洋认为本案属于医疗侵权纠纷应予受理,本案案由存在争议,焦点问题是本案是否属于人民法院民事案件的受理范围。

首先要解决的是本案是否属于预防接种异常反应纠纷的问题。《疫苗流通和预防接种管理条例》第 40 条规定："预防接种异常反应是，指合格的疫苗在实施规范接种过程中或者实施规范接种后造成受种者机体组织器官、功能损害，相关各方均无过错的药品不良反应。"第 41 条第 3 项规定："下列情形不属于预防接种异常反应：（三）因接种单位违反预防接种工作规范、免疫程序、疫苗使用指导原则、接种方案给受种者造成的损害。"根据上述规定，预防接种异常反应指合格疫苗在实施规范接种过程中或接种后出现不良反应，相关各方均无过错的情况。因接种单位违反接种工作规范、免疫程序等给受种者造成的损害不属于预防接种异常反应。本案中丰润镇卫生院在毛洪洋发烧中还给其注射疫苗，存在一定过错。一、二审法院仅以毛洪洋在丰润镇卫生院接受疫苗接种产生纠纷为由，认定该纠纷属于预防接种异常反应争议纠纷，缺乏证据证明。

　　那么如果本案不属于预防接种异常反应争议纠纷，法院是否应当受理本案呢？最高人民法院《关于审理人身损害赔偿案件适用法律若干问题的解释》第 1 条规定："因生命、健康、身体遭受侵害，赔偿权利人起诉请求赔偿义务人赔偿财产损失和精神损害的，人民法院应予受理。"根据上述规定，毛洪洋主张丰润镇卫生院医生违规接种导致其颅内感染，认为卫生院存在医疗侵权行为，法院应当受理本案。两审法院以"本案纠纷应到相关部门申请解决处理，本案不属于人民法院民事案件的受理范围"为由，裁定驳回毛洪洋的起诉，缺乏法律依据。再审法院采纳了检察机关的上述观点，依法受理本案并进行了改判。

如何把握医疗机构的过错推定责任问题

——王九兴、吴选荣诉郑州大学第一附属医院医疗损害责任纠纷抗诉案

周清水 谢 琨*

【抗诉机关和受诉法院】

抗诉机关：河南省郑州市人民检察院

受诉法院：河南省郑州市中级人民法院

【基本案情】

申请人（原审原告）：王九兴，男。

申请人（原审原告）：吴选荣，女。

其他当事人（原审被告）：郑州大学第一附属医院。

法定代表人：阚全程，院长。

王九兴、吴选荣与死者王永军系父子、母子关系。2004年12月15日，王永军因病到郑州大学第一附属医院（以下简称郑大一附院）处住院治疗。经诊断，王永军患尿毒症，2004年12月27日出院，实际住院12天，共花费医疗费54413.78元。王永军于2004年12月27日病逝。王九兴、吴选荣认为，医院在为其儿子王永军治疗过程中，存在过错，导致其儿子王永军肾破裂死亡，王九兴、吴选荣为维护自身利益，起诉至二七法院，请求判处郑大一附院赔偿各项经济损失399821.29元，返还押金2000元。本案审理过程中，王九兴、吴选荣申请对郑大一附院为王永军移植的供肾体是否合格、是否合法，以及医疗行为是否存在过错及过错程度进行司法鉴定。在鉴定过程中，王九兴、吴选荣要求郑大一附院提供肾体来源及相关材料，否则，不同意选择鉴定机构，而郑大一附院以涉密为由认为没有必要提供上述材料。该鉴定被二七法

---

* 作者单位：河南省郑州市二七区人民检察院。

院司法技术科退回。

2007年3月7日，郑州市医学会关于郑大一附院对王永军的医疗行为是否构成医疗事故出具以下分析意见：院方术前及术后处理符合该专业的诊疗常规，术后发生加速性排斥反应，是器官移植手术可能发生的并发症，院方采取了相应的治疗措施，符合目前我国器官移植现状，院方无违规情况。郑大一附院病历书写不规范，患者发生病情变化时病历中未及时记录，且手术记录欠详细，院方未执行三级医师查房制度。郑州市医学会关于郑大一附院对王永军的医疗行为是否构成医疗事故的结论为：本病例不构成医疗事故。

2007年12月11日，郑州市医学会关于郑大一附院对王永军的医疗行为是否构成医疗事故再次鉴定，分析意见及结论与第一次相同。2009年8月20日，郑州华美法医临床司法鉴定所对郑大一附院对王永军的医疗行为是否存在过错及过错程度出具鉴定意见书，鉴定意见为：院方对王永军诊断明确，行"同种异体肾移植术"有手术指征，术前准备符合医疗常规；术后8天重症监护，改为一级护理，不违反医疗护理常规；院方对王永军术后并发症的抢救措施符合医疗常规；院方存在的过失行为：病历书写不规范，未严格执行三级医师查房制度。王永军肾移植术后出现排斥反应致肾破裂，二次术后继发DIC，属可预见不可防范的并发症，抢救治疗无效死亡，与院方过失行为无因果关系，与王永军疾病发展有关。

王九兴、吴选荣有两个儿子，长子王永军（已去世），次子王永胜，生于1982年8月1日。王九兴为一级残疾。

【原审裁判】

郑州市二七区人民法院于2013年2月20日作出（2012）二七民一初字第262号民事判决。该院认为，医护人员在诊疗过程中具有高度的注意义务。本案中，三次司法鉴定机构的鉴定意见均认为郑大一附院在对王永军的诊疗过程中存在未严格执行三级医师查房制度的情形，故郑大一附院的医护人员在诊疗过程中未对患者王永军尽到高度的注意义务，故郑大一附院对王永军的死亡应承担相应的赔偿责任。

结合王永军的病情、鉴定意见、郑大一附院的治疗情况及存在医疗过失的情况，酌定郑大一附院承担10%的赔偿责任。对王九兴、吴选荣的诉讼计算如下：医疗费54413.78元×10%＝5441.4元；护理费22438元÷365天×12天×10%＝73.8元；住院伙食补助费30元/天×12天×10%＝36元；丧葬费30303元/年÷2×10%＝1515.1元；死亡赔偿金18194.8元/年×10%×20年＝36389.6元；王九兴未满60周岁，但为一级伤残，吴选荣已满55周岁，二原告被扶养人生活费为4319.95元/年×10%×20年×2人÷2人＝8639.9

元；交通费酌定为800元×10%=80元；精神损害抚慰金酌定为7000元。综上，王九兴、吴选荣的各项经济损失总计为59175.8元。王九兴、吴选荣要求误工费648.03元、鉴定费3000元，无相应的事实及法律依据，本院不予支持。王九兴、吴选荣要求住院押金2000元，但未提供相应证据予以证明，本院不予支持。遂判决：郑州大学第一附属医院于本判决生效之日起10日内赔偿王九兴、吴选荣医疗费5441.4元、护理费73.8元、住院伙食补助费36元、丧葬费1515.1元、死亡赔偿金45029.5元（含被扶养人生活费）、交通费80元、精神损害抚慰金7000元，共计59175.8元。逾期履行，加倍支付迟延履行期间的债务利息。驳回王九兴、吴选荣的其他诉讼请求。案件受理费7297元，王九兴、吴选荣负担6202元，郑州大学第一附属医院负担1195元。

王九兴、吴选荣不服一审生效判决，以要求改判郑大一附院承担本案的全部责任为由向郑州市中级人民法院申请再审，郑州市中级人民法院于2013年10月11日作出（2013）郑民申字第539号民事裁定，该院认为，医护人员在诊疗过程中具有高度的注意义务。本案中，三次司法鉴定机构的鉴定意见均认为郑大一附院在对王永军的诊疗过程中存在未严格执行三级医师查房制度的情形，故郑大一附院的医护人员在诊疗过程中未对患者王永军尽到高度的注意义务，故郑大一附院对王永军的死亡应承担相应的赔偿责任，结合王永军的病情、司法鉴定、郑大一附院的治疗情况及存在医疗过失的情况，酌定郑大一附院承担10%的赔偿责任并无不当，申请人称被申请人应当承担全部赔偿责任及全部经济损失，没有法律依据，本院不予支持。综上，再审申请人的申请不符合《中华人民共和国民事诉讼法》第200条规定的情形，依照《中华人民共和国民事诉讼法》第204条第1款之规定，裁定驳回王九兴、吴选荣的再审申请。

【抗诉理由】

王九兴、吴选荣向检察机关申请监督。

郑州市人民检察院于2015年5月26日作出郑检民（行）监（2015）41010000102号民事抗诉书，向郑州市中级人民法院提出抗诉。理由如下：

1. 对审理案件需要的主要证据，当事人因客观原因不能自行收集，书面申请人民法院调查收集，人民法院未调查收集。在本案的审理过程中，王九兴、吴选荣向二七法院申请鉴定，申请对郑大一附院为王永军移植的供体肾是否合格，取供体肾的程序和来源是否合法，以及医疗行为是否存在过错及因果关系和过错程度进行司法鉴定，合议庭同意王九兴、吴选荣鉴定申请后，将鉴定材料移交二七法院司法技术科，因郑大一附院没有提交供体肾的来源及相关材料，二七法院司法技术科将鉴定材料退回合议庭。本案在郑大一附院拒绝提供相关鉴定材料后，二七法院没有对该材料进行调取，从而根据当事人的申请作出鉴定，以证明供体肾的来源是否存在问题。

2. 原判决适用法律确有错误。根据《中华人民共和国侵权责任法》第58条第2项的规定，患者有损害，医疗机构隐匿或者拒绝提供与纠纷有关的病历资料的，应推定医疗机构有过错。在郑大一附院拒绝提供相关鉴定材料后，二七法院没有依法推定郑大一附院存在过错对本案进行了判决。

【再审结果】

郑州市中级人民法院受理本案后，于2015年8月17日作出（2015）郑民抗字第12号民事裁定书，指令郑州市二七区人民法院再审。2015年12月23日，郑州市二七区人民法院作出（2015）二七民再字第11号民事判决书，认为《中华人民共和国侵权责任法》第6条规定："行为人因过错侵害他人民事权益，应承担侵权责任。根据法律规定推定行为人有过错，行为人不能证明自己没有过错的，应当承担侵权责任。"第58条第2项的规定，患者有损害，医疗机构隐匿或者拒绝提供与纠纷有关的病历资料的，应推定医疗机构有过错。郑大一附院在原审及再审程序中均拒绝提供供体肾的相关资料，应推定其有过错。郑大一附院辩称不提供材料是依据器官移植方面的国际惯例。器官捐赠方面的国际惯例，一般采用双盲原则，即捐献方和接收方双方信息都要保密。此原则是指医院对双方相互信息的保密，在司法鉴定中提交给鉴定机构并不违反此项原则，故郑大一附院的辩解理由不成立，不予采纳。

关于郑大一附院的过错程度问题。从历次鉴定意见可以反映，郑大一附院存在病例书写不规范，患者发生病情变化时病例中未及时记录，且手术记录欠详细，院方未执行三级医师查房制度。院方未对患者王永军尽到高度的注意义务。对于王九兴、吴选荣的损失，结合王永军病情（肾移植术本身存在高度危险）、鉴定意见、郑大一附院的治疗情况，酌定郑大一附院承担50%的赔偿责任。原审认定事实清楚，适用法律部分错误，实体处理不当，应予纠正。遂判决：一、撤销郑州市二七区人民法院（2012）二七民一初字第262号民事判决；二、郑大一附院于本判决生效之日起十日内赔偿王九兴、吴选荣290898.91元扣除59175.8元后的各项损失231723.11元；三、驳回王九兴、吴选荣的其他诉讼请求。

【点评】

本案中再审法院判决医院承担50%的过错责任，涉及了对我国民事法律中过错推定原则的理解与适用。同时，本案的申请人王九兴作为一名农民、拄着双拐的残疾人，从2004年儿子死亡后就走上了长达11年的诉讼与信访之路，直至检察机关对本案抗诉成功，王九兴一家才重拾对司法机关维护社会公正的信心。因此，本案的成功办理还涉及对弱势群体的保护问题。

一、关于过错推定原则的理解与适用

我国《侵权责任法》第6条第2款规定："根据法律规定推定行为人有过错，行为人不能证明自己没有过错的，应承担侵权责任。"根据该条规定，过错推定原则，是指在法律有特别规定的场合，仅从已经出现的损害事实本身推定一方存在有过错，并据此推定造成他人损害的行为人赔偿责任的归责原则。当然，适用过错推定原则并非只要出现损害事实就应认定一方行为人存在过错，从而承担相应的过错赔偿责任。而是说在过错责任方面，采用了举证责任倒置的处理方式。一般过错责任采取的是"谁主张、谁举证"的证明方式，但在特殊情况下，如果继续采用传统的举证方式，由于受害人处于举证不利的地位，当事人双方的诉讼能力必然向一边倾斜，从而损害法律的实体正义。过错推定原则的特殊性就在于采用了举证责任倒置的证明方式，如果行为人未能有效证明其没有过错，则人民法院将认定其具有过错，并据此确立其承担一定的赔偿责任。如果行为人能够证明自己没有过错或过错程度很小，则可能免除或减少行为人的赔偿责任。由此可以看出，过错推定原则免除了受害人证明行为人有过错的繁重责任，从而平衡了双方的诉讼能力，有助于实现法律实质正义。

根据我国《侵权责任法》的规定，过错推定原则主要适用于以下8个方面：（1）无民事行为能力在教育机构受侵害时，教育机构的过错推定责任；（2）医疗机构的过错推定责任；（3）非法占有高度危险物中所有人、管理人的过错推定责任；（4）动物园饲养的动物侵权的过错推定责任；（5）建筑物、构筑物或者其他设施脱落、坠落造成他人损害的过错推定责任；（6）堆放物倒塌侵权的过错推定责任；（7）林木折断侵权的过错推定责任；（8）地面施工、地下设施侵权的过错推定责任。

本案的办理即涉及对医疗机构的过错推定责任。在我国《侵权行为法》第七章专门规定了医疗损害责任。一般情况下，医疗损害责任实行的仍然是过错责任。但是，因为医疗侵权具有较强的技术性和专业性。在医疗损害赔偿案件中，一些相关病历材料掌握在医疗机构手中，加上受害人对医学知识的匮乏，让受害人举证证明医疗机构在诊疗过程中的过错行为实在是强人所难。在这种情况之下，如果仍然适用一般过错责任原则，必然使受害人处于十分不利地位。因此，《侵权责任法》规定了医疗损害责任在特殊情况下的过错推定责任原则，只要受害人能证明损害事实的存在，损害事实与医疗机构的行为有因果关系，如果医疗单位不能证明其无过错，则推定医疗机构存在过错。

我国《侵权责任法》第58条规定："患者有损害，因下列情形之一的，推定医疗机构有过错：违反法律、行政法规、规章以及其他有关诊疗规范的规定；隐匿或者拒绝提供与纠纷有关的病历资料；伪造、篡改或者销毁病历背资料。"本案中，关于王九兴儿子王永军的死亡原因与供体肾来源是否合格存在一定因果关系，供体肾来源材料属于医院掌控，因此，王九兴、吴选荣申请法院调取相关材料进行鉴定。医院根据国务院出台的《人体器官移植条例》第23条的规定（即从事人体器官移植的医务人员应当对人体器官捐献人、接受人和申请人体器官移植手术的患者的个人资料保密。）以需要保密为由，拒绝向法庭提供相关材料。但是，这种保密是指医院对捐献人、接受人和申请人相互信息的保密，在司法鉴定中提交给鉴定机构并不违反保密原则。因此，医院以保密为由拒绝提供供体肾来源材料的行为，直接导致再审法院适用过错推定原则推定医院在诊疗过程中导致王永军死亡存在过错，并承担50%的赔偿责任符合《侵权行为法》中规定的过错推定原则。

二、关于对弱势群体的保护问题

依法保护弱势群体的合法权益是维护社会和谐稳定的重要内容，也是司法机关在服务和谐社会建设中必须面对和完成的紧迫课题。检察机关作为我国法律监督机关，正确行使职权、维护弱势群体合法权益正是职责所在。

本案当事人王九兴、吴选荣系夫妻关系，王九兴63岁，一级残疾，行走依靠双拐，吴选荣66岁，常年有病，身体虚弱。两人为给儿子治病，已经债台高筑。儿子王永军在医院换肾死亡后。王九兴开始走上了长达11年的诉讼之路。本案系典型的弱势群体维权案件。办理弱势群体案件，必须注重监督实效，保证案件切实得到公正处理；必须注重社会效果，将促进矛盾化解贯穿于办案始终，切实维护社会和谐稳定。

一是措施得力，注重监督实效。近几年来，随着法治体系的不断健全和法律监督力度的逐步加强，检察机关民行检察监督工作取得了较大的发展，但是由于受立法较为原则等多方面因素的综合影响，审判机关对检察机关提出的监督建议采纳率一直较低，这就必然会制约着检察机关监督职能的充分发挥。本案受理后，二七区检察院认真审查了本案，认为原审判决存在错误，向二七区法院提出再审检察建议，但未被采纳。二七区检察院及时采取跟进监督的方式，提请郑州市检察院抗诉。郑州市检察院经审查，向郑州市中级人民法院提出抗诉，监督纠正了确有错误的原审判决，增强了监督实效。

二是注重社会效果，将矛盾化解贯彻办案始终。对于这类涉及弱势群体案件，检察机关不能就案办案，必须高度重视案件的社会效果。为使申请人对国家、法律、司法重拾信心，防止出现过激行为，检察机关将释法说理贯彻办案始终，将普法与办案结合，说理与心理疏导并重，赢得了申请人的信赖。案件再审改判申请人拿到执行款后，专门到检察机关送锦旗和感谢信，表示感谢。检察机关对本案的成功办理，解决了申请人长期信访得不到解决的问题，有效维护了社会的和谐稳定。

检察建议及其他

检察机关如何对财产保全程序中"审、执"违法行为进行监督

——国骅融资租赁有限公司与宁波市科技园区华通网络技术有限公司等借贷纠纷检察建议案

汪培伟*

【监督机关和受理法院】

监督机关：浙江省宁波市人民检察院

受理法院：浙江省宁波市市鄞州区人民法院、浙江省象山县人民法院

【基本案情】

申请人：国骅融资租赁有限公司。

其他当事人：宁波市科技园区华通网络技术有限公司。

其他当事人：周法世、吴桂莲、周雷华。

国骅融资租赁有限公司认为浙江省象山县人民法院在执行（2013）甬象执委字第62号申请执行人宁波市科技园区华通网络技术有限公司与被执行人周世法、吴桂莲、周雷华民间借贷纠纷一案中玩忽职守、滥用执行权，损害其合法利益，向宁波市人民检察院申请监督。经审查，宁波市人民检察院发现本案系宁波市鄞州区人民法院与浙江省象山县人民法院之间在财产保全委托执行方面存在违法情形。

1. 宁波市鄞州区人民法院审判、保全、执行情况

2013年8月13日，国骅融资租赁有限公司向宁波市鄞州区人民法院（以下简称鄞州法院）提起诉讼，要求宁波市立德现代控股集团公司归还借款100余万元，宁波市科技园区华通网络技术公司（以下简称华通公司）、吴德云等承担连带责任。2013年8月15日，国骅融资租赁有限公司向鄞州法院提出财

---

* 作者单位：浙江省宁波市人民检察院。

产保全申请,并提供了华通公司对周法世、吴桂莲、周雷华享有300万元到期债权的财产线索。同日,鄞州法院作出了(2013)甬鄞商初字第826-1号民事裁定,裁定冻结华通公司、吴德云银行存款1064066元或查封其同等价值的财产。2013年8月22日,鄞州法院依法查封了吴德云名下位于宁波市高塘路的一处房产(该房产已抵押其他债权人),并未对华通公司所有的财产采取查封冻结措施。2013年10月15日,鄞州法院向象山法院执行局致委托函,称该院在审理的原告宁波国骅融资租赁有限公司与被告华通公司等企业借贷纠纷一案,国骅公司提出了继续财产保全的申请,对华通公司名下1064066元范围内实施保全措施,该院依法作出了(2013)甬鄞商初字第826-1号民事裁定书,因协助办理冻结执行款在象山法院执行局,为降低诉讼成本和节约有限的司法资源,特委托象山法院执行局办理冻结手续。同日,鄞州法院作出(2013)甬鄞商初字第826号民事判决,判决被告宁波市立德现代控股集团公司归还借款100万元,并支付相应违约金、利息,华通公司、吴德云等承担连带责任。吴德云不服上诉至宁波市中级人民法院。2014年2月19日,宁波市中级人民法院判决驳回上诉,维持原判。

2014年4月3日,国骅融资租赁有限公司向鄞州法院申请强制执行,鄞州法院同日(2014)甬鄞执民字第1562号立案执行。2014年9月22日,鄞州法院作出(2014)甬鄞执民字第1562-2号民事裁定,以华通公司、吴德云等暂无财产可供执行为由,裁定(2014)甬鄞执民字第1562号终结执行,国骅融资租赁有限公司向本院申请执行监督时未能执行到相应执行款。

2. 象山县人民法院执行情况

华通公司与被执行人周世法、吴桂莲、周雷华民间借贷纠纷一案,鄞州法院于2013年7月24日立案执行,案号为(2013)甬鄞执民字第2204号。2013年8月14日,鄞州法院将该案委托浙江省象山县人民法院(以下简称象山法院)执行。2013年8月29日,象山法院以(2013)甬象执委字第62号接受委托并立案执行,即为本案。同日,华通公司向象山法院出具授权委托书,授权黄忠灵为合法执行代理人,代理权限范围:提出和解,接受法院调解,放弃或变更执行请求,代为领取执行款项等一切与执行活动有关事宜。

2013年12月2日,华通公司与案外人黄忠灵达成债权转让协议,华通公司将本案中对周世法、吴桂莲、周雷华的300万债权转让给黄忠灵,转让价值为200万元到250万元之间。

2013年12月18日,华通公司与被执行人周世法、吴桂莲、周雷华等达成执行和解协议,同意被执行人一次性支付250万元,支付时间限于2014年1月20日前,并指定将250万元执行款汇入吕运来账户,并由周爱珍承担付款保证，完成付款后由华通公司指定收款人出具收条，协议一式五份，送象山法院执行局一份。后该和解协议并未实际履行。

2014年2月10日，华通公司再次与被执行人周世法等达成执行和解协议，由被执行人周世法等共计支付华通公司人民币238万元（包括诉讼费、执行费），2014年3月15日前付清，如未按时付清则按民事判决规定以执行款300万元及利息计算，全额一次性执行，申请执行人方由黄忠灵签名按捺手印。同日，象山法院以执行和解结案。

2014年5月12日，周法世向黄忠灵支付执行款238万元执行款。

2014年6月10日，象山法院向华通公司出具结案证明，称在本执行案件中，被执行人应支付人民币300万元及利息，经人民法院执行，已收到所有执行款项，现本案执行完毕，准予结案。

【监督意见】

经过调查核实，宁波市人民检察院认为，本案中存在的关键问题是涉案法院未能对国骅融资租赁有限公司提供的财产线索依法及时有效地进行财产保全，导致拟被保全财产被转让，致使国骅融资租赁有限公司在执行阶段无法顺利获得相应的执行款，其合法利益受到了侵害。

最高人民法院《关于委托执行若干问题的规定》第2条规定："委托异地法院协助查询、冻结、查封、调查或者送达法律文书等有关事项的，受托法院不作为委托执行案件立案办理，但应当积极予以协助。"本案中，象山法院在收到鄞州法院协助办理冻结华通公司在其所办理本执行案件中可得执行款1064066元的委托手续后，执行员赵某依法本应积极协助办理冻结事项，直接冻结华通公司在该执行案件中可得执行款中的1064066元，或者在华通公司与黄忠灵达成债权转让协议并与被执行人周法世等人达成和解协议的情况下要求周法世将其中1064066元暂缓支付或者由法院提存，亦或者及时将该情况告知鄞州法院，以便鄞州法院对该到期债权及时采取相应保全措施，然而，赵某并未履行积极协助的职责，未采取任何措施，直接以和解执行结案，其行为显然违反了上述规定。也正是这种"事不关己高高挂起"不负责任的态度，致使应当被保全的财产被转让，直接造成了国骅融资租赁有限公司本应顺利执行到位的执行款100余万元落空。

尽管国骅融资租赁有限公司申请监督事项中并未提及鄞州法院及其办案人员涉嫌违法，但鄞州法院作为涉案诉讼保全裁定的当事法院，同时也是涉案委托事项中的委托法院，其对未及时采取财产保全措施有不可推卸的责任。

1. 未依法履行诉讼保全职责致使保全裁定落空，对国骅融资租赁有限公司合法权益造成"第一次"侵害。浙江省高级人民法院《关于加强立案、审判与执行协调工作的意见（试行）》第 4 条的规定："诉讼当事人提出财产保全申请符合法定条件的，审判人员应当依法及时采取保全措施，为案件的顺利执行创造条件。"《鄞州区人民法院关于财产保全的有关规定》第 2 条规定："诉讼中财产保全、省外保全案件由各审判业务庭负责"；第 10 条规定："……裁定采取保全措施的，应当立即开始执行"；第 21 条规定："采取保全措施后，承办人应当及时告知申请人实施财产保全的实际结果……"本案中，（2013）甬鄞商初字第 826 号国骅融资租赁有限公司诉华通公司、吴德云等企业借贷纠纷一案的审判法官郑某依法作出了（2013）甬鄞商初字第 826－1 号保全民事裁定书，移交该院执行局采取保全措施，执行局执行员章某某于 2013 年 10 月 15 日办理了委托象山法院协助办理保全的相关手续。由于财产保全事项系（2013）甬鄞商初字第 826 民事案件诉讼程序组成部分，依照上述财产保全相关规定该案审判法官郑某、执行员章某某对财产保全均负有相应职责，但二人对保全事项"一移了之""一委了之"，在象山法院长时间未能反馈保全进展的情况下，并未对财产保全结果进行关注和跟进，更未告知申请人实施保全的实际结果，致使财产保全在本案中失去了其应有价值，其行为显然具有违法性。

2. 未严格依照执行程序相关规定，对申请人合法权益造成"二次"侵害。最高人民法院《关于人民法院办理执行案件若干期限的规定》第 6 条规定："申请执行人提供了明确、具体的财产状况或财产线索的，承办人应当在申请执行人提供财产状况或财产线索后 5 日内进行查证、核实。情况紧急的，应当立即予以核查。"本案中，国骅融资租赁有限公司向鄞州法院申请对华通公司等申请强制执行以及鄞州法院执行立案时间是 2014 年 4 月 3 日，且明确提供了华通公司在（2013）甬鄞商初字第 1075 号民事判决中对周法世等享有 300 万元（涉案保全标的）的财产线索，而周法世等向黄忠灵支付 238 万元执行款的时间是 2014 年 5 月 12 日，也就是说如果鄞州法院能够在国骅融资租赁有限公司提供该线索 5 日内进行查证、核实并采取执行措施，完全可以避免华通公司对周法世享有的 300 万元债权被转让的结果，以弥补该院不依法履行财产保全造成的后果。然而，根据鄞州法院（2014）甬鄞执民字第 1562 号执行卷宗，鄞州法院执行法官庞某某（已辞职）并未进行该项工作，导致对国骅融资租赁有限公司合法权益的"二次"侵害。

综合对象山法院执行活动与鄞州法院审判、执行活动进行系统调查核实，该院认为象山县人民法院、鄞州区人民法院在涉案诉讼保全中均存在违法行为，根据《人民检察院民事诉讼监督规则（试行）》第 12 条、第 13 条的规定，分别交由象山县人民检察院、鄞州区人民检察院向象山县人民法院、鄞州区人民法院发出检察建议。2016年7月5日,象山县人民检察院向象山法院发出象检民(行)执监(2016)33022500001号检察建议书,建议:(1)依据《人民法院工作人员处分条例》第83条之规定对执行员赵某进行处分;(2)积极与鄞州法院进行沟通,依法采取措施保障国骅融资租赁有限公司的合法权益。2016年7月4日,鄞州区人民检察院向鄞州法院发出甬鄞检民(行)执监(2016)33021201003号检察建议书,建议鄞州法院对涉案相关办案人员问责,采取措施保障国骅融资租赁有限公司合法权益,加强审判执行工作管理等。

【监督结果】

2016年8月4日,象山法院作出关于对赵某问责的决定:责令其作出检查、调整工作岗位、扣除年度岗位目标考核奖50%,并对所在部门负责人和分管领导按赵某扣款的20%和10%扣除年度岗位目标考核奖。2016年8月16,鄞州法院作出《关于在办理原告宁波国骅融资租赁有限公司与被告宁波市科技园区华通网络技术有限公司等企业借贷纠纷一案中存在问题的通报》,并复函鄞州区人民检察院,经该院党组研究决定,对章某某、郑某两名法官予以通报批评,并责成作出深刻书面检查。全体干警要认真吸取教训,引以为戒。严格按照办案的各项程序制度,做好审判执行工作。各部门负责应加强管理,发现问题及时整改,着力提高审判质效水平,杜绝审判执行工作相关部门在工作配合过程中出现脱节。此外,安排其他执行人员对该案进行恢复执行,加大执行力度。

【点评】

财产保全是诉讼程序的重要组成部分,是否能够及时有效采取保全措施直接关系到权利人的合法利益能否顺利实现。由于财产保全工作涉及到人民法院审判、执行两个部门,财产保全工作脱节成为了司法实践中较为典型的程序违法行为。此外,本案中还涉及到委托执行,《民事诉讼法》规定委托执行,最高人民法院也出台了相关司法解释规范委托执行工作,其目的是为了降低执行成本,提高执行效力。但司法实践操作过程中,委托执行实施效果并不好,成了执行工作中的"顽疾",本案所涉相关法院办案人员违法行为即是典型的例证。

本案中,法院违法情形主要体现在以下几个方面:一是审判、执行部门工作脱节。根据浙江省高级人民法院、鄞州法院相关规定,诉讼中的财产保全由审判部门负责,因此,审判部门不仅要作出保全裁定,同时要掌握财产保全结果同时将保全结果反馈给申请人。本案中,鄞州法院审判部门作出财产保全裁定并移交执行部门采取保全措施后,并未关注财产保全进程,不了解财产保全最终结果，当然亦未反馈给申请人，显然属于违法行为。二是委托执行过程中委托法院、受托法院衔接易出现空白地带。按照最高人民法院关于委托执行的司法解释，委托执行分为全案委托与事项委托两种。全案委托即委托法院将案件整体移交受托法院执行，受托法院立案执行，即执行权的委托。事项委托，即执行中的查询、冻结、查封等事项委托，受托法院不立案执行。本案中，所涉财产保全委托执行系事项委托，也就是说财产保全的工作主体仍是鄞州法院，其责任主体并未因事项委托而转移到象山法院，象山法院在这一事项中负有的是积极协助的义务。因此，鄞州法院"一移了之""一委了之"，象山法院"事不关己高高挂起"，最终导致被保全财产转移，这种委托执行中不负责任的态度，显属违法。三是忽视了财产保全及时性的要求。从各级法院关于财产保全的规定来看，均要求符合财产保全裁定的，应当法及时采取保全措施，为案件的顺利执行创造条件。本案中，从鄞州法院委托象山法院执行局办理冻结手续到238万元执行款被支付历经近6个月的时间。司法实践中，尽管存在案多人少的实际情况，但在6个月的时间没有采取保全措施，显然不符合财产保全及时性的要求。

一起检察监督案件，两家法院三名审判、执行人员受到相应的处分，凸显了检察机关对审判人员违法行为进行监督的积极作用。作为新类型的民行监督，本案办理过程中一方面注重提高民行干警思想认识，打破不愿、不敢、不会的畏难情绪，在民行干警中树立起敢于监督善于监督的理念；另一方面探索新的工作机制，完善一体化办案模式，充分利用上级检察机关沟通优势、业务优势、人才优势，形成对基层法院的监督威慑，保障案件成功办理。本案的办理不仅有效维护了当事人的合法权益，而且有力地促进法院进一步规范审判执行工作。

执行部门对执行依据判项不明确的不宜径行解释

——刘天增与河南国基建设集团辽宁有限公司、河南国基建设集团有限公司、李逢生、刘亚楠建设工程施工合同纠纷执行检察建议案

郑 宏 温 婧[*]

【监督机关和受理法院】

监督机关：辽宁省沈阳市大东区人民检察院

受理法院：辽宁省沈阳市大东区人民法院

【基本案情】

申请人（一审原告、二审被上诉人、申请执行人）：刘天增，男。

其他当事人（一审被告、二审上诉人、被执行人）：河南国基建设集团辽宁有限公司，住所地沈阳市浑南新区三义街 8-1 号 2-5-1。

法定代表人：李逢生，董事长。

其他当事人（一审被告、二审被上诉人、被执行人）：河南国基建设集团有限公司，住所地郑州市郑花路 65 号。

法定代表人：高兴文，总经理。

其他当事人（一审被告、二审被上诉人、被执行人）：李逢生，男。

其他当事人（一审被告、二审被上诉人、被执行人）：刘亚楠，女。

刘天增与河南国基建设集团辽宁有限公司（以下简称河南国基辽宁公司）、河南国基建设集团有限公司（以下简称河南国基公司）、李逢生、刘亚楠因建设工程施工合同纠纷，起诉至沈阳市大东区人民法院。沈阳市大东区人民法院于 2014 年 12 月 10 日作出（2014）大东民二初字第 876 号民事判决，判决河南国基辽宁公司于判决生效后 30 日内给付刘天增工程款 10 万元及利

---

[*] 作者单位：辽宁省沈阳市人民检察院。

息；河南国基公司、李逢生在出资范围内承担补充清偿责任。河南国基辽宁公司不服一审判决，上诉至沈阳市中级人民法院。沈阳市中级人民法院于2015年5月19日作出（2015）沈中民二终字第779号民事判决，维持原判，该判决为终审判决。刘天增依据沈阳市大东区人民法院已经发生法律效力的（2014）大东民二初字第876号民事判决，向沈阳市大东区人民法院申请强制执行。2015年9月24日，沈阳市大东区人民法院冻结河南国基建设集团有限公司在中国农业银行股份有限公司郑州管城支行账户存款15万元。河南国基建设集团有限公司以代为清偿债务的金额已超过出资额为由，提出执行异议，沈阳市大东区人民法院于2016年1月11日作出（2015）大东执异字第00083号执行裁定书，认为河南国基公司已将其抽逃出资的1071万元分别向其他五名债权人承担责任，其已依法履行了承担补充赔偿责任的义务，无须再向本案刘天增承担相同责任，裁定中止对本案的执行。刘天增不服，向沈阳市中级人民法院申请复议。沈阳市中级人民法院于2016年4月19日作出（2016）辽01执复63号执行裁定书，认为执行法院中止执行并无不当，驳回刘天增的复议申请。

【监督意见】

刘天增认为沈阳市大东区人民法院在执行（2014）大东民二初字第876号民事判决一案中存在违法行为，于2016年6月22日向检察机关申请执行监督。沈阳市大东区人民检察院经审查认为：沈阳市大东区人民法院（2015）大东执异字第00083号执行裁定所确定的内容与原生效判决不符，执行部门对存在巨大争议的民事判项径行作出解释错误，对本案作出中止执行裁定不符合法律规定。该院遂以沈大检民（行）执监（2016）21010400002号检察建议书向沈阳市大东区人民法院发出检察建议。监督意见如下：沈阳市大东区人民法院（2015）大东执异字第00083号执行异议裁定所确定的内容是：河南国基建设集团有限公司已经在抽逃出资的本金范围内承担了补充清偿责任，不应当在利息范围内再承担责任。而本案生效判决的内容是：河南国基建设集团有限公司应当在抽逃出资的本金和利息范围内承担补充清偿责任。判决主文第二项内容是："被告河南国基建设集团有限公司、李逢生在出资范围内承担补充清偿责任"，对于其中的"出资范围"在"本院认为"部分中已经明确阐述："二股东上述行为构成抽逃出资。依据法律规定公司债权人可以请求抽逃出资的股东在抽逃出资本息范围内对公司债务不能清偿部分承担补充赔偿责任，故河南国基建设集团有限公司、李逢生对河南国基建设集团辽宁有限公司欠付原告工程款不能清偿的部分在出资范围内承担补充赔偿责任。"判决主文是人民法院就当事人的诉讼请求作出的结论，而判决书中的"本院认为"部分，是人民法院就认定的案件事实和判决理由所做的叙述，其本身虽然不构成判项的内容，但是根据最高人民法院对执行工作中此类案件的批复精神，在执行过程中不能机械地、教条地将"本院认为"部分与判项内容割裂开来，还要根据案件实际情况，依法保护各方当事人的合法权益。

本案的实际情况是：第一，判决书中"本院认为"部分叙述的事项和判项之间不存在矛盾和遗漏事项问题。第二，从判决书行文上下的逻辑关系上看，也清楚表明，判项二"河南国基建设集团有限公司、李逢生在出资范围内承担补充清偿责任"其中的"出资范围"应当包括本金和利息在内。第三，申请人在原审起诉状中已明确提出请求二股东在本金和利息范围内承担补充清偿责任。本案亦不存在漏审、漏判或遗漏诉讼请求问题，判决叙述的内容清楚、确定。第四，对于本案应在本金和利息范围内执行，法律依据充足。最高人民法院《关于适用〈中华人民共和国公司法〉若干问题的规定（三）》第14条第2款规定：公司债权人请求抽逃出资的股东在抽逃出资本息范围内对公司债务不能清偿的部分承担补充赔偿责任的，人民法院应予支持；抽逃出资的股东已经承担上述责任，其他债权人提出相同请求的，人民法院不予支持。

根据最高人民法院（2014）执申字第33号执行裁定案例。在当事人对执行依据判项存在不同理解的情况下，执行部门应当先行征询终审法院民事审判合议庭意见，请其对争议事项作出正式解释，再依据该解释实施执行行为，而不应由执行部门对存在巨大争议的民事判项径行作出解释。2015年2月起施行的最高人民法院《关于适用〈中华人民共和国民事诉讼法〉的解释》，新增第463条也明确规定："当事人申请人民法院执行的生效法律文书应当具备下列条件：（一）权利义务主体明确；（二）给付内容明确。法律文书确定继续履行合同的，应当明确继续履行的具体内容。"本条主要对于执行依据确定原则进行了规定，具体而言，特别指文书界定权利义务的内容要具体、明确，不能含糊不清或者存在歧义；要有给付内容且给付的范围要明确，如给付标的、种类、数量、质量、时间等要明确指明。

本案当事人就是否应在利息范围内执行存在巨大争议，大东区人民法院在执行过程中，没有先行征询终审法院民事审判合议庭意见、没有遵照原审判决本意，在抽逃出资本息范围内执行补充清偿责任，而只在抽逃出资的本金范围内执行补充清偿责任，执行部门对存在巨大争议的民事判项径行作出解释，损害了申请执行人的合法权益，对本案作出中止执行裁定确有错误。

【监督结果】

沈阳市大东区人民法院收到检察建议后，回函决定采纳检察建议同时按照建议要求，提请上级院对本案进行再审，以对判决主文第二项的内容："被告河南国基建设集团有限公司、李逢生在出资范围内承担补充清偿责任"中的"出资范围"进行明确，确认是否包含利息。2016年12月7日作出的《关于沈阳市大东区人民检察院检察建议书的回复》：

关于本院于2014年12月10日作出（2014）大东民二初字第876号民事判决书主文如何理解和解释的问题。《公司法解释三》第14条第2款规定，公司债权人可以请求抽逃出资的股东在抽逃出资本息范围内对公司债务不能清偿的部分承担补充赔偿责任。本院判决主文并未涉及利息，执行部门能否做出包含利息的解释存在争议。经本院审判委员会讨论决定，判决主文应当明确利息事项，执行部门迳行作出解释不当，因此案经过二审审理后维持原判，故审判委员会决定建议沈阳市中级人民法院对此案再审。关于恢复执行的问题。待诉讼程序终结后，适时恢复执行。

综上，贵院的检察建议书中所提出的监督事项，我院完全予以接受，将通过本案提高法官的法律意识，切实维护当事人的合法权益。

【点评】

本案监督主要围绕争议焦点判决主文中"出资范围"是否包含利息及执行部门对生效判决中存在巨大争议的民事判项能否径行解释展开。

本案判决主文第二项的内容是："被告河南国基建设集团有限公司、李逢生在出资范围内承担补充清偿责任。"对于其中的"出资范围"是否包含利息，在认识上存在分歧，执行部门认为作为执行依据的判决书中没有关于利息的表述，就不能擅自扩大解释，执行中就不包含利息。检察机关经审查认为判项内容应该包括利息，理由如下：第一，根据最高人民法院对执行工作中此类案件的批复精神，在执行过程中不能机械地、教条地将"本院认为"部分与判项内容割裂开来，还要根据案件实际情况，依法保护各方当事人的合法权益。故虽生效判决判项对于"出资范围"未明确界定，因生效判决书中"本院认为"已经明确出资范围既包含本金也包含利息，人民法院在执行异议裁定中也应将"出资范围"理解为出资额本息。第二，依据最高人民法院《关于适用〈中华人民共和国公司法〉若干问题的规定（三）》第14条第2款规定：公司债权人请求抽逃出资的股东在抽逃出资本息范围内对公司债务不能清偿的部分承担补充赔偿责任的，人民法院应予支持。第三，根据最高人民法院（2014）执申字第33号执行裁定案例。在当事人对执行依据判项存在不同理解的情况下，执行部门应当先行征询终审法院民事审判合议庭意见，请其对争议事项作出正式解释，再依据该解释实施执行行为，而不应由执行部门对存在巨大争议的民事判项径行作出解释。本案就是否应在利息范围内执行存在巨大争议，沈阳市大东区法院在执行过程中，没有先行征询终审法院民事审判合议庭意见，没有遵照原审判决本意，在抽逃出资本息范围内执行补充清偿责任，而只在抽逃出资的本金范围内执行补充清偿责任，执行部门对存在巨大争议的民事判项径行作出解释，损害了申请执行人的合法权益，对本案作出中止执行裁定确有错误。

一、变通执行依据应遵循合法性原则

合法性原则主要包括两个方面，一是执行过程中的变通应当以国家现有法律法规为基础，不能够在程序和实体上违背法律。这不仅意味着不能逾越法律设定的"禁区"，也强调所适用法律应当正确。二是判决书、调解书是具有法律效力的，而执行权并没有否决判决以及所认定的事实的权力，因此执行过程中对执行依据的变通应以不与其相冲突为限——既可以进行事实补充或文义解释，也可以对认定结果进行非定性的变通，但不得与依据的法律文件相悖。例如，本案在执行程序中对于判决主文第二项的内容是："被告河南国基建设集团有限公司、李逢生在出资范围内承担补充清偿责任。"对于"出资范围"的认定应结合判决书中"本院认为"部分中已经明确阐述的："二股东上述行为构成抽逃出资。依据法律规定公司债权人可以请求抽逃出资的股东在抽逃出资本息范围内对公司债务不能清偿部分承担补充赔偿责任，故河南国基建设集团有限公司、李逢生对河南国基建设集团辽宁有限公司欠付原告工程款不能清偿的部分在出资范围内承担补充赔偿责任。"认定"出资范围"不仅包含抽逃出资的本金部分也包含利息部分，而不能机械地、教条地将"本院认为"部分与判项内容割裂开来，从而像本案执行部门一样作出认为判项中没有关于利息的表述，就不能擅自扩大解释，执行中就不包含利息的错误判断。

二、变通执行依据应遵循程序性原则

在执行过程中变通执行依据应当经过一定的正当程序以保证其正当性。毕竟执行部门的基本定位是依照生效法律文书进行执行，即便执行部门享有上文所述的执行裁判权，这种权力也应当是受到限制的，也是应当经过一定的程序才可以行使的。这既是对于审判部门权威的一种尊敬，也是对自我的一种监督。程序性原则的实现有多种方法，本案中则应采取向民事审判部门发函询问的方法，做到尽量结合案件审理期间查明的情况，进一步明确执行依据内容。

为进一步推进执行活动规范化，执行实践中对于这种执行依据不甚明确的情况，一直在积极探索如何处理。目前通常做法一是作出文书的法院或其他机构，以裁定等方式对不明确的执行内容予以补正或者说明；二是可以与作出执行依据的法院或者其他机构进行沟通，尽量结合案件审理期间查明的情况，明确执行依据内容。但无论何种情况下，执行的首要前提是明确执行依据，如果通过各种途径依然不能明确执行依据，则应当裁定驳回执行申请。

能否将被执行人享有到期债权的第三人的开办单位追加为被执行主体

——钱满、胡向红与曹雨和、北京大龙建设集团有限公司、北京恒乾房地产开发有限公司买卖合同纠纷执行检察建议案

张德伟[*]

【监督机关和受理法院】

监督机关：天津市人民检察院第一分院

受理法院：天津市第一中级人民法院

【基本案情】

申请人（被执行人）：钱满。

申请人（被执行人）：胡向红。

其他当事人（申请执行人）：曹雨和。

其他当事人（被执行人）：北京大龙建设集团有限公司。

法定代表人：丁建国。

其他当事人（第三人）：北京恒乾房地产开发有限公司。

法定代表人：崔鑫。

2009年8月25日，曹雨和起诉至天津市蓟县人民法院要求判令北京大龙建设集团有限公司（以下简称大龙公司）偿还曹雨和水泥及运费款4377877.9元并还逾期利息。案经调解，双方达成调解协议。天津市蓟县人民法院于2009年8月28日作出（2009）蓟民二初字第1118号民事调解书。调解书协议内容为大龙公司偿还曹雨和欠款4377877.90元，于2009年9月10日前偿还1377877.90元，2009年10月10日前偿还1000000元，2009年11月10日

---

[*] 作者单位：天津市人民检察院第一分院。

前偿还 1000000 元，2009 年 12 月 10 日前偿还余款 1000000 元。如果其中一笔逾期，即视为全部债务均已逾期，并由大龙公司自 2007 年 3 月 16 日起至还清之日止，对未付部分按日万分之五向曹雨和支付违约金。

大龙公司未按调解书履行义务，曹雨和向天津市蓟县人民法院申请执行。

天津市蓟县人民法院于 2009 年 10 月 16 日立案执行申请执行人曹雨和与被执行人大龙公司买卖合同纠纷一案，案号为（2009）蓟执字 2449 号，执行标的为欠款 4377877.90 元，自 2007 年 3 月 16 日起至付清之日止违约金，案件受理费 20912 元。

2009 年 11 月 24 日，天津市蓟县人民法院作出（2009）蓟执履字第 2449 号履行到期债务通知书通知恒乾公司自收到通知 15 日内直接向申请执行人曹雨和履行对被执行人大龙公司所负到期债务 700 万元，并不得向被执行人大龙公司清偿。

2010 年 8 月 5 日，天津市蓟县人民法院作出（2009）蓟执裁字第 2449-3 号执行裁定书以恒乾公司股东钱满、胡向红抽逃注册资金为由裁定追加钱满、胡向红为本案被执行人，并在抽逃注册资金的范围内对申请执行人曹雨和承担责任，钱满、胡向红应在裁定生效之日 5 日内向申请执行人曹雨和清偿债务 700 万元。

天津市蓟县人民法院于 2010 年 8 月 5 日查明并冻结胡向红在中国工商银行股份有限公司北京西直门支行存款 2833902.55 元，于 2010 年 8 月 6 日查明并冻结胡向红在中信银行北京世纪城支行存款 1221363.79 元，查明并冻结钱满在招商银行股份有限公司北京世纪城支行存款 1180235.51 元。上述三宗存款于 2010 年 8 月 30 日被扣划至天津市蓟县人民法院单位账户。2010 年 8 月 17 日，天津市蓟县人民法院查明并扣划钱满在中国建设银行股份有限公司呼和浩特市支行存款 87000 元。

2010 年 8 月 11 日，钱满、胡向红、恒乾公司向天津市蓟县人民法院提交《对天津市蓟县人民法院执行北京恒乾房地产开发有限公司、钱满、胡向红案的异议及停止扣划款项的紧急申请》，天津市蓟县人民法院出具《证据材料收据》收取上述申请。

2010 年 9 月 9 日，天津市蓟县人民法院将已执行款项 5322501.85 元扣除执行费 62400 元后，将执行款 5260101.85 元发放给曹雨和。

2014 年 12 月 10 日，天津市蓟县人民法院将（2009）蓟执字 2449 号执行案以和解执行完毕的结案方式作结案处理。

【监督意见】

钱满、胡向红认为天津市蓟县人民法院在执行曹雨和、北京大龙建设集团有限公司、北京恒乾房地产开发有限公司、钱满、胡向红买卖合同纠纷一案过程中，以（2009）蓟执裁字第2449-3号执行裁定书裁定追加钱满、胡向红为被执行人没有事实及法律依据，向天津市人民检察院申请监督，天津市人民检察院指定天津市人民检察院第一分院管辖。

天津市人民检察院第一分院于2016年5月11日立案审查，2016年8月3日，天津市人民检察院第一分院检委会决定依法向天津市第一中级人民法院提出检察建议。2016年8月11日，天津市人民检察院第一分院向天津市第一中级人民法院提出津检一分院民（行）执监（2016）12810000001号检察建议书。检察建议书内容为：天津市蓟县人民法院作出的（2009）蓟执裁字第2449-3号执行裁定书存在违法情形，理由如下：

本案中，天津市蓟县人民法院根据最高人民法院《关于人民法院执行工作若干问题的规定（试行）》第61条规定作出（2009）蓟执履字第2449号履行到期债务通知书通知恒乾公司履行到期债务，恒乾公司在执行案件中的法律地位应为第三人，而非被执行人。天津市蓟县人民法院根据最高人民法院《关于人民法院执行工作若干问题的规定（试行）》第80条规定作出（2009）蓟执裁字第2449-3号执行裁定书裁定追加恒乾公司股东钱满、胡向红为本案被执行人。最高人民法院《关于人民法院执行工作若干问题的规定（试行）》第80条规定："被执行人无财产清偿债务，如果其开办单位对其开办时投入的注册资金不实或抽逃注册资金，可以裁定变更或追加其开办单位为被执行人，在注册资金不实或抽逃注册资金的范围内，对申请执行人承担责任。"根据该条规定，人民法院可以在执行程序中裁定追加被执行人的开办单位为被执行人。但恒乾公司在该执行案件中的法律地位为第三人，而第三人的法律地位不同于被执行人，其本身不是案件当事人，追加第三人的开办单位系将第三人的法律地位混同于被执行人，故该裁定追加第三人恒乾公司股东钱满、胡向红为本案被执行人属于适用法律错误。

综上所述，天津市蓟县人民法院以（2009）蓟执裁字第2449-3号执行裁定书裁定追加钱满、胡向红为被执行人属于适用法律错误。经本院检察委员会讨论决定，根据《中华人民共和国民事诉讼法》第235条的规定，特提出检察建议，建议你院依法监督天津市蓟县人民法院追加钱满、胡向红为（2009）蓟执字2449号执行案被执行人的不当执行活动。

【监督结果】

天津市第一中级人民法院于2016年10月17日回复天津市人民检察院第一分院，回复告知天津市第一中级人民法院已于2016年9月19日作出（2016）津01执监1号督办函，要求天津市蓟县人民法院抓紧落实天津市人民检察院第一分院津检一分院民（行）执监（2016）12810000001号检察建议书，于2016年10月28日前将案件执行结果书面回复天津市第一中级人民法院。

【点评】

结合本案的办理情况，本案涉及的关键问题为：

一、本案是否符合人民检察院受理条件

《民事诉讼法》第225条规定："当事人、利害关系人认为执行行为违反法律规定的，可以向负责执行的人民法院提出书面异议。当事人、利害关系人提出书面异议的，人民法院应当自收到书面异议之日起十五日内审查，理由成立的，裁定撤销或者改正；理由不成立的，裁定驳回。当事人、利害关系人对裁定不服的，可以自裁定送达之日起十日内向上一级人民法院申请复议。"本案中，对于天津市蓟县人民法院以（2009）蓟执裁字第2449-3号执行裁定书裁定追加钱满、胡向红为被执行人的执行行为，钱满、胡向红有权利根据上述规定提出执行异议。《人民检察院民事诉讼监督规则（试行）》第33条规定："当事人认为民事审判程序中审判人员存在违法行为或者民事执行活动存在违法情形，向人民检察院申请监督，有下列情形之一的，人民检察院不予受理：（一）法律规定可以提出异议、申请复议或者提起诉讼，当事人没有提出异议、申请复议或者提起诉讼的，但有正当理由的除外……"本案中，钱满、胡向红、恒乾公司于2010年8月11日向天津市蓟县人民法院提交《对天津市蓟县人民法院执行北京恒乾房地产开发有限公司、钱满、胡向红案的异议及停止扣划款项的紧急申请》。天津市蓟县人民法院出具《证据材料收据》收取上述申请后，并未立为执行异议案件进行审查，亦未向钱满、胡向红告知未立案的原因以及其他相关权利、义务内容。因此，本案中，钱满、胡向红已经提出执行异议，天津市蓟县人民法院虽然并未立案进行审查，但钱满、胡向红向人民检察院申请监督，符合人民检察院受理条件，应当予以受理。

二、最高人民法院《关于人民法院执行工作若干问题的规定（试行）》第80条中所规定的开办单位是否包括自然人股东

最高人民法院《关于人民法院执行工作若干问题的规定（试行）》第80条规定："被执行人无财产清偿债务，如果其开办单位对其开办时投入的注册资金不实或抽逃注册资金，可以裁定变更或追加其开办单位为被执行人，在注册资金不实或抽逃注册资金的范围内，对申请执行人承担责任。"关于本条规定的开办单位是否包括自然人股东，经审查认为最高人民法院《关于人民法院执行工作若干问题的规定（试行）》系于1998年制定，具有特定的时代背景。在该规定制定后，越来越多的公司法人系由自然人开办，因此本规定所称

开办单位应作扩大解释，应当包括自然人股东。在我国的司法实践中，亦存在大量追加自然人股东为被执行人的执行案件。最高人民法院在辽宁金水广告公司申请执行广东乐百氏集团有限公司承揽合同纠纷案中于2014年5月19日作出（2014）执监字第14号执行裁定书，该裁定书本院认为部分第二点第三项表述为："关于《股权转让协议》第二条约定何伯权等五人承担原股东的权利义务的问题。该条虽然约定了受让股东承担原股东的权利和义务，但在执行程序中追加受让股东为被执行人承担责任，应以原股东或受让股东存在出资不实、抽逃出资或无偿接受财产的事实为前提，在无证据证明原股东存在上述情形的情况下，仅以该条约定要求追加上述股东为被执行人依据不足，本院不予支持。"由此可见，最高人民法院认为如自然人股东存在出资不实、抽逃出资或无偿接受财产的事实，可以追加为被执行人。故最高人民法院《关于人民法院执行工作若干问题的规定（试行）》第80条中所规定的开办单位应当包括自然人股东。

本案审结后，2016年12月1日起施行的最高人民法院《关于民事执行中变更、追加当事人若干问题的规定》第18条规定："作为被执行人的企业法人，财产不足以清偿生效法律文书确定的债务，申请执行人申请变更、追加抽逃出资的股东、出资人为被执行人，在抽逃出资的范围内承担责任的，人民法院应予支持。"自此，明确了自然人股东抽逃出资可以追加为被执行人。但基于执行监督案件的性质，认定最高人民法院《关于人民法院执行工作若干问题的规定（试行）》第80条中所规定的开办单位应当包括自然人股东仍具指导意义。

三、人民法院在民事执行程序中能否将被执行人享有到期债权的第三人的开办单位裁定追加为被执行主体

（一）法理评析

人民法院在民事执行程序中裁定追加被执行主体系属执行当事人变更与追加制度内容。该制度的法理依据主要为执行力主观范围扩张理论。而人民法院在民事执行程序中能否将被执行人享有到期债权的第三人的开办单位裁定追加为被执行主体主要涉及的理论为执行力主观范围的连续扩张理论。

执行力主观范围分为执行名义确定范围和法律确定范围。执行名义确定的主观范围是执行依据所确定的债权人与债务人。但是，在执行依据生效后，因为发生自然人死亡、公司合并、分立等法定情形，根据法律规定，有关权利义务承受人要作为申请人或被执行人受执行力所制约，这是执行力的法定范围。

执行力主观范围扩张，是相对于执行力主观范围所确定的权利义务关系主体而言，是在此范围之外，执行力效力及于其他主体。

执行力主观范围扩张理论的形成有其法理基础。大陆法系国家在对民事诉讼强制执行制度的设计中，主要考虑效率与公正的价值取向。与审判中对公正注重程度进行区分，强制执行制度的特点在于迅速、及时、不间断地实现执行依据所确定的内容。该制度在注重公正的同时，趋于愈加重视效率。正是以此为基础，考虑第三人与执行依据载明的当事人之间实体权利关系的依存性、实体利益归属的一致性，以及执行依据中未载明的第三人获得程序保障的必要性、权利人对特定债务人享有权利的高度盖然性和迅速实现民事权利的重要性等实质正当性要素，因应社会经济发展，大陆法系国家的民事诉讼强制执行制度允许执行力主观范围予以扩张。而执行力主观范围扩张理论，正好反映了大陆法系国家在公正与效率之间、程序保障与债权实现之间进行的合理平衡。

虽然以执行力主观范围扩张理论为基础形成执行当事人变更与追加制度有其法理基础，在符合法定条件的基础上是被允许的。但执行力主观范围连续扩张理论能否成立，需要予以区分。

现今执行实践中主要存在两种执行力主观范围的连续扩张情形：一是有的法院依据最高人民法院《关于人民法院执行工作若干问题的规定（试行）》第80条之规定将被执行人的开办单位追加为被执行人后，发现开办单位的开办单位也具有出资不实或抽逃出资的情况，于是又将开办单位的开办单位追加为被执行人。二是有的法院在执行被执行人的到期债权时，发现被执行人的债务人的开办单位出资有瑕疵，为了保证案件的执结，而对被执行人的债务人的开办单位执行。如2004年10月28日湖北省高级法院向最高法院报送的《关于在执行程序中能否将被执行人享有到期债权的第三人的开办单位裁定追加被执行主体的请示》中提到的湖北黄石中院在执行黄石东贝电器股份有限公司申请执行陕西宝鸡长岭冰箱有限公司、长岭（集团）股份有限公司买卖合同纠纷一案中，裁定将长岭（集团）股份有限公司在长河集团中的到期债权予以强制执行。执行中发现长河集团的出资人陕西省国资委存在着对长河集团出资不实的情况，于是又将陕西省国资委追加为被执行人。后陕西省国资委与陕西省财政局合并，法院又变更陕西省财政局为被执行人。

以上两种执行力连续扩张情形，法院对不同主体连续执行的情况经常发生。但执行力主观范围的扩张应有其边界，不能无边界扩张，连续变更、追加出资不实或抽逃出资的投资者为被执行人和将执行力向被执行人债务人的投资人扩张均与执行力主观范围扩张的理论不符，而且与变更或追加的被执行主体、被执行人的债务人存在权利义务关系的第三人、与执行依据中确定的债务人并无直接的法律关系，不属于执行力主观范围扩张的范畴，执行力主观范围自然也不能向其扩张。如果对这种做法采取肯定的态度，则会使案件的执行处于一种无序的状态，危害执行秩序的稳定，故执行力主观范围连续扩张理论是不存在法理基础的。最高人民法院在对湖北省高级人民法院的（2004）执他字第28号答复中明确指出："人民法院在执行中不得裁定追加享有到期债权的第三人的开办单位，因该第三人的法律地位不同于被执行人，其本身不是案件当事人，裁定追加第三人于法无据。"

综上，人民法院在民事执行程序中将被执行人享有到期债权的第三人的开办单位裁定追加为被执行主体无法理依据。

（二）法律依据评析

在本案人民法院将被执行人享有到期债权的第三人的开办单位裁定追加为被执行主体这一执行行为实施时有效法律规定中，关于执行当事人变更与追加制度规定在最高人民法院《关于人民法院执行工作若干问题的规定》第78条至第83条，最高人民法院《关于适用民事诉讼法若干问题的意见》第271条至第274条，这是当时我国明文规定的变更与追加执行当事人的几种情形。从公权力"法无授权即禁止"的原则来讲，法院仅能按照执行行为实施时有效法律规定进行执行当事人的变更与追加。但上述法律规定的情形并不包括人民法院在民事执行程序中将被执行人享有到期债权的第三人的开办单位裁定追加为被执行主体这一情形。故人民法院在民事执行程序中将被执行人享有到期债权的第三人的开办单位裁定追加为被执行主体无法律依据。

综合以上法理及法律依据分析，人民法院在民事执行程序中将被执行人享有到期债权的第三人的开办单位裁定追加为被执行主体无法理依据及法律依据。

本案检察机关的检察建议被天津市第一中级人民法院采纳，天津市第一中级人民法院对检察建议的观点予以认可，作出回复并向作出错误执行行为的天津市蓟县人民法院发出督办函进行督办。该案的办理为执行力主观范围连续扩张的类案监督提供了有益的参考。

如何把握支持起诉公益性

——长沙市人民检察院支持迅达科技集团股份有限公司提起民事诉讼案

李 琼 黄 舟*

【支持起诉机关和被支持起诉单位】

支持起诉机关：湖南省长沙市人民检察院

被支持起诉单位（原告）：迅达科技集团股份有限公司，住所地湘潭市高新区迅达大道迅达科技园。

法定代表人：伍奕，董事长。

被告：长沙市芙蓉区小周五金店、郭伟等29家个体经营店铺，长沙市液化石油气发展有限责任公司。

【基本案情】

2016年，迅达科技集团股份有限公司（以下简称迅达公司）发现市面上多家个体经营的门店内销售假冒"迅达"注册商标的燃气灶。工商部门在抽查时也曾发现"迅达"牌燃气灶不合格，联系迅达公司鉴定后发现是"山寨"产品。一方面，假冒产品缺乏自动熄火等安全装置，容易引起事故，如在2015年8月，居住在长沙市中意二路的邓女士就因为使用了假冒迅达燃气灶，在炒菜时发生爆炸事故，致其全身重度烧伤；另一方面，假冒产品价低量大，对迅达公司也造成了各种不利影响。因此，迅达公司选择用法律武器维权。

迅达公司委托律师以普通消费者的名义到各家贩假店铺内购买了带有"迅达"商标字样的灶具，并邀请公证员进行了全程记录及相关证据保全。所购灶具经仪器扫描鉴定，无迅达公司防伪条形码显示，属于假冒产品。之后，迅达公司以多家商铺大肆销售假冒迅达公司注册商标的产品，侵犯迅达公司商

---

* 作者单位：湖南省长沙市人民检察院。

标权、损害迅达公司品牌声誉、影响迅达正品在市场上销售，给迅达公司造成巨大的经济损失为由，向长沙市中级人民法院提起一系列诉讼，并于2016年11月29日向长沙市人民检察院申请支持起诉。

长沙市人民检察院收到该30件系列案件后，迅速审查相关证据材料，并分析该案是否符合检察机关支持起诉的条件。经审查，第1223533号迅达商标自2001年起经国家工商行政管理局商标局核准至迅达公司名下，2007年8月20日，国家工商行政管理总局商标局认定迅达公司使用在商标注册用商品和服务国际分类第11类燃气灶商品上的第1223533号"迅达及图"注册商标为驰名商标。迅达公司在被告的多家经营门店中购买的燃气灶经鉴定实属于假冒产品，且整个购买过程均邀请公证员进行了证据保全。上述事实有长沙市雨花区公证处的（2014）湘长雨经证字第1292、1293号公证书、国家工商行政管理总局商标局的商标驰字（2007）第49号文件、湖南省长沙市麓山公证处公证书、迅达公司的《产品真伪鉴定书》、工商登记信息等为证。

【起诉情况】

2016年9月22日，迅达公司就该30件侵害商标权的案件，向长沙市中级人民法院提起诉讼。起诉的事实和理由为：迅达公司依法注册了第1223533号"迅达"、第6795447号"迅达"等文字、图形组合商标，成为迅达系列商标的合法所有人。其中第1223533号"迅达"及图形商标在第11类燃气灶商品上被认定为驰名商标。2016年5月，迅达公司发现各被告在其经营场所内销售假冒迅达公司注册商标的燃气灶，因此，委托律师进行调查取证，湖南省长沙市麓山公证公证员对购买侵权产品进行了全程公证。被告以营利为目的，大肆销售假冒迅达公司注册商标的产品，侵犯了迅达公司的商标权，损害了迅达公司的品牌声誉和市场销售，给迅达公司造成巨大的经济损失。此外，假冒的"迅达"燃气灶缺乏自动断火等安全装置，存在严重的安全隐患，时刻威胁着消费者的生命健康及财产权。据此，请求法院判令各被告：（1）立即停止侵犯迅达公司注册商标专用权的行为；（2）赔偿迅达公司经济损失（具体金额各案不同）；（3）被告承担迅达公司为制止被告的侵权行为所支出的律师代理费、公证费、查档费、购买侵权产品费用等；（4）被告承担本案全部诉讼费用。迅达公司向法院提交了相关公证书、产品真伪鉴定书、工商登记信息等作为证据。

【支持起诉理由】

长沙市人民检察院于2016年12月12日、19日分两批就该30件案件作出长检民（行）支（2016）43010000001号—43010000030号支持起诉书，并送达长沙市中级人民法院。具体理由为：根据《中华人民共和国商标法》第57

条第 2 项、第 3 项的规定，有下列行为之一的，均属侵犯注册商标专用权：未经商标注册人的许可，在同一种商品上使用与其注册商标近似的商标，或者在类似商品上使用与其注册商标相同或者近似的商标，容易导致混淆的；销售侵犯注册商标专用权的商品的。从上述规定可知，侵犯注册商标专用权的行为包括以下因素：商品的相同或类似；商标的相同或类似；混淆的可能性。本案中，首先，被控侵权商品为燃气灶，与第 1223533 号、第 6795447 号迅达商标核准使用商品中的厨房炉灶属于相同商品。其次，被控侵权商品上的"迅达"标识与第 1223533 号、第 6795447 号迅达商标均构成近似的商标标识。最后，迅达公司的商标为较多公众所知悉，在厨房炉灶商品上具有一定的知名度，以相关公众的一般注意力，在被控侵权商品上突出使用的"迅达"标识足以误导消费者认为该商品来源于商标权利人即迅达公司，从而引起混淆。综上所述，根据《中华人民共和国商标法》第 57 条第 3 项的规定，各被告在其经营场所内销售假冒商品的行为已构成对迅达公司第 1223533 号、第 6795447 号注册商标专用权的侵犯，应依法承担相应的法律责任。由于销售假冒商品涉及面广，存在严重的安全隐患，对不特定普通消费者的生命健康和财产安全造成危害，因此，支持迅达公司起诉具有公益性和代表性。综上所述，依据《中华人民共和国民事诉讼法》第 15 条的规定，决定支持起诉。

【裁判情况】

长沙市中级人民法院于 2016 年 12 月至 2017 年 3 月对该 30 件支持起诉案件陆续开庭审理，目前已经有 20 例被法院采纳支持起诉意见，判决书文号分别为（2016）湘 01 民初 1531 号、1533 号、1534 号、1536 号、1537 号、1538 号、1539 号、1540 号、1542 号、1544 号、1550 号、1551 号、1552 号、1554 号、1556 号、1557 号、1558 号、1559 号、1574 号、1577 号。上述判决均支持了迅达公司的诉讼请求，其中 16 例已经发生法律效力，且 3 例已履行完毕。另有 5 例因双方当事人在诉讼过程中达成和解，故裁定准许迅达公司撤诉，裁定书文号分别为（2016）湘 01 民初 1548 号、1549 号、1553 号、1555 号、1575 号；其余案件还在审理过程中。以下仅以（2016）湘 01 民初 1534 号民事判决书内容为例。

该院认为，原告迅达公司系第 1223533 号商标和第 6795447 号商标的注册人，所享有的商标权应当受到我国商标法的保护，迅达公司有权就侵犯该两枚商标权的行为主张权利。

根据《中华人民共和国商标法》第 57 条第 1 项、第 2 项、第 3 项的规定，有下列行为之一的，均属侵犯注册商标专用权：（1）未经商标注册人的许可，在同一种商品上使用与其注册商标相同的商标的；（2）未经商标注册人的许可，在同一种商品上使用与其注册商标近似的商标，或者在类似商品上使用与其注册商标相同或近似的商标，容易导致混淆的；（3）销售侵犯注册商标专用权的商品的。从上述规定可知，侵犯注册商标专用权的行为包括以下因素：商品的相同或类似；商标的相同或类似；混淆的可能性。本案中，被控侵权的燃气灶与迅达公司的两枚注册商标核定使用商品中的厨房炉灶系相同商品，因此界定被控侵权商品是否属于侵犯迅达公司上述两枚商标专用权的商品，需要审查：（1）被控侵权商品上使用的标识与迅达公司上述两枚商标系相同商标标识还是近似商标标识；（2）如果不构成相同，在商标标识近似的情况下是否容易导致混淆。该院认为，商标标识相同，是指被控侵权的商标与迅达公司的注册商标相比较，二者在视觉上基本无差别。商标标识近似，是指被控侵权的商标与迅达公司的注册商标相比较，其文字的字形、读音、含义或者图形的构图及颜色，或者其各要素组合后的整体结构相似，或者其立体形状、颜色组合近似。上述相同与近似商标标识的判断，应以相关公众的一般注意力为标准，在隔离对比的条件下，既要进行对商标标识的整体比对，又要进行对商标标识主要部分的比对，比对应当在比对对象隔离的状态下分别进行。比对情况如下：（1）被控侵权商品外包装正上方的"迅达集团"及外包装内侧的"迅达"标识与迅达公司的第1223533号"迅達"商标进行比对，"迅"字完全相同，仅"达"字有繁简之分，因此该两枚标识与迅达公司的第1223533号商标构成近似商标；（2）外包装侧面的"Xunda迅达电器"标识与第6795447号"迅达XUNDA"商标比对，仅"Xunda"拼音大小写和位置不同，汉字部分基本无差别，因此该标识与迅达公司的第6795447号商标构成近似商标；（3）被控侵权产品上的"迅达电器"标识与第1223533号"迅達"商标对比，"迅"字完全相同，"达"字仅有简体和繁体之分，一般公众在对这两款产品进行呼叫时没有差别，因此，在隔离比对的条件下两者构成近似商标；被控侵权商品上的"迅达电器"标识与第6795447号"迅达XUNDA"商标比对，与权利商标的中文文字部分基本无差别，两者构成近似商标。被告认可被控侵权产品上的标识与迅达公司的商标近似。由于迅达公司的第1223533号、第6795447号商标为社会公众所熟知，在厨房炉灶商品上具有较高的知名度，因此在隔离比对的情况下，以相关公众的一般注意力，被告销售的被控侵权商品上突出使用的标识足以误导消费者认为该商品来源于商标权利人即迅达公司，从而引起混淆。同时，根据迅达公司提交的产品真伪鉴定书证明被控侵权产品系假冒产品，故被控侵权的燃气灶属于侵犯迅达公司第1223533号注册商标和第6795447注册商标专用权的商品。被告认可公证书中记载的位于长沙市芙蓉区高岭小区56栋处标有"五金日杂批发部"的店铺系由其经营的长沙市芙蓉区小周五金店,结合公证书记载的在该门店的购买过程,该院足以认定被告未经迅达公司许可,销售了被控侵权产品,属于《中华人民共和国商标法》第57条第3项规定的销售侵犯商标专用权的行为,已构成对迅达公司注册商标的侵犯,应依法承担相应的法律责任。长沙市人民检察院的支持起诉意见具有事实和法律依据,该院予以采纳。

根据《中华人民共和国侵权责任法》第15条第1款规定,承担侵权责任的方式主要有停止侵害、排除妨碍、消除危险、返还财产、恢复原状、赔偿损失、赔礼道歉、消除影响、恢复名誉。因此,迅达公司主张被告停止侵权行为、赔偿经济损失的请求于法有据,该院予以支持。被告提供的证据不能证明其销售的被控侵权产品具有合法来源,故不符合法定的免赔条件,依法应就其侵权行为承担相应的赔偿责任。

关于赔偿数额的确定。根据《中华人民共和国商标法》第63条之规定,侵犯商标专用权的赔偿数额,按照权利人因被侵权所受到的实际损失确定;实际损失难以确定的,可以按照侵权人因侵权所获得的利益确定;权利人的损失或者侵权人获得的利益难以确定的,参照该商标许可使用费的倍数合理确定;权利人因被侵权所受到的实际损失、侵权人因侵权所获得的利益、注册商标许可使用费难以确定的,由人民法院根据侵权行为的情节判决给予三百万元以下的赔偿。本案中,迅达公司并未提交被告在侵权期间因侵权所获得的利益以及被侵权人在被侵权期间因被侵权所受到的损失的相关证据,而是请求法院适用法定赔偿。该院认为,在双方当事人未提供收购、销售单据,且没有规范、完整和详尽的进货及销售证据的情况下,该院无法确定被告在侵权期间因侵权所获得的利益以及被侵权人在被侵权期间因被侵权所受到的损失的,故本案符合法定赔偿的适用条件。关于赔偿数额的确定,该院主要考虑到,本案所涉商品系涉及重大人身财产安全的燃气灶,被告妨碍迅达公司商标识别功能的商标侵权行为严重损害商标权人和消费者利益,严重妨害市场经济的健康发展这一侵权情节。此外,该院还将综合考虑侵权人侵权的性质、过错程度、经营规模、经营地址及经营时间、迅达公司为维权所支付的合理费用等因素,酌情确定赔偿数额18000元(已包含合理费用),对超出部分该院不予支持。综上,依据《中华人民共和国民法通则》第29条,《中华人民共和国侵权责任法》第15条第1款第1、6项、第2款,《中华人民共和国商标法》第57条第2、3项、第60条第1款、第63条第1款、第3款之规定,判决如下:一、被告长沙市芙蓉区小周五金店(经营者周柏林)立即停止销售侵权产品;二、被告长沙市芙蓉区小周五金店(经营者周柏林)于本判决发生法律效力之日起10日内赔偿原告迅达公司经济损失18000元(包含合理费用);三、驳回原告迅达公司的其他诉讼请求。本案案件受理费590元，由被告长沙市芙蓉区小周五金店（经营者周柏林）负担。

【点评】

本案是长沙市人民检察院充分履行法律监督职能、维护社会公共利益、开展知识产权司法保护的典型案例。该案办案的成功之处在于对支持起诉案件线索的发掘以及对公益性的审查和把握上。

一、关注社会公益及民生保障，探索支持起诉案件办理机制

首先，在确定案件类型方面，长沙市人民检察院在对以往所办案件认真思考总结的基础上，对公共利益、弱势群体、不特定多数等抽象法律概念进行具体化，完善检察机关办理支持起诉的案件范围，用以指导支持起诉案件的受理及办理工作。将检察机关支持起诉范围具体归纳为国有资产流失、环境污染公害、产品质量公害、劳动者群体讨薪等几个类型，并在办案中重点关注上述类型案件，以便发现相关线索。其次，在拓展案件线索方面，长沙市院民行处平时注重与律师协会和律师事务所的工作交流及业务联系，通过向律师事务所发送联系函、邀请律师座谈等方式，宣传检察机关支持起诉等职能，让律师等具有法律专业素养的人了解检察机关可以支持起诉的案件范围，以便其在代理相关诉讼案件中寻求支持和帮助。本案系迅达公司代理律师在了解检察机关民行检察监督职能的情况下，主动向检察机关申请支持起诉。

二、在办案中重点审查鉴别"公益"及"私权"界限，牢牢把握支持起诉的公益性及检察监督的居中性

本案表面上是商事公司对自身商标专用权的维权纠纷，属于普通民事诉讼领域；即使受到人身或财产损害的购买者起诉维权，也仍然属于私权领域，检察机关不宜主动介入。但通过对本案案情进行分析，不仅涉及个体的商标权保护、财产权保护或人身权保护，还涉及产品质量安全和众多消费者权益保护的问题。由于售假店铺多、波及面广、影响恶劣，除了对已经购买假冒产品的人造成的具体损失之外，确实还对不特定多数人的人身、财产安全造成损害的风险，危及社会公共利益，符合检察机关监督的条件。该案在办理过程中，长沙市人民检察院充分发挥公益保护领域的检察职能，会同代理律师分析案情，对被告身份及侵权事实认定方面可能存在的证据缺陷进一步补足和充实，并提供必要的政策指导和法律支持。同时，与长沙市中级人民法院承办法官及庭室负责人充分沟通协调，及时了解案件的审理、和解及判决情况，督促法院快审快结，确保支持起诉意见能够获得法院采纳，确保案件办理的公益效果。

三、检察机关通过支持起诉服务地方经济发展，促进企业科技创新，办案效果突出

迅达商标系国家工商行政管理总局商标局认定的驰名商标，多年来在市场上具有极高的知名度和占有率，先后获得"湖南名牌产品""中国名牌产品""国家能源科技进步奖""全国同类产品市场销量领先品牌"等荣誉称号。迅达公司一直受到假冒产品的侵害，近几年来，涉及迅达商标的侵权案件层出不穷，每年都有几十起，其中 2016 年一年就有 70 起，维权所耗费的人力、物力巨大，个体维权势单力薄，而制假售假却屡禁不止。在检察机关支持起诉后，对驰名商标的维护、对假冒产品的打击力度、对同类诉讼的监督力度均得到加强。本系列案部分案件在检察机关发出支持起诉书后当月开庭并审结，均获得法院采纳。在办案同时，长沙市人民检察院及时联系政法频道、《法制周报》《潇湘晨报》《三湘都市报》等媒体报刊，通过新闻报道、报纸刊登及互联网新媒体等多个平台，介绍本案办理情况，推广检察机关民行检察职能宣传，扩大案件办理的社会影响力，引导类似受害者积极维权，为地方经济发展保驾护航，让企业科技创新无后顾之忧。

民事行政检察业务丛书征订函

为便于订阅,中国检察出版社开通了网络订购和传真订购两种征订方式。出版社将主要以网上征订平台上确认的信息作为发书的依据,请大家尽量使用线上订购。如有特殊情况,也可采用邮局商务汇款和银行汇款。具体征订方式附后。

如需咨询或有疑问,欢迎拨打中国检察出版社发行电话。

中国检察出版社发行联系人:

李 沛 010-86423728

(广东、广西、海南、重庆、四川、云南、贵州、湖北、湖南、宁夏)

董艳芬 010-86423726

(河南、浙江、江苏、安徽、上海、福建、甘肃、江西、新疆、西藏)

盛 丹 010-86423727

(北京、天津、山西、陕西、河北、黑龙江、吉林、辽宁、内蒙古、青海、山东)

传 真 010-68659465

一、网络订购

登录中国检察出版社网站(www.zgjccbs.com)"连续出版物"模块在线订购。咨询电话:张惠 010-86423745

二、传真订购

先汇款,然后将"回执单"传真至010-68659465

汇款信息

户 名:中国检察出版社　　　　开户行:建行北京西永乐支行

账 号:11001018100056035956　　行 号:105100006048

中国检察出版社发行部外网邮箱:zgjccbsfxb@163.com